大学生健全人格训练与培养

郭冬梅　主编

山东大学出版社
·济南·

图书在版编目(CIP)数据

大学生健全人格训练与培养/郭冬梅主编.—济南：山东大学出版社，2020.10

ISBN 978-7-5607-6759-8

Ⅰ.①大… Ⅱ.①郭… Ⅲ.①大学生—思想政治教育—研究—中国 Ⅳ.①G641

中国版本图书馆 CIP 数据核字(2020)第 204842 号

责任编辑 毕文霞
封面设计 牛 钧

出版发行 山东大学出版社
社 址 山东省济南市山大南路 20 号
邮政编码 250100
发行热线 (0531)88363008
经 销 新华书店
印 刷 山东和平商务有限公司
规 格 720 毫米×1020 毫米 1/16
19.25 印张 353 千字
版 次 2020 年 10 月第 1 版
印 次 2020 年 10 月第 1 次印刷
定 价 58.00 元

《大学生健全人格训练与培养》编委会

主　编　郭冬梅

副主编　王义利　刘金虎　李　霞　王丽萍

编　委　（按姓氏笔画排序）

王义利　王加男　王安然　王丽萍　王雪峰

刘金虎　孙世玉　李　芳　李　隽　李　霞

余志鹏　张　昆　陈兰英　赵小俊　郭冬梅

薛红霞

前言

2014年5月4日，习近平总书记在与北京大学师生座谈时指出："青年的价值取向决定了未来整个社会的价值取向，而青年又处在价值观形成和确立的时期，抓好这一时期的价值观养成十分重要。这就像穿衣服扣扣子一样，如果第一粒扣子扣错了，剩余的扣子都会扣错。"大学生是国家的栋梁，大学阶段正是青年学生人格形成和稳定的重要时期，高等学校大学生人格培育工作，将决定着大学生人格健全水平和未来人生的健康发展，是一项重要而迫切需要开展的工作。

对大学生人格的关注，源于我们十几年的大学生心理健康教育工作。在心理咨询、课程教学、校园文化活动以及与大量优秀大学生的接触中，我们发现，大学生的人格状况直接影响着大学生的生活质量和成长发展水平，他们的学业成绩、人际交往、团队合作、创新实践等与其人格是否健全息息相关。基于此，烟台大学的十几名志同道合的辅导员组建了一支团队，长期研究与实践，以心理健康教育作为开展大学生思想政治教育的有效途径，探索如何培养大学生的健全人格。

2013年2月，山东省委高校工委（今山东省委教育工委）（以下简称"工委"）实施高校辅导员"十百工程"建设计划，并开始建设"山东高校辅导员名师工作室"。2016年5月，经由工委和教育部高校辅导员培训与研修基地（山东大学）（以下简称"基地"）评审，"郭冬梅工作室"成功获批第二批山东高校辅导员名师工作室，获得立项建设。工作室紧紧围绕立德树人的根本任务，聚焦新时代高校"培养什么人，怎样培养人，为谁培养人"的根本问题，以"大学生健全人格训练与培养"为研究方向，致力于探索和设计一套符合新时代大学生思想和心理发展特点、实际操作性强的健全人格训练方案。

四年来，在工委和基地的正确领导下，在烟台大学党委、行政的大力支持下，"郭冬梅工作室"根据《山东高校辅导员名师工作室建设与管理办法》，确定实施方案与建设目标，组建优秀团队，开展大学生健全人格的研究和实践，推广建设成果，初步形成了一个集课程开发、课堂教学、团体训练、个体辅导、课外创新实践等为一体，点、线、面相结合的大学生健全人格训练模式。

通过广泛研究文献和查阅资料，遵循学生思想政治教育“知—情—意—行”发展规律，我们最终以“心理人格”“道德人格”“法律人格”三方面的10种典型行为来界定“大学生健全人格”，并依此开展探索和实践，研发、设计出一套可操作、可复制的大学生健全人格训练和培养方案。《大学生健全人格训练与培养》一书正是该训练和培养方案的具体呈现，包括自我悦纳、社会适应、情绪管理、人际交往、理想信念、责任担当、实践创新、诚信自律、规则敬畏、权利义务10个训练模块，模块间次第排序、层层递进，可以说是一套具有一定的科学理论支撑的实践训练方案。本书在编撰中力求体现以下特色：一是强调训练操作，兼顾知识学习。本书的主体为训练操作，学生工作者、任课教师和学生可以直接依据书中内容完成相应的操作，同时配以相关的知识和练习来提升效果。二是强调行为训练，兼顾心理体验。本书所有的行为训练与心理体验既可以通过团体动力对个人的影响来完成，也可以通过个体操作和内省来实现。三是强调科学性，注重趣味性。每一章节的设计内容丰富，形式多样，活动新颖，以充分激发学生的学习兴趣和求知欲望。

本书中每一训练模块各为一章，其中第一至四章是“心理人格”，第五至七章是“道德人格”，第八至十章是“法律人格”。每章开头明确具体的训练和培养目标，继而由典型案例导入，主要内容包括“理论知识点”和“训练实施”，同时辅以“知识链接”“测一测”“读一读”等相关内容。其中，“理论知识点”主要帮助学生理解本训练主题的内涵；“训练实施”主要依据团体辅导的原理，围绕训练主题设计相应的活动，组织课堂训练；“知识链接”“测一测”“读一读”等内容在于帮助学生在课后自学、反思、巩固和强化。各环节相互联系、逐步深化递进，如此设计结构和安排次序，目的是确保学生能在学习、训练、体验、思考中完成该人格品质的内化和外显行为的养成。

本书作为“郭冬梅工作室”的标志性成果，是工作室全体成员多年研究与实践的结晶，也是对我国高等学校思想政治教育工作者宝贵经验的借鉴与传承。本书适合全日制普通高校、高职高专院校、民办高校等高等学校，可作为大学生健全人格培育的实践课程教材供学生学习、使用，也适合高等学校思想政治工作者、学生工作者和辅导员以及所有关注大学生健全人格培育的读者阅读、参考。

《大学生健全人格训练与培养》成书于“郭冬梅工作室”全体成员前期共同参与的研讨交流、资料搜集、课程教学探索与实践的基础上。本书编写实行主编负责制，主编负责全书的策划，提出编写指导思想、编写原则和详细提纲、结构体例，并编撰样稿供各位编者参考。大家经过反复讨论、修改完善，然后分工撰写初稿。具体书稿编写分工如下：李霞负责第一章，郭冬梅负责第二、三、四章，王义利负责第五、六、七章，刘金虎和孙世玉负责第八、九、十章，初稿完成后各位作者交叉审稿，最后由主编统稿、定稿。本书参考了前辈学者大量的相关研究文献和最新研究成果。夏晓虹主任、王莉处长、王海宁主任、左殿升老师和于秀国部长、赵利江部长、杜昊部长对本书的思路和理念给予提点，樊富珉教授对本书所运用的团体辅导技术和活动设计进行传授，山东大学出版社对本书的出版给予了大力支持，在此一并致谢！

在编写本书的过程中，我们力求做到科学、创新、实用，但由于编者水平有限，书中难免存在不足与纰漏之处。我们恳切希望专家、学者、同仁和大学生朋友提出宝贵意见，能给予我们修订和再版的机会，共同为我国新时代大学生健全人格培育工作贡献一份力量。

《大学生健全人格训练与培养》编委会

2020 年 10 月

目　录

第一章　自我悦纳 ………………………………………………… 1

【学习目标】 ………………………………………………… 1
【案例】 ………………………………………………… 1
【理论知识点】 ………………………………………………… 2
【训练实施】 ………………………………………………… 7

第二章　社会适应 ………………………………………………… 32

【学习目标】 ………………………………………………… 32
【案例】 ………………………………………………… 32
【理论知识点】 ………………………………………………… 33
【训练实施】 ………………………………………………… 38

第三章　情绪管理 ………………………………………………… 68

【学习目标】 ………………………………………………… 68
【案例】 ………………………………………………… 68
【理论知识点】 ………………………………………………… 69
【训练实施】 ………………………………………………… 73

第四章　人际交往 ………………………………………………… 97

【学习目标】 ………………………………………………… 97
【案例】 ………………………………………………… 97
【理论知识点】 ………………………………………………… 98
【训练实施】 ………………………………………………… 103

第五章　理想信念 ………………………………………………… 126

【学习目标】 ………………………………………………… 126

【案例】…… 126
【理论知识点】…… 127
【训练实施】…… 133

第六章　责任担当 …… 159

【学习目标】…… 159
【案例】…… 159
【理论知识点】…… 160
【训练实施】…… 166

第七章　实践创新 …… 187

【学习目标】…… 187
【案例】…… 187
【理论知识点】…… 188
【训练实施】…… 192

第八章　诚信和自律 …… 217

【学习目标】…… 217
【案例】…… 217
【理论知识点】…… 217
【训练实施】…… 223

第九章　规则和敬畏 …… 243

【学习目标】…… 243
【案例】…… 243
【理论知识点】…… 244
【训练实施】…… 249

第十章　权利和义务 …… 270

【学习目标】…… 270
【案例】…… 270
【理论知识点】…… 271
【训练实施】…… 276

主要参考文献 …… 296

第一章　自我悦纳

【学习目标】

1. 学习自我悦纳的内涵，了解自我悦纳对一个人心理健康和自我发展的意义。

2. 掌握不能自我悦纳的表现及原因。

3. 通过增加自我认知、提高自我接受程度和促进自我发展的训练来提升自我悦纳的水平。

【案例】

基本情况：小丽，女，18岁，大学一年级学生。小丽来自偏僻的农村，家庭经济状况一般，但自幼勤奋刻苦，成绩优秀。然而刚踏进大学校门不久，她就意识到自己和别人不一样，周围有很多同学都比自己优秀，有的同学口才很好，有的同学长得特别漂亮，有的同学钢琴十级。有时候，她在宿舍听舍友谈论哪个明星、哪个服装品牌或去哪里旅游时，却插不上话，这让她感觉自己和同学们格格不入，感觉自己多余，一无是处。小丽从来不主动参加班级活动，因为她担心表现不好，被同学们取笑，即使一个人走在校园里，她也常常低着头。她很想投入学习，取得优异的学习成绩。可是因为总想着自己处处不如别人，无法集中注意力，学习效果非常不理想，她也为此感到非常苦恼。

分析：自我认识不足和不能很好地自我接纳是小丽当前面临的主要问题。小丽来自偏远的农村，与一些生活在城市的同学相比，在知识面、爱好特长和生活体验等方面存在一些差异。面对这种差异，她没有客观地分析背后的原因，而是全盘否定自己，这是没有客观认识自己的表现。长期以来，在一种较为封闭和单一的学习环境中，学生的价值主要体现在学习上，来到大学以后，尤其大学一年级这个阶段，大学环境中衡量标准变得多元化，而这种比较对象的多样化，使她迷失了自己，自己在学习方面的优越感丧失了，在新的环境中她不知如何对待自己的不足，不知如何合理地认识自己、评价自己，更不知道如何发展自己，造成了从“优秀”到“一无是处”的心理落差。其具体表现为：自我否定，不敢表达自己的思想和意见，苛求自己，不能欣赏自己，拿自己的短处与别人的长处相比，害怕失败而不敢尝试，对他人的评价非常敏感等。其实，每个人的生活环境都是相对独特的，每个人也都是独一无二的个体，认清自己，接受差异，不断提高自己，才能活出最美丽的自己。

【理论知识点】

一、自我悦纳是什么

自我悦纳是个体对自身以及自身所具有的特征持有一种积极乐观的态度，欣然接受自己的现实状况。接纳自己，具体表现就是能够认可和接纳自身的全部特性，对自己有一个客观的认识，不会完全受外在环境的影响，能正确地评价自己，完全地接受自己，适当地宽容自己。

接纳自己，是一个人自尊和自信的表现，是一个人具有良好的自知力的表现，同时也是一个人心理健康的表现。一个自我接纳的人是一个内心独立的、自我尊重的人；一个自我接纳的人，对自己的能力有自信，却不傲慢，对于自己是一个怎样的人，他感到释然；他的自我价值不容易动摇，甚至肯尝试干一些自己不太胜任的事，他也不需要以“看低别人，抬高自己”的手段来建立自我；他做很多的事情，都是发自内心，不需要倚靠外在的肯定。[①]

人的很多彷徨与痛苦是由于不接纳自己，人的很多空虚和烦恼是因为无法肯定自己。人最忌讳没有认清自己，盲目地拿自己和别人作比较，不仅否定了自己，还徒增无尽的烦恼。世上没有完全相同的两片树叶，世上更没有完全相同的两个人。每个人都是世界上独一无二的个体，你的五官、身体、皮肤等构成了你独特的生理外貌；你的气质、性格、兴趣、能力、价值观等构成了你特有的内在心理状态。你是构成群体人际关系的独特一员，你是斑斓世界的一面独有的风景。发现自己独一无二的美，接纳自己，依照自己的本质好好地生活，才能心情愉悦，实现自己的天赋潜能。

二、自我悦纳的意义

自我悦纳体现的是一个人对于自己的一种接受、肯定和喜欢的态度，悦纳

---

① 参见区祥江：《生命的轨迹——13个助人自助的成长关键》，（香港）突破出版社2008年版，第138页。

自己就意味着无条件的爱自己、喜欢自己，相信自己的能力，认为自己的存在具有独特的价值和意义。我们从一出生降临到人世间开始，便陷入一堆存在已久的评价系统和他人无尽的挑剔眼光之中。年少无知的我们根据外在价值标准体系来评价自己的好与坏，我们也在父母、老师等人对待自己的态度中学会了看待自己的态度。我们似乎发现自己总是很难得到充分的肯定，似乎表现得总是不够理想，对于自己总有不满意之处。如果是这样，我们就很难愉悦地接受自己，我们倾向于不喜欢自己，也不相信自己。我们会把非常多的时间耗在自我苛责、自我怀疑上，我们沮丧，担心自己失败，逃避参加有可能具有冒险性质的活动，错失了许多改善自我认知、提升自己能力的机会，这也导致我们无法使用新的实践经验来修改对于自己的固有态度。

悦纳自我对于一个人的心理健康和个人发展非常重要。悦纳自我意味着看到自己的不完善，仍然对自己有信心和耐心，可以在现实中做出努力。我们重视和珍惜自己所拥有的，尊重自己，也能尊重别人，客观地看待别人和自己的差异，理解自己的生命是独一无二的存在；我们允许自己犯错误，认识到错误也是人生的一部分，让自己在错误中学习；我们接纳生命中所有真实的现象，拥有一个平和的心态接纳他人和身处的世界。

三、不能自我悦纳的表现

1. 内疚、自责或否定自己

习惯于否定自我，指责自我，认为自己一无是处，没有任何价值，看不到自己的优点和长处，内心世界向自己发出的声音就是“我很糟糕，我不好”，消极地看待自己，悲观地认为自己不值得拥有快乐和幸福，别人也不会喜欢自己。

案例：“我是一个一无是处的人”

我浑身上下没有什么优点，感觉自己是一个多余的人，什么也做不好，也从来没有做成什么事。通常只要是我参与的事情都会被我搞砸，团队表现不佳都是因为我个人的表现太糟糕，是我拖累了整个团队。上课的时候，老师批评我们作业完成得不认真，我觉得老师是在批评我。我学习不好，与宿舍的同学关系也相处不好，没有人会喜欢我，我没有特别好的朋友，我也不相信有人会真的喜欢我。如果有人靠近我主动向我示好，我会觉得因为对方不了解我，这些都是暂时的，一旦我们开始交往，对方马上会觉察出我不好，然后离开我，所以我不会积极地回应对方的热情，最后我们的交往会不知不觉地停止。

2. 自信心不足，不敢冒险尝试新事物

自信心不足，逃避各种可能表现自己的机会，不敢冒险尝试新事物，担心自己出错，与其说无法接受别人眼中“糟糕”的自己，还不如说自己无法接受“糟糕”的自己。

案例：一个害怕表现自己的女生

我非常内向，经常焦虑，我觉得自己没有能力做新的事情，任何没有做过的事情，对于我来说好像都存在巨大的困难。我无法去冒险，如果不能保证做这件事情是万无一失的，我就不会去做。我本来想上大学之后，做兼职缓解一下家庭的经济压力，当别人告诉我说，可以去学校餐厅做小时工时，我就犹豫了，虽然从经济上来说我很希望有这份收入，可是我担心自己工作时出错，给老板带来损失，我也害怕因为自己没有听清顾客想要什么，而让别人觉得自己很糟糕。有些事我不敢做，在陌生或不太熟悉的人群面前，我从来不敢发言，我心里非常恐慌，因为我害怕自己说错话，表达不好。如果班里开班会需要同学上台交流自己的想法，我会吓得要命，心跳加速，害怕被主持人点到自己。

四、产生不能自我悦纳的原因

原生家庭中的父母或重要的人对我们过于严苛的教育方式，会引起我们对自己不满，他们对我们过高的期待、看待我们的眼光、过低的评价、不稳定的情绪、对我们时好时坏的态度，都会导致我们对自己的认识、评价趋向消极、负面，形成一种不能完全欣赏自己、喜欢自己、相信自己、接纳自己的状态。

1.负面的自我认知

每个人对自己都会有一个基本的认识和了解，不管我们是否能清晰地意识到，我们对于自己完整的认识是什么样子，它都会深深地影响我们的内心世界和外在的言语行为。“不知庐山真面目，只缘身在此山中”，每个人的自我认知都是一个谜，我们自己难以完全了解。但是，我们的自我认知会有一个相对明朗的基调，我们看待自己的目光，对于自己优缺点的评估，对于自己潜力和不足的认识，或者偏向消极，或者偏向积极，或者客观中性。

如果一个人的自我认知很积极，它会成为一种内在力量，让人有野心，能经受住挫折和考验，达成目标；如果一个人的自我认知很消极，缺乏内在力量，则会在做选择时不够大胆，依赖别人的意见，常扮演追随者的角色。

2.有条件地爱自己

真正的爱是无条件的，我们爱自己不需要理由和诸多外在条件，无条件意味着我们爱自己不取决于自己的某些特质和外在表现的好与坏。尽管自己有缺陷、不足，经历失败、挫折，但我选择无条件地爱自己，因为我相信自己值得被爱。

每个人对于自己的爱是内心深处最为秘密的一部分，它与孩童时期所接受的情感滋养的品质一致[①]。在童年时期，我们的家庭给予我们的爱滋养着我们对自己的爱，如果家庭没有给予我们所需要的高品质的爱，或者给予我们的爱是有条件的，会导致我们对于自己的爱不完整，对于自己的爱变成一种有条件的爱，这导致我们一定要达到某些重要的人或自己内心的高期待，才能值得被爱，我们才会爱自己或觉得别人才会爱自己。

有条件的爱，带给我们很多限制，因为条件可以根据外在他人和环境的不同产生无限的变化，条件本身的不稳定性和延展性，使我们对于自己的爱陷入不安全的境地，让我们怀疑自己，认为自己达不到别人的要求，不被别人欣赏，甚至自我厌弃。

3. 不能完全相信自己

自信是针对我们自己的行为能力的想法，包括我们的行动力、决断力、执行力和毅力等。有自信意味着相信自己有能力在重要场合采取恰当的行动。行动与自信的关系最大，自信需要行动来维持和发展，行动的成功对于我们的心理平衡和自信心维护是必需品，甚至像食物和氧气对于我们保持身体健康一样必不可少。[②]

判断一个人是否有自信并不困难，只需要跟这个人多交往，观察他在出乎意料的新情况下、重要的场合里或是做事遇到困难时采取什么样的行动就能找到答案。[③] 不过度地害怕未知或挫折，可显示出较高自信；遇见小事情会显得特别拘谨的人，往往是不自信的人。

自信的缺乏会对日常生活造成非常严重的影响和自身内心的痛苦。因为没有信心，我们会不敢采取任何带有冒险性质的行动，会不断自我谴责，甚至本来能够做到的也无法达成，失败接踵而至，结果导致自信心更加匮乏，这样的恶性循环，永无宁日。

---

① 参见[法]克里斯托夫・安德烈、弗朗索瓦・勒洛尔：《恰如其分的自尊》，周行译，生活书店出版有限公司 2015 年版，第 12 页。

② 参见[法]克里斯托夫・安德烈、弗朗索瓦・勒洛尔：《恰如其分的自尊》，周行译，生活书店出版有限公司 2015 年版，第 10 页。

③ 参见[法]克里斯托夫・安德烈、弗朗索瓦・勒洛尔：《恰如其分的自尊》，周行译，生活书店出版有限公司 2015 年版，第 10 页。

五、自我悦纳“三步曲”

1.第一步:全面深入地认知自我

全面深入地认知自我是自我悦纳的前提。自我认知是自己对自己身心特征的认识,包括认识自己的生理状况(身高、体重、容貌、身材、性别等)、心理特征(兴趣、爱好、能力、性格、气质等)以及自己与他人和周围世界的关系。自我认知解决的是“我是一个什么样的人”的问题。

了解自己,对自己产生探索的兴趣,全面客观地认知自我,看到日常行为背后自己的内心世界,了解自我如何形成现在的自己,有哪些长处和优缺点等。探索那些自己并不知晓的自我部分,理性“看到”自我的“心面貌”,知道我从哪里来,又去往哪里。

2.第二步:接纳真实客观的自己

自我悦纳是心理健康的重要内容,是发展健康的自我体验的关键,是科学塑造自我的前提,是发展健全自我的核心。要自我悦纳,需要坚定以下理念:一是坚信自己是独一无二的个体,自己有独特的价值;二是坚信“只要真正付出努力,别人行,我也行”;三是坚信“失败是成功之母”,遇到失败不丧失信心,勇于从失败中学习成长。

自我悦纳就是无条件地爱自己、喜欢自己,认可自己的价值。悦纳当下的自己,不代表降低了对自己的要求,悦纳自己反而是真正发展自我的起点。自我悦纳的人,愿意尝试更多可能性,他们接受失败和错误是正常的,它们是学习和成长的新起点,他们会把更多的时间和精力集中在提升自我、发展个人潜能的事情上,而不是把时间和精力消耗在没有必要的担心、纠结和害怕上。

3.第三步:发展自我,实现自我

自我悦纳是一个持续不断的过程,在这个过程中,需要自我发展的养料和证明,来支持自我悦纳的水平。如果一个人自我设限,停留在当前的自我状态,止步不前,很难维持长久的自我悦纳状态。突破限制,发展自我,实现自我是自我悦纳的保障。

美国人本主义心理学的重要代表人物马斯洛认为自我实现是人类最高层次的需要。马斯洛认为自我实现是人的机体潜能发挥的一种内驱力,是人的本性中的一种创造性倾向,一个人能够成为什么,他就必须成为什么,他忠于自己的本性,自我实现本质上就是个体成分发挥自身潜能,充分把握和认可自身本性,不断地趋向自身的统一、整合与和谐。①

---

① 参见俞国良:《大学生心理健康》,北京师范大学出版社2018年版,第48页。

【训练实施】

单元一　自我认知

目标：让大学生学会探索自我的内心世界，从自我意象、心理自我、归因风格到人格养成、人生角色、原生家庭等方面，实现对自我的全面了解。其具体内容与操作如表 1-1-1 所示。

表 1-1-1　　关于实现自我认知的训练

活动名称	基本设置	操作步骤
1. 自我画像	**目的**：帮助成员清晰认识自我意象，促进对自我内在感受的觉察和小组成员的相互了解。 **时间**：60 分钟左右。 **准备**：图画笔、彩笔、桌子。	(1)分组，每小组 8～10 人。 (2)每个小组成员准备一张图画纸，每个小组准备一盒彩笔。请小组成员把自己心中最能够代表自己的东西画出来，可以是任何形式：抽象的、形象的、写实的，动物的、植物的等。 (3)画完后，请尝试在画像旁边完成“造句”： ①我觉得________________。 ②我需要________________。 ③我怕自己________________。 ④不要以为你________________。 ⑤我悄悄地渴望你________________。 (4)写完后把自我画像放在桌子上，小组成员起立顺时针围着桌子观看他人的画像，注意不要评头论足。 (5)欣赏完毕，请一位小组成员对自己的画以及文字进行介绍，之后其他小组成员可以分享看到画像以及文字的感受，也可以自由提问，对于提问，分享者可以选择回答或不回答。 (6)小组成员交流活动中的感受和发现。
2. 心理 X 光扫描	**目的**：帮助成员增强对心理自我的认识，促进对自我的觉察。 **时间**：40 分钟左右。 **准备**：每个参与者一人一张 A4 纸和 1 支笔。	(1)请根据对自己的了解，用三个形容词来描述自己的性格。 (2)生活中，你最喜欢做的三件事是什么？ (3)回顾以往的经历，想一想你最擅长的三个方面是什么，你最不擅长的三个方面是什么？ (4)仔细思考，你内心最看重的是什么？ (5)小组成员互相分享。

续表

活动名称	基本设置	操作步骤
3. 我的人生角色	**目的**：整理自己在人生舞台上的角色，认清什么最重要，也觉察家庭与工作对人生的意义和价值。 **时间**：60 分钟左右。 **准备**：每个参与者一人一张 A4 纸和一支笔。	(1)每个人准备一支笔和一张 A4 纸，在纸的最上面中间部分写下"我的人生角色"。 (2)自由联想，列出自己在人生的舞台上都扮演哪些角色，想到的越多越好。每个人都有很多角色，每种角色意味着一种责任，角色越多越忙碌。 (3)从列出的角色中找出三种你自己认为最重要的角色，想一想为了这三种角色，自己都做了些什么？ (4)如果需要从这三种重要角色中选择放弃一种，你会选择哪种，为什么？ (5)如果最后只能留下一种角色，你会留下哪种角色，为什么？ (6)当只可能剩下一种角色时，想一想你在扮演这个角色时及选择时的感受？ (7)每个成员在小组内分享自己的选择和做练习的感受。
4. 我的成长树	**目的**：帮助我们觉察重要他人在我们人格形成中的重要影响。成长树中包括 18 岁以前，任何在情感上、生活上支持你的人、事件和物等。 **时间**：60 分钟左右。 **准备**：3 分钟冥想音乐、每个参与者一人一张 A4 纸和一支笔。	(1)沉静下来，确保不会被打扰，也不打扰别人。这一刻，让自己去感受、回忆，看看过往，跟随音乐冥想 3 分钟。 (2)在纸的最上方，写上"×××(每个人的姓名)的成长树"，在纸的最中央画一个小圈，并在圈里写上"我"。 (3)在这个圈周围继续画圆圈，每个圆圈内写上一个影响你的人或事件。圈与自我圈的距离，是你感觉到这件事或这个人对你影响的程度，影响越大越靠近自我圈，影响越小则越远离。 (4)在自我圈和他人圈中间画线条来代表关系。曲线代表关系不好，虚线代表疏离，实线代表亲密。关系也可以是多重的，既亲密，又有冲突等。例如，感受到和妈妈既亲密也有冲突，就可以既画上直线，也画上曲线。 (5)思考他们带给你了什么影响，分别在影响圈旁边写几个关键词概括他们对你的影响。 (6)这些重要的人或事影响到了你，现在重新审视这些影响，沉静下来，思考这些影响促成了你人格中哪些品质的形成，这些影响如何间接地塑造了现在的你。请你用其他颜色的笔，把这些品质在影响圈旁边写下来。 (7)当你再次看到这些不同颜色的笔写下来的品质，你想到了什么，有什么样的感受？你如何看待自己一路来的成长？如果可以用一句话来概括，你会怎么概括？ (8)每个人将成长树中所有内容以及思考在小组内充分分享。 (9)从大家的交流中你感悟到了什么？

续表

活动名称	基本设置	操作步骤
5. 我的原生家庭	**目的**：帮助了解我们从父母那里保留的传承基因，摒弃父母身上一些可能影响我们的特质，发现我们发展创造出来的与父母不同的部分，帮助我们在面对父母影响时更准确地定位自己。 **时间**：60 分钟左右。 **准备**：若干 A4 白纸。	（1）请用 3 分钟的时间回顾你与家人相处的时光，除了父母之外，还有家庭里还有哪些人非常亲近，比如兄弟姐妹或爷爷奶奶或外公外婆等。 （2）请想一下，依据你对母亲的了解以及相处的时光，你认为你从母亲那里传承了什么？哪些母亲身上的特质被你摒弃了，而你又发展出了哪些不同于母亲的部分？ （3）想一下，依据你对父亲的了解以及相处的时光，你认为你从父亲那里传承了什么？哪些父亲身上的特质被你摒弃了，而你又发展出了哪些不同于父亲的部分？ （4）家庭里其他很亲近的人，你认为你从她或他那里传承了什么？哪些她或他身上的特质被你摒弃了，而你又发展出了哪些不同的部分（如果不止一个人，可以继续写下去，直到写完为止）？ （5）当你依次写完后，你感受到了什么，发现了什么，有没有想要去做什么事情？ （6）小组成员交流活动中自己的感悟。
6. 因果世界	**目的**：了解每个人的归因解释风格和认知过程，学会客观看待自己。 **时间**：30 分钟左右。 **准备**：若干 A4 白纸。	（1）请 3 分钟仔细思考最近一件发生在你身上让你印象深刻的事件。 （2）请尝试写下整个事件的情景，描绘一下发生的地点、事件、经过等。 （3）请写下事发当下你瞬间产生的自动想法，仔细看一下这些句子，看看它们是消极的还是积极的，是有助于提升你的自我价值感还是打压你的自我价值感呢，是内归因的还是外归因的？你有怎样的感受？ （4）如果有让你不舒服的想法，比如那些打压你自我价值感的想法或者消极的想法，请尝试修改成具有建设性的积极的想法，写完后，你有什么不一样的发现呢？ （5）请在以上的练习中尝试找一下你的归因风格，并了解它对你的个人价值感的影响以及你可能的修正措施。

续表

活动名称	基本设置	操作步骤
7.最喜欢的故事	**目的**:以更深入的方式探索自我内在的心灵世界,了解自己最看重的事物以及其对自己人生的意义。 **时间**:60分钟左右。 **准备**:若干A4白纸。	(1)我们中的大多数人都有一个故事,这个故事可能对自己特别具有吸引力。请思考3分钟:从小到大你最喜欢的故事是什么?它可以是一个童话故事、小说、短篇故事、剧本、电影、电视秀等。 (2)用你自己的语言简单地总结这个故事,你的版本是否与原版有出入并不重要,重要的是你所回忆的故事的本身,用尽可能多的生动的细节写下这个故事。 (3)探索你最喜欢的故事对自身的意义,缓慢地通读你所写下的东西,这个故事中你最喜欢的人物是谁?你为什么如此喜欢这个人物?在这个人物身上发生了什么事情?其他的人物是谁?他们和你最喜欢的人物的关系是什么? (4)这个故事的背景是什么?它在何处发生?这个故事主要的感情基调是什么?你什么时候第一次遇到这个故事?你是否以某种方式更新自己对这个故事的认识? (5)你为什么喜欢这一特定的故事?你认为你选择它的原因是什么?有没有其他的故事你可以选择来替代它?最后给自己一些时间来反省你从这一过程获得了哪些对自己的新认识?

知识链接——“归因理论”①

归因理论是描述社会知觉者如何利用信息去生成因果解释的一种总体方式。

归因理论出自弗里茨·海德的论著。海德坚持认为,人们之所以不断做出因果分析,部分原因在于他们试图全面地理解社会存在。他指出,人们都是直觉心理学家,都试图弄清楚人们在什么方面相类似,导致行为的原因是什么,这与专业心理学家的所作所为一模一样。海德认为,多数归因分析中的主导性问题是发现行为的原因在人(内在的或倾向性原因)还是在情境(外在的或者情境原因),以及谁对结果负责。那么人们该如何做出这些判断呢?

哈罗德·凯利对海德的思路进行了整理,具体描述了人们用来进行归因

① 参见[美]理查德·格里格菲利普·津巴多:《心理学与生活》,王垒、王甦、周晓林等译,人民邮电出版社2013年版,第489页。

的变量。凯利的一项观察非常重要，他发现人们多半在不确定的条件下归结事情的原因。这通常很难掌握充分的信息，很难有把握说某人的特定行为方式是什么造成的。凯利认为，人们从多种事件中来积累信息，并利用协变原理来解决不确定性问题。协变原理指出，如果某个因素一旦出现就会看到某个行为，该因素不出现就看不到这个行为，那么人们就会把该因素归结为该行为的原因。例如，你正在街上行走，看到一位朋友指着一匹马并大声尖叫，如何确定是你的朋友疯了(倾向性归因)还是危险正在临近(情境归因)，你需要收集什么样的证据呢？

凯利指出，当人们试图解释某个人的行为时，人们要就三方面的有关信息来评估协变：区别性、一贯性和一致性。

区别性：指该行为是否是特定情境下的具体行为——你的朋友是否对所有的马都大喊或大叫？

一贯性：指该行为是否反复出现以回应这一情境——这匹马过去是否让你的朋友大喊大叫？

一致性：指其他人是否在同样情境下也产生同样的行为——每个人都指着马并大喊大叫吗？

美国心理学家伯纳德·韦纳认为，人的个性差异和成败经验等影响着他的归因，人对前次成就的归因将会影响到他对下一次成就行为的期望、情绪和努力程度等，个人的期望、情绪和努力程度对成就行为有很大的影响。我们对成功和失败的解释会对以后的行为产生重大的影响。如果把考试失败归因为缺乏能力，那么以后的考试还会期望失败；如果把考试失败归因为运气不佳，那么以后的考试就不大可能期望失败。这两种不同的归因会对生活产生重大的影响。

测一测

测试个人长处[①]

(一)测试题目，每个题目只选择一个答案

1.“我对世界总是很好奇”这句话：

A. 非常不适合我　B. 不适合我　C. 持平　D. 适合我　E. 非常适合我

① [美]马丁·赛里格曼：《真实的快乐》，洪兰译，远流出版事业股份有限公司2009年版，第208页。

2.“我很容易就感到厌倦”这句话：

A. 非常适合我　B. 适合我　C. 持平　D. 不适合我　E. 非常不适合我

3.“每次学新的东西我都很兴奋”这句话：

A. 非常不适合我　B. 不适合我　C. 持平　D. 适合我　E. 非常适合我

4.“我从来不会特意去参观博物馆或其他教育性机构”这句话：

A. 非常适合我　B. 适合我　C. 持平　D. 不适合我　E. 非常不适合我

5.“不管是什么主题，我都可以很理性地去思考它”这句话：

A. 非常不适合我　B. 不适合我　C. 持平　D. 适合我　E. 非常适合我

6.“我常会很快地做决定”这句话：

A. 非常适合我　B. 适合我　C. 持平　D. 不适合我　E. 非常不适合我

7.“我喜欢以不同的方式去做事情”这句话：

A. 非常不适合我　B. 不适合我　C. 持平　D. 适合我　E. 非常适合我

8.“我的朋友大部分都比我有想象力”这句话：

A. 非常适合我　B. 适合我　C. 持平　D. 不适合我　E. 非常不适合我

9.“不论是什么样的社会情境我都能融入得轻松愉快”这句话：

A. 非常不适合我　B. 不适合我　C. 持平　D. 适合我　E. 非常适合我

10.“我不太知道别人在想什么”这句话：

A. 非常适合我　B. 适合我　C. 持平　D. 不适合我　E. 非常不适合我

11.“我可以看到问题的整体大方向”这句话：

A. 非常不适合我　B. 不适合我　C. 持平　D. 适合我　E. 非常适合我

12.“很少有人来找我请教”这句话：

A. 非常适合我　B. 适合我　C. 持平　D. 不适合我　E. 非常不适合我

13.“我常面对强烈的反对”这句话：

A. 非常不适合我　B. 不适合我　C. 持平　D. 适合我　E. 非常适合我

14.“痛苦和失望常常打倒我”这句话：

A. 非常适合我　B. 适合我　C. 持平　D. 不适合我　E. 非常不适合我

15.“我做事情都是有始有终”这句话：

A. 非常不适合我　B. 不适合我　C. 持平　D. 适合我　E. 非常适合我

16.“我做事情时常会分心”这句话：

A. 非常适合我　B. 适合我　C. 持平　D. 不适合我　E. 非常不适合我

17.“我总是谨守诺言”这句话：

A. 非常不适合我　B. 不适合我　C. 持平　D. 适合我　E. 非常适合我

18.“我的朋友从来不曾说我是个实实在在的人”这句话：

A. 非常适合我　B. 适合我　C. 持平　D. 不适合我　E. 非常不适合我

19.“上个月我曾主动去帮同学的忙”这句话：

A. 非常不适合我　B. 不适合我　C. 持平　D. 适合我　E. 非常适合我

20.“我对别人的好运不像对我自己的好运那么热衷”这句话：

A. 非常适合我　B. 适合我　C. 持平　D. 不适合我　E. 非常不适合我

21.“在我一生中，有很多人关心我的感觉和幸福，就像关心他们自己的一样”这句话：

A. 非常不适合我　B. 不适合我　C. 持平　D. 适合我　E. 非常适合我

22.“我不太习惯接受别人对我的爱”这句话：

A. 非常适合我　B. 适合我　C. 持平　D. 不适合我　E. 非常不适合我

23.“当我在团体中时，我会尽力做事情”这句话：

A. 非常不适合我　B. 不适合我　C. 持平　D. 适合我　E. 非常适合我

24.“我对牺牲自己的利益去维护团体利益很犹豫”这句话：

A. 非常适合我　B. 适合我　C. 持平　D. 不适合我　E. 非常不适合我

25.“我对所有人一律同等对待，不管他是谁”这句话：

A. 非常不适合我　B. 不适合我　C. 持平　D. 适合我　E. 非常适合我

26.“假如我不喜欢这个人，我很难公平地对待他”这句话：

A. 非常适合我　B. 适合我　C. 持平　D. 不适合我　E. 非常不适合我

27.“我可以让人们自动自发地做事，不用去唠叨”这句话：

A. 非常不适合我　B. 不适合我　C. 持平　D. 适合我　E. 非常适合我

28.“我对计划团体活动不太在行”这句话：

A. 非常适合我　B. 适合我　C. 持平　D. 不适合我　E. 非常不适合我

29.“我可以控制我的情绪”这句话：

A. 非常不适合我　B. 不适合我　C. 持平　D. 适合我　E. 非常适合我

30.“我的节食计划都是虎头蛇尾，半途而废”这句话：

A. 非常适合我　B. 适合我　C. 持平　D. 不适合我　E. 非常不适合我

31.“我避免参与有身体危险的活动”这句话：

A. 非常不适合我　B. 不适合我　C. 持平　D. 适合我　E. 非常适合我

32.“我有的时候在友情和爱情上做了错误的选择，选错了人”这句话：

A. 非常适合我　B. 适合我　C. 持平　D. 不适合我　E. 非常不适合我

33.“当人们称赞我时，我会转换话题”这句话：

A. 非常不适合我　B. 不适合我　C. 持平　D. 适合我　E. 非常适合我

34.“我常常吹嘘自己的成就”这句话：

A. 非常适合我　B. 适合我　C. 持平　D. 不适合我　E. 非常不适合我

35.“上个月，我深受绝佳的音乐、艺术、戏剧、电影、运动、科学或数学的感动”这句话：

A. 非常不适合我　B. 不适合我　C. 持平　D. 适合我　E. 非常适合我

36.“我去年没有创造出任何一件美的东西”这句话：

A. 非常适合我　B. 适合我　C. 持平　D. 不适合我　E. 非常不适合我

37.“即使是很小的事情，我也会说谢谢”这句话：

A. 非常不适合我　B. 不适合我　C. 持平　D. 适合我　E. 非常适合我

38.“我很少停下来想想自己有多幸运”这句话：

A. 非常适合我　B. 适合我　C. 持平　D. 不适合我　E. 非常不适合我

39.“我总是看事情好的那一面”这句话：

A. 非常不适合我　B. 不适合我　C. 持平　D. 适合我　E. 非常适合我

40.“我很少想清楚了才去做”这句话：

A. 非常适合我　B. 适合我　C. 持平　D. 不适合我　E. 非常不适合我

41.“我的生命有很大的目的”这句话：

A. 非常不适合我　B. 不适合我　C. 持平　D. 适合我　E. 非常适合我

42.“我的生命没有目标”这句话：

A. 非常适合我　B. 适合我　C. 持平　D. 不适合我　E. 非常不适合我

43.“过去的事我都让它过去”这句话：

A. 非常不适合我　B. 不适合我　C. 持平　D. 适合我　E. 非常适合我

44.“有仇不报非君子，总要报了才甘心”这句话：

A. 非常适合我　B. 适合我　C. 持平　D. 不适合我　E. 非常不适合我

45.“我总是尽量将工作与游戏掺杂在一起”这句话：

A. 非常不适合我　B. 不适合我　C. 持平　D. 适合我　E. 非常适合我

46.“我很少说好玩的事”这句话：

A. 非常适合我　B. 适合我　C. 持平　D. 不适合我　E. 非常不适合我

47.“我对每一件事都全力以赴”这句话：

A. 非常不适合我　B. 不适合我　C. 持平　D. 适合我　E. 非常适合我

48.“我做事拖拖拉拉”这句话

A. 非常适合我　B. 适合我　C. 持平　D. 不适合我　E. 非常不适合我

(二)测试长处计分

ABCDE 选项分别对应 1 分、2 分、3 分、4 分、5 分。本测试中有 24 项长处

(见表 1-1-2),其中每相邻的 2 个题测试总分相加为 1 项长处的得分,依次类推。比如第 1、2 题的分数相加总分为“好奇心”的分数,第 3、4 题的分数相加总分为“热爱学习”的分数。

表 1-1-2　　测试长处计分

长处	分值	长处	分值	长处	分值
1.好奇心		2.热爱学习		3.判断力	
4.创造力		5.情商		6.洞察力	
7.勇敢		8.毅力		9.正直	
10.仁慈		11.爱与被爱		12.公民精神	
13.公平公正		14.领导能力		15.自我控制	
16.谨慎		17.谦虚		18.美的欣赏	
19.感恩		20.希望		21.有心灵目标	
22.宽恕		23.幽默		24.热情	

(三)分值解释

一般来说,每个人会有五项或少于五项得到 9 分以上,这是你突出的长处,至少你自己是这样认为的,请把你的长处圈出来。请用下面这些标准去评估你最强的长处:

• 你真的拥有这些长处吗?

• 当你展现这个长处,尤其是第一次时,你会很兴奋吗?

• 初练习这个长处时有快速上升的学习曲线。

• 会继续不断地学习新方法来加强你的长处。

• 渴望用别的方法去展现它。

• 在展现这个能力时无法被阻挡,有必须使出来不可的感觉。

• 使用这个长处时,会越用越猛,而不是越来越累。

• 以这个长处为中心创造出的个人喜好,你会追求围绕着这个长处的各种东西。

• 在使用这个长处时感到的欢乐、热忱、热心。

假如你的长处符合以上标准,那就是你个人的长处,请尽量在不同的场合使用这些长处。

(四)长处解释

1.好奇心:主动地追随新奇的事物,对不符合先前概念的事物产生经验弹性，不容忍模棱两可，喜欢追求真相。好奇心可以是特定的，也可以是广泛的。

2. 热爱学习：喜欢学习新东西，不论是在课堂上还是在生活中。

3. 判断力：客观理性地筛选信息，周详地思考事情，不会马上下结论，只凭证据来决定，做出的判断是利己利人的。

4. 原创力：包括创造力、实用智慧、普通常识。比如，不喜欢大家都使用的方法，喜欢以不同的方式做事情，这是创造力。

5. 社会智慧：包括社会和个人智慧，是指对自己及他人的认知。社会智慧指的是了解别人的动机和感觉，注意到别人之间不同点的智慧，尤其是他们的情绪、脾气、动机和意图，然后针对这些不同作反应。个人智慧指的是对你自己感情的了解，并把这份知识运用到行为上，即情商。

6. 观点见解：观点代表智慧美德最成熟的长处，已接近智慧，指其他人来求你用你看问题的方式及你的经验帮助他们解决问题。智者是生活中最重要、最难解的问题的专家。

7. 勇敢：虽然害怕但仍能面对危险才是勇敢。勇敢的意义已经超越战场上的勇敢、身体上的勇敢，还包括道德上的勇敢和心理上的勇敢。道德上的勇敢指明知站出来会带给你灾难仍有勇气挺身而出。心理上的勇敢指泰然甚至愉快地面对逆境或重病，没有丧失尊严。

8. 毅力：做事情有始有终，承诺一定会做到。毅力不是不顾一切地追求不实际的目标，一个有毅力的人是弹性的、务实的、非完美主义的。

9. 正直：包括诚实、真诚，不虚伪、不说谎、真诚地对待你自己与他人。

10. 仁慈：你对别人很仁慈、很慷慨，别人来找你帮忙时，你会放下一切去尽力。仁慈的人共同点：看到别人的长处，凡事先替别人着想。

11. 爱与被爱：你非常在意自己与别人的亲密关系，别人也是这样回报你。

12. 公民精神：也可以指责任、团队意识、忠诚。在团队里很忠心，有团队意识，会做好自己的本分，努力使团队成功。

13. 公平：不让私人的感情影响自己的决定，给每个人同等的机会。

14. 领导能力：有很好的组织才能，能与团队保持良好的关系，如期完成团队目标。

15. 自我控制：知道在哪些情境下应该控制自己的情绪、欲望、动机，并且把这个“知道”付诸实施。

16. 谨慎：有远见，三思而后行，可以为了将来的成功抵抗眼前的诱惑。

17. 谦虚：不喜欢出风头，宁愿让你的成就替你说话。

18. 美的欣赏：你对美好的东西充满了敬畏与惊喜，你欣赏所有领域美好卓越的东西，不管是自然界的或人为的。

19. 感恩：对别人卓越的道德情操表达的感激之情。

20. 希望：希望、乐观、对未来充满期望，是对未来的正向情绪。

21. 心灵上的目标：你知道你的人生目的，你的目的塑造你的行为。

22. 宽恕：原谅对不起你的人，永远给别人第二次机会，处世的原则是慈悲而不是复仇。当人心生宽恕时，他的动机或行为就转为正向，而较少负面。

23. 幽默：喜欢说笑话，将笑容带到别人的脸上，自己喜欢笑，也喜欢看到别人笑。

24. 热情：充满热情，全心全意投入工作、生活、家庭。

单元二　接纳自我

目标：让大学生在前期“自我探索”的基础上，通过自我肯定、自我鼓励，接受自己独一无二的独特性，欣赏自我，悦纳自我。其具体内容与操作如表 1-2-1 所示。

表 1-2-1　关于实现接纳自我的训练

活动名称	基本设置	操作步骤
1. 我的地盘我做主	**目的**：学习自我肯定的感觉和表达。 **时间**：30 分钟左右。 **准备**：可以提前进行《测试你的长处》。	(1)团体成员两人一组，互相注视对方眼睛 50 秒，不可以躲闪，目光注视表示自信及诚恳。 (2)注视对方，肯定地做 1 分钟自我介绍。接着，肯定地表达出自己的感受“我对……最有把握/我很擅长……(可以结合《测试你的长处》)”，大声说三遍，注意每遍的感受，角色交换。 (3)请对方帮忙某件事或借东西，一分钟之内用各种方法要求他，但另一方看着对方重复说“不”，角色交换。 (4)小组内交流练习的感受和意义，以及如何应用到日常生活中去。
2. 优点轰炸	**目的**：增强个体的自信。 **时间**：40 分钟左右。 **准备**：一个纸帽子。	(1)8～10 人一组围圈坐，请一名成员戴着高帽，坐在小组中央，简单地向大家介绍自己的姓名、专业、个性方面的长处与短处，然后其他人轮流根据自己对他的了解及观察，说出他的优点和对他的欣赏之处(如性格、相貌、处事方式等)，夸别人的优点时态度要真诚，不能毫无根据地吹捧，被欣赏的成员说出哪些优点是自己以前觉察的，哪些是没觉察的，以及被人称赞时的感受。 (2)每位成员轮流到中央戴一次高帽。 (3)小组成员分享自己内心的感受。

续表

活动名称	基本设置	操作步骤
3. 我的圣女果	**目的**:了解独一无二的自己,接纳自己的独特性,欣赏自己。 **时间**:60 分钟左右。 **准备**:给每个参与者准备一个圣女果。	(1)小组里每个人发一个圣女果,请花 5 分钟的时间认真观察你的圣女果,尽量调动一切感觉通道。先用眼睛详细观察你的圣女果的外形,可以转过来看看它整体的样子,用手摸一摸它的外皮,感受一下它,然后把它放在鼻子下面,闭上眼睛,闻一闻它的味道,然后放到你的掌心里,感受一下你和你的圣女果的联结。 (2)小组成员将圣女果混在一起,请找出属于自己的圣女果。 (3)小组内分享自己的圣女果有哪些特点,自己是怎样找到的,找到后什么感觉,找圣女果的过程给你什么启发? (4)请同学们分享自己的感悟。
4. 自我欣赏冥想	**目的**:通过外部语言进入脑海深处,欣赏自己,接纳自己,改变自己。 **时间**:10 分钟左右。 **准备**:一段轻柔的音乐。	(1)播放一段轻柔的音乐。 (2)配合音乐,教师朗读冥想指导语。① 闭着眼睛,非常轻柔地挪动你部分的身体,只轻轻地动一下就可以了。再一次感受到自己的身体,体会它是否舒服。轻轻地挪动它,把一边的肩膀抬起来一点,让脚趾在鞋子里动一动,或者是其他的任何小动作。然后,看看接下来会发生什么。现在,非常温柔地移动身体,调整到你希望的位置,给自己一个欣赏和感激的讯号:我爱自己,我珍惜自己。看看这样会在你体内引起什么感受? 当你给自己一个欣赏的信息时,会感到以欣赏的方式看待自己已经变得很自然。你可以欣赏自己而不必涉及任何其他人,知道自己是独一无二的人,虽然与其他人有着共同之处,但是你所有一切的组合与这个世界上的任何人都不同:不同于你的母亲、父亲、兄弟姐妹或朋友。你是独特的,当你更加倾向于接纳自己的独特性,欣赏自己,感到这样做是一件很自然很正常的事时,看看你的身体会发生什么。是否有一个笑容在心里?是否想要微笑或放松一下?

① 参见[加]约翰·贝曼:《萨提亚冥想:内在和谐、人际和睦与世界和平》,钟谷兰译,中国轻工业出版社 2009 年版,第 29 页。

续表

活动名称	基本设置	操作步骤
4. 自我欣赏冥想	**目的**：通过外部语言进入脑海深处，欣赏自己、接纳自己、改变自己。 **时间**：10 分钟左右。 **准备**：一段轻柔的音乐。	请牢记这一点，当给予自己更多的爱时，你就能拥有更大的力量和勇气去处理那些想要改变的行为，并开始清除那些关于被拒绝和排斥的旧信息。再一次与你的呼吸接触，意识到今天又是新的一天了。它建立在昨天的基础上，但它将会与昨天有所不同。那些始于昨天待到今天才能开花结果的事情，可以利用这一天来获得发展。这一天也可以是我们引入新事物的时机，因为生活总是孕育着成长的可能性，永远如此，尽管有时候这种成长是以不同的速率、在不同的层面上发生的。因此，愿意的时候，请睁开你那美丽的眼睛，向四周看看，觉察到自己、环境和他人。
5. 秘密任务	**目的**：让成员在思考和聆听中表达自我，更好地悦纳自己。 **时间**：50 分钟左右。 **准备**：若干小纸片。	(1)每个人用小纸条匿名写下你的一个在自我接纳方面的疑惑，这个问题你好像从来没有对别人说过，是你心底的秘密。写完后折叠纸条 3 次，然后放到指定的盒子里。 (2)组长随机拿出一个纸条，读出纸条上的问题，大家一起来回答，回答的句式是：如果是我，我会……当所有的同学依次说完后，组长随机拿出后面的纸条，依次进行，直到所有的纸条都读完。 (3)小组成员交流活动中自己的感悟。
6. 重新审视“自我指责”	**目的**：客观审视自己一些内在的念头，重新评估自我，增加自我欣赏。 **时间**：50 分钟左右。 **准备**：重新审视“自我指责”练习(1-2-1)。	(1)每个人发一张重新审视“自我指责”练习(1-2-1)纸。 (2)请在练习纸上写下你脑海中可能会浮现的一些关于“自我指责”的念头或声音，请分别评价它们的真实程度，写下生活中与它们相符的情况以及相反的情况，这些指责对你的好处和弊端分别是什么？ (3)写好后，对于你的自我指责内容，你有什么感受和发现？生活中是否可以适当减少对自己的指责，增加对自己的欣赏和肯定？如果这些方面会遇到困难，你打算怎么帮助自己？ (4)小组内分享感受。

练习 1-2-1

重新审视"自我指责"练习

表 1-2-1　　"自我指责"练习

自责想法	真实程度（0～100）	相符的情况	相反的情况	好处	坏处
1.					
2.					
3.					
4.					
5.					

对于你的自我指责内容，你有什么感受和发现？

1. ____________________

2. ____________________

3. ____________________

生活中是否可以适当减少对自己的指责，增加对自己的欣赏和肯定？

____

____

如果这些方面会遇到困难，你打算怎么帮助自己？

____

____

知识链接——"自信的外部表现"①

自信与不自信的人，在与人接触的过程中有一些相对明显的表现，具体见表 1-2-2。

① [法]弗雷德里克・方热：《医治受伤的自信》，王资译，生活书店出版有限公司 2016 年版，第 34 页。

表 1-2-2　　自信的外部表现

项目	缺乏自信	自信健康	过度自信
眼神接触	躲闪的	直接的	定睛凝视
面部表情	面无表情	表情丰富	紧张
身体姿态	蜷缩状	放松	紧绷、僵直，下巴向前高抬
身体动态	鲜少	放松舒展	跳跃不稳
声音强度	低声	与环境相称	高声，甚至刺耳
声调变化	单声调	声调丰富	不时有爆破音
话语多少	极少	与对话者相同	远远多于对话者

测一测

您有自信吗？

（一）测试

请凭第一反应快速回答以下问题，不用考虑许久。每个问题后面都有4个选项，A为“完全符合”，B为“比较符合”，C为“不太符合”，D为“完全不符”，请在每个问题后填上你的选项。

1. 我怀疑自己的能力（　　）
2. 我很难对与自己有关的事做决定（　　）
3. 我的穿着一向非常低调，尽量让人不要注意到我（　　）
4. 我非常害怕失败（　　）
5. 如果我不确定会成功，那么我情愿放弃（　　）
6. 我更倾向于把情绪放在心里，而不是将它们表达出来（　　）
7. 所有未曾预料的事都会让我担忧，尤其当我掌控不了时（　　）
8. 我对自己的看法比较消极（　　）
9. 我经常抱怨（　　）
10. 我是完美主义者（　　）
11. 我很难说“不”（　　）
12. 他人对我的表扬让我不舒服（　　）

13. 我不常表达我的需要和愿望(　　)

14. 批评指责让我深感不安,我也不知如何回应(　　)

15. 在集体中,我不常发言(　　)

16. 有时我认为自己没有价值(　　)

17. 我认为自己的缺点远远多于优点(　　)

18. 我觉得自己的价值比别人低(　　)

19. 我希望别人更尊重我(　　)

20. 我对自己的看法非常负面(　　)

(二)评分标准

计分:完全符合、比较符合、不太符合、完全不符分别计 1 分、2 分、3 分、4 分。

将第 1～20 项的分数相加,计算出总分。

(1)如果您的总分为 60～80 分,您的自信状况非常好,您只需注意一下自己是否属于过分自信,以至于支配或压制他人。

(2)如果您的总分为 40～60 分,总体看来,您的自信状况较理想,您只需留意得分较低的题目。

(3)如果您的总分为 20～40 分,您的自信状况不甚健康,需要改善。

(4)如果您的总分为 0～20 分,您的自信状况较差,请尽快采取措施,加以重视。

读一读

你值得被爱[①]

[日]新井一二三

我 20 岁左右开始写作。当时的我,是一个完全没有自信的女子。20 年以后的今天,如果能告诉她一句话,我想说你值得被爱。1982 年 1 月 23 日,我过了 20 岁的生日。之前,每年的生日,我都在家里,跟父母亲、哥哥弟妹在一起。那一年,我第一次在外头,跟男朋友一起过。

小时候的生日,圆形蛋糕上一定有跟年龄同数的蜡烛,一支一支点上火,

① [日]新井一二三:《你值得被爱》,《青年文摘》2011 年第 22 期。

等着我吹灭。上了初中以后，岁数大了，无处立全部蜡烛，赤裸裸的圆形蛋糕显得很寂寞。高中时代，连蛋糕都消失了。母亲说："什么岁数了？还想吃蛋糕！"

我就是还想吃蛋糕，最好是上面林立着蜡烛的。不过，上了大学，已经不能期待家人给我过生日。于是，那晚，我和男朋友约了另一个同学，三人一起赴了新宿一家居酒屋。都是大学生，口袋里的钱不多，除了啤酒和威士忌以外，只叫了两三种廉价酒菜。虽说是二十大寿，我越喝越闷，最后大哭着骂男朋友道："你是骗子！一点也不喜欢我嘛！"今天我明白，当晚的情绪为何那么低落。平生第一次在外头过生日，意味着我开始独立于父母亲，心中感到很大的不安，是再理所当然不过的。但是我绝对不肯承认那一点，因为恨不得独立，尽快做大人。青春真是矛盾极了。

青春期的不安，往往表现在男女关系上。脱离了家庭的温暖，我们要找下一个安全网。可是，彼此都为刚出窝的小鸟，很难互相提供安全感。我以为男朋友对我的感情不真实，才让我感到寂寞。但那是大错特错，以我当时的情形，无论跟谁在一起，都会觉得寂寞的。再说，我也以为，男朋友不大喜欢我，是因为我不值得被爱。生日蜡烛、蛋糕消失，让我有被父母放弃的感觉，除非有男人真心爱我。全世界再也没有人爱我了，岂不是我不值得被爱吗？

如果今天能走进新宿那家居酒屋的话，我很想拍着她肩膀说："傻女孩，别哭了，你值得被爱。"她大概会问道："为什么？"我则告诉她："不为什么。你就是值得被爱。"

我继续写作，也是为了跟 20 岁时候的自己说话，为了鼓励她前进。

单元三　发展自我

目标：让大学生在"自我悦纳"的基础上，回顾过去的自己，发现自己生命的感悟，反省自我目标，减少抱怨和阻力，找到发展自我的资源和力量。其具体内容与操作如表 1-3-1 所示。

表 1-3-1　　关于实现发展自我的训练

活动名称	基本设置	操作步骤
1. 生命之线[①]	**目的**：对过去的我、现在的我、将来的我进行回顾和展望。 **时间**：60 分钟左右。 **准备**：每个参与者一人一张 A4 纸和一支笔。	(1)在一张白纸上画一条直线，可以尽可能长。将线的左端标为起点，写上“0”，代表你的出生；将线的末端标为终点，写上一个数字，代表你的预测死亡年龄；在这条线段上找到你现在的位置，写上你今天的年龄和日期。预测死亡年龄可以依据你本人的健康状况、家族的健康状况、已故亲人的年龄或者你的期望和想象。 (2)思考现在的我：现在的我是什么样子的？对现在的生活满意吗？ (3)思考过去的我，列出过去影响你最大或你最难忘的三件事，它们分别是什么事情？是如何影响你的？ (4)思考未来的我，列出今后你最想做的三件事或最想实现的三个目标，它们分别是什么事情？你打算如何实现它们？ (5)小组成员分享自己内心的感受。
2. 墓志铭[②]	**目的**：反省个人价值及了解人生目标。 **时间**：50 分钟左右。 **准备**：每个参与者一人一张 A4 纸和一支笔。	(1)如果你不幸得病即将离世，现在要为自己撰写墓志铭，反映自己的一生。墓志铭将会刻在墓碑上，供人凭吊。 (2)墓志铭要包括以下几点： ①一生的最大目标； ②在不同年纪时的成就； ③对社会、家庭或其他人的贡献； ④我是一个怎样的人。 (3)相互交流个人的墓志铭，说明为什么这样写。 (4)小组讨论： ①分享了这么多墓志铭，你觉得哪些人的人生目标吸引你并值得尊重？为什么？ ②哪些人的成就是“真正”的成就？为什么？ ③你认为对社会或他人最有贡献的是谁？ ④假如你要重新为自己写墓志铭，你会怎样写呢？ (5)思考：生命怎样才有意义。

---

① 参见樊富珉：《团体心理咨询》，高等教育出版社 2005 年版，第 229 页。

② 参见樊富珉：《团体心理咨询》，高等教育出版社 2005 年版，第 242 页。

续表

活动名称	基本设置	操作步骤
3. 扔掉抱怨①	**目的**：了解抱怨和行动阻力背后的动机，减少抱怨和行动阻力。 **时间**：40 分钟左右。 **准备**：准备一张纸和一个写有“过去”字样的纸盒子。	(1)在自我实现的过程中，困难和痛苦是必经的，面对这些困难和痛苦时，我们常常会花时间抱怨，请用 2 分钟写下你的抱怨。 (2)看到你自己的抱怨清单，你有哪些感受？如果把自己的抱怨读给好朋友听，你会有什么不同的感受？当你抱怨的时候，你的心情和接下来的生活会受到哪些影响？这些抱怨的内容哪些是可以改变的，哪些是不可以改变的？你打算怎么面对？ (3)请小组内互相分享自己的抱怨清单以及所有的思考和感受。 (4)小组中的每个人将自己的抱怨清单放到准备好的纸盒子里，并与它道别。 (5)对这个扔掉抱怨的仪式，你有什么体验？当再不由自主地抱怨时，你打算怎样提醒自己？ (6)小组成员交流分享。
4. 突破困境②	**目的**：了解自己目前的现状，找到解决当前困扰的资源，并畅想未来。 **时间**：60 分钟左右。 **准备**：一盒画笔，每个人一张“突破困境”练习(1-3-1)纸。	(1)每个人一张“突破困境”练习(1-3-1)纸。 (2)用艺术的方法在表格的第一个格子画出“此时此刻，你的状态是什么样的”。 (3)用艺术的方法在表格的第二个格子画出“你的生活、工作中，目前最困扰你的是什么”。 (4)用艺术的方法在表格的第三个格子画出“尽可能多的想到一些方法、策略去解决这个困扰”。 (5)用艺术的方法在表格的第四个格子画出“假如你的困扰得到解决，你的生活会是怎么样”。 (6)在小组里，每个成员分享自己画的四幅画的内容以及整体的感受，其他成员可以提问并反馈听完的感受等。
5. 勇者来战	**目的**：训练学生尝试踏出安舒区，挑战自我，敢于冒险，并积极做好自我保护措施。 **时间**：60 分钟左右。 **准备**：纸笔。	(1)请先阅读《约拿情结》(详见知识链接)，想一想：在你的生活中是否因为自己的约拿情结阻碍你去做一件事情？如果有，那是一件什么事情？如果没有，请思考一件一直想做但又逃避没有去做的事情。 (2)这个事情有什么可怕之处？阻碍你接受挑战的是什么？ (3)如果不接受挑战，你要付出什么代价。如果冒险去做这件事情，最坏的结果是什么？

① 参见俞国良：《大学生心理健康》，北京师范大学出版社 2018 年版，第 54 页。

② 参见樊富珉：《团体心理咨询》，高等教育出版社 2005 年版，第 248 页。

续表

活动名称	基本设置	操作步骤
		(4)准备去做这件事情之前，你需要什么信息？谁会支持你？如果不希望的结果出现，你会如何面对？ (5)你可以做什么来降低失败的风险？ (6)如果这项挑战可以化作不同的小步骤，第一步是什么，你何时踏出第一步？第二步是什么，你如何有计划地前进？等等。 (7)如果完成了这项挑战，你将如何评估这次行动？是否如你所期望的？ (8)如果你可以奖赏自己的勇气，你会怎么奖赏自己？
6. 我的选择我决定①	**目的**：克服拖延，清除妨碍做出决定的障碍，提升个人选择能力。 **时间**：50 分钟左右。 **准备**：若干笔，每个人一张“我的决定”练习(1-3-2)纸。	(1)每个人一张“我的决定”练习(1-3-2)纸。 (2)在“我的决定”练习(1-3-2)纸写下你想要做出的决定，无论它们的重要性或必要性如何，无论它们关于社交、私人生活还是职业，请全部写下来。 (3)用 0～100 分为每一个要做的决定的困难程度打分，另外，再用 0～100 分为一旦事与愿违，它们的后果严重性(包括决定的可逆性、在你和他人身上可能产生的后果等)打分，请把两个分数相加，并根据分数由高到低进行排序。 (4)挑出得分最低的决定，为它找到 3 个解决方法。 (5)找出所有决定的所有利弊，并写下来。 (6)找出最容易达成的方案，即益处最多、弊端最少的那一条，尝试一周之内立即行动，写出你的具体行动计划。
7. 能力地图	**目的**：了解自己的未来发展方向。 **时间**：40 分钟左右。	(1)如果有人愿意付钱让你做事情，你觉得会是哪一类人群，具体是做什么事情？你觉得你最能教别人的知识是什么呢，如果你能出一本书，可能是关于哪一方面的？通常做什么事情会让你最专注以至于忘了时间？ (2)结合(1)的思考答案，你的未来发展有可能是怎么样的？你打算为此做些什么准备？

① 参见[法]弗雷德里克·方热：《医治受伤的自信》，王资译，生活书店出版有限公司 2016 年版，第 199 页。

练习 1-3-1

突破困境

此时此刻，你的状态是什么样的？	你的生活、工作中，目前最困扰你的是什么？
尽可能多地想到一些方法、策略去解决这个困扰。	假如你的困扰得到解决，你的生活会是什么样？

我的决定

表 1-3-2　　所作决定的难度与后果

决定	决定难度（0～100）	后果严重（0～100）	总分
决定 1			
决定 2			
决定 3			
决定 4			
决定 5			

请把每一个决定的两个分数相加，并根据分数由高到低进行排序：

____

挑出得分最低的决定，为它找到 3 个解决方法：

方法 1 ______________________________

方法 2 ______________________________

方法 3 ______________________________

找出所有决定的所有利弊，并写下来：

决定 1 利 ______________________________
弊 ______________________________

决定 2 利 ______________________________
弊 ______________________________

决定 3 利 ______________________________
弊 ______________________________

决定 4 利 ______________________________
弊 ______________________________

决定 5 利 ______________________________
弊 ______________________________

写出最容易达成的决定，即益处最多、弊端最少的那一个，尝试一周之内立即行动，并写出你的具体行动计划。

____

____

知识链接——"约拿情结"[1]

"约拿情结"是马斯洛根据《圣经》中的人物约拿提出的一个独特的概念，是指在自我实现过程中缺少面对挑战的勇气和信心。

耶和华要约拿去传话，这本是很高的荣誉，也是约拿平日所向往的，但真的面对现实，他却感到了畏惧，觉得自己不行，想要回避即将到来的成功，想推却突然降临的荣誉。马斯洛将这种阻碍生命成长和自我实现的心理称为"约拿情结"，即在机遇面前自我逃避、退后畏缩的心理，导致个体不敢去做自己本能做得很好的事，逃避发掘自己的潜力。

约拿情结一般表现在两个方面：对自己，逃避成长，拒绝承担伟大的使命；对别人，则是嫉妒和幸灾乐祸。大多数人面临使命时失去了成长的勇气，因而严重地妨碍了自我实现。

其实我们每个人都有成功的机会，但是面临机会的时候，只有少数人能够面对压力，保持勇气和信心，最终达到自我实现。

读一读

解开你的成功等式[2]

[美]彼得·布雷格曼

吉姆·沃尔芬森在悉尼大学读二年级时，他的朋友、击剑队队长鲁珀特·布莱问他，想不想第二天到墨尔本去参加全国大学击剑锦标赛。

"你一定是疯了，"吉姆说，"我从来没玩过击剑。"

鲁珀特并没疯，他只是给逼急了，因为击剑队的一名队员病倒了，为了能参加比赛，他们得找个替补。这事想想就觉得不可思议。吉姆没有去墨尔本的路费，而且他也不可能赢。但他答应了。他向父母借了钱，然后在去墨尔本的火车上，尽可能向新队友们了解击剑的知识。

假如故事的结局是吉姆释放出自己隐藏的天赋，击败了所有的对手，那该多么美妙。但可惜不是这样。每个回合吉姆都是大败而归，一分未得。但是，

---

① 俞国良：《大学生心理健康》，北京师范大学出版社 2018 年版，第 50 页。

② [美]彼得·布雷格曼：《解开你的成功等式》，陈媛熙译，《青年文摘》2012 年第 1 期。

他仍然在非常值得一读的回忆录《全球生活》中写道:"我试图发明击败对手得分的新方法……在此之前,我好像从来都没有这么快乐过。"

虽然他输了比赛,但击剑队获得了冠军。后来,吉姆沉迷于击剑多年,最终参加了1956年奥运会的击剑比赛,并于1995～2005年担任了世界银行行长。

吉姆这段击剑经历同他在商界和政坛备受尊敬的职业生涯有何关系?关系大了。每个人的人生故事都很复杂,影响命运的因素数不胜数。但是,我们会遵循一定的模式和方法,习惯性地与我们的经历进行互动。久而久之,这些模式就成了我们的命运。

对我们大多数人来说,这种模式在人生的早期阶段就会显现出来。吉姆的模式——引领他在个人、商业和政治上取得卓越成功的模式,早在他击剑比赛失败时就已明朗。

先爆个料:我从小就认识吉姆,对他一直很钦佩,不止是钦佩他的成就,也钦佩他作为一个普通人和领导人的正直。我一直希望自己长大以后能像有些人一样,而吉姆就是这少数几个人之一。至今我仍在努力向他学习。

那么,吉姆的成功背后是怎样一种模式呢?

心理学家也许会着重研究他的成长经历。他在贫困中长大,心中既有不安全感,又有雄心壮志,这是许多成功故事的基础。

人生导师也许认为,他愿意抓住自己难以应对的机会,甚至常常并不知道自己将要面对的是什么,然后为了成功不懈地努力,尽一切可能去寻求并接受帮助。

当然,咨询师们可能会说,这些只是模式的一部分。而他取得成功的真正原因,在于他用来解决问题的分析能力和严谨方式。他遇到某种情况后,先是进行一番评估,努力去了解整个系统,并弄清有哪些因素构成了障碍。他会用最少的行动来产生最大的影响,然后一往直前,贯彻到底。

积极心理学家可能会指出,他的乐观精神才是重点。否则,他怎么可能在输掉所有回合的比赛后还说"在此之前,我好像从来都没有这么快乐过"?他的人脉关系也为他提供了机会。假如鲁珀特没有拉他进击剑队,他就永远不会去击剑。

没错,但他在哈佛大学的教授们会说,如果他没有能力,就不可能取得任何成就。吉姆头脑聪明,技术熟练,工作努力,而且一刻也没有停止过学习。他的墨尔本击剑之旅富有戏剧色彩,但他作为击剑运动员以及商业和全球领导人所获得的成功,早已在那次比赛和奥运会之间的漫长岁月中埋下了种子。

多年来,他努力工作,不断磨炼自己的技能,增强自己的才干。

也许吉姆的成功实际上是一道等式:吉姆=正直+不安全感+雄心壮志+抓住机会+寻求帮助+解决问题+乐观精神+人脉关系+能力。就像我说的,每个人的人生故事都很复杂。但是,我对吉姆思考得越多,就越清楚地看到他的成功其实很简单。有一种潜在的力量推动着他做出决策,这是破解他成功等式的密码。没有这个密码,他的惊世之才也只能被埋没。

这个密码就是一个问题。

大多数人在寻思机会、下一步行动或决策时,都会问:“我会成功吗?”而吉姆问的却是另一个问题:“值得冒险吗?”

这两个问题之间的差别,就是从不击剑和参加奥运会击剑比赛之间的差别。当鲁珀特邀请吉姆参加击剑锦标赛时,他根本没机会取胜,失败是不可避免的结果。但值得冒这个险吗?对吉姆来说,当然值得。

吉姆的生活态度就是冒险,从冒险中学习,然后用学到的新知识继续下一次冒险。在他的战略中,失败是不可或缺的一部分。

真正的冒险需要失败。你必须对失败有一定的畏惧,才会通过努力工作去成功化解风险,但这种畏惧感又不能强烈到令你不敢去冒险。从学习的角度来看,失败至少与成功一样有益。如果你只做那些有把握的事,你能取得的成就就会大大减少。因此,要勇于冒险,看看究竟会发生什么。

卸任世行行长后,吉姆应乔治·布什总统之邀,出任加沙撤离问题特使。假如他当时问一句“这能行得通吗”,他就不可能同意接受这项任务。而他问的是那个唯一重要的问题,然后接受了这项使命。

第二章　社会适应

【学习目标】

1. 了解社会适应的内涵，认识社会适应的必要性和重要意义。
2. 掌握探索自我和社会环境的方法，形成良好的自我认知和社会认知。
3. 掌握时间管理的方法，学会规划自己的生活。

【案例】

基本情况：某大一女生自入校以来一直被舍友投诉，舍友纷纷要求她搬出宿舍。舍友投诉的原因很简单，就是她从不整理个人的内务，也不打扫宿舍卫生，并且晚上熄灯后总是给家人打电话，影响舍友休息。电话里也从来不是什么大事急事，都是每天鸡毛蒜皮的琐事，每次天气变化时需要穿什么衣服都要电话问她的妈妈。无论舍友怎么给她提意见，她都无动于衷。辅导员老师多次调解，没有任何效果，只好请家长到学校参与调解。她的妈妈到学校后，不仅认为孩子没有什么问题，并且事无巨细都要过问，替孩子做主，觉得孩子根本没有什么问题……

分析："宿舍"是大学生社会适应的第一站。宿舍里的成员来自不同地域和不同家庭，有不同的成长经历和生活习惯，大家共同生活在一个小的空间里，冲突不可避免。适应这个新的生活环境是处理好宿舍关系，过好大学生活的前提。案例中的同学脱离了家庭环境，开始宿舍集体生活，但她仍然坚持自己在家中的生活方式、生活习惯，给自己和舍友都带来了困扰。从心理学层面来说，新的环境打破了个体原来的适应平衡，这就要求个体及时做出调整，发展高一级的心理技能和品质，才能适应新环境，建立新的平衡。个体在完成适应的同时，自身也会得到发展。本案例的冲突情况下，需要该同学尽快改变原有的习惯和方式，融入集体生活；同时，舍友们也要进行调整，在集体生活中学会包容，尊重理解舍友，给她一个改善、适应的空间和过程。

【理论知识点】

早在一百多年前，达尔文的一句“物竞天择，适者生存”就已经道破了自然界万物生存的法则。作为万物之灵的人类，其发展正是在个体与环境相互作用的过程中，不断适应环境的要求。从中学校园跨入大学校园，学子们已经迈出了适应环境的第一步。考入大学无疑是个体人生发展中的一个积极事件，然而，它也是个体人生中的一次重要转折。这一转折一方面意味着个体与原有环境关系的打破或部分改变，个体进入一种失衡状态。伴随着与环境之间的平衡的丧失，个体将面临各种挑战，承受多种压力，甚至会进入焦虑、不安的混乱状态。如果不能积极应对，就会出现适应不良。另一方面，大学新环境提出的新要求为个体的发展提供了新的契机，个体内部寻找平衡状态的内在需求又为个体发展提供了必要的动力。这保证学子们在原有适应的基础上获得新的平衡，并且在解决问题的过程中扩展知识，发展心理能力，达到良好的适应。

一、社会适应的内涵

“适应”是一个生物学名词，指生物体为了增加生存机会，会改变形态结构和生理机能，以和它所赖以生存的环境相适合。猿进化成人，骆驼适应沙漠生成驼峰，斑马适应草原生成条纹，仙人掌类植物适应干燥环境用肉质茎储存水分等，都是生物为了生存而适应环境的结果。

1. 心理学释义

心理学家认为，人对危险刺激所做出的逃避反应，进入一个新环境时的主动探索行为等，都是在适应。适应是个体对所处的环境做出判断，发挥积极能动作用，并在可能的情况下做出某些改变，因而适应是一个积极能动的过程。

赫伯特·斯宾塞认为，社会适应是指个体逐渐接受现有的社会道德规范与行为准则，对于环境中的社会刺激能够在规范允许的范围内做出反应的过程。社会环境复杂多变，适应不断变化的社会环境，对每个人而言都非常重要。不能与环境相适应，无法融入相应的环境，这无论对个体还是群体都会产生不良的影响。

2. 社会适应的不同阶段

研究发现，人对新环境的适应可分为四个阶段：

(1)初期阶段：个体知道在新环境中应该如何行动，却不承认或不接受新环境的价值，仍然坚持原有的价值系统。就像文章开始的案例中的那个同学一样，她脱离了家庭的环境，开始宿舍集体生活，但仍然坚持自己在家中的生活方式，不肯改变。这位同学仅仅是一直停留在适应的初期阶段，没有进一步适应而已。

(2)容忍阶段：个体和新环境对于彼此的价值系统和行为方式都表现出宽容的态度。比如在大学宿舍，来自各省、各地区或不同民族的学生朝夕相处，生活方式和处事态度各不相同，但大家基本上都互相宽容，对对方表现出足够的理解和尊重。

(3)接纳阶段：个体在承认自己的某些价值的情况下，承认并接受新环境中主要的价值系统，比如在宿舍共同生活一段时间后，大家逐渐开始达成共识，并自觉地开始努力按照这些共识行为处事。

(4)同化阶段：个体与环境的价值系统完全一致。比如，在经过不断磨合以后，每个大学宿舍都表现出明显的宿舍文化，它被宿舍的绝大多数人认可为行为标准，并被大家认真遵守和维护。

3.社会适应的类型

面对新的环境，不同的人表现出的适应程度不同，反应也各不相同。按照罗伯特·金·默顿的学说，人的社会适应可分为五种类型：

(1)适合型：这种类型表现为能很好地融合到新的环境中，如鱼得水，行为态度都与所处环境无比契合。比如一个热爱文学的孩子高考考入了中文专业，他很快适应了大学的校园文化、管理制度和生活节奏，并且乐在其中。

(2)革新型：这种类型表现为很好地适应环境，并能创造性地引导和改变新环境的价值观点，被大家认同。比如，一位新上任的班长，很快被同学们认同，同时他通过自身的努力提出新的班级建设制度等，从而引导班级形成新的风气。

(3)形式主义型：这种类型表现为表面上融入环境中，行为处事也按照大家的规则要求，但内心并不认同整体共同的规范。比如在我们生活的环境中，总有一些人有自己的观点，虽然态度不算积极，但做事不出格，能够遵守大众认同的规范，也能被大家认可和接受。

(4)退缩型：这种类型表现为害怕融入新环境或者说无法融入新的环境，从而出现逃避行为，不再尝试融入，以隔离的态度面对环境。就像有的学生，在新的环境中没有朋友，或者与人出现矛盾，或者自身学习成绩不太好，老师对其反馈也较差，出现旷课、迷恋网络、经常不回学校等行为。

(5)反抗型：这种类型表现为不认同所在环境的行为价值观点，而自身的行为价值观点也不为环境所接受，表现出自身与环境的剧烈对抗和碰撞。就像每个班级里的个别“刺儿头”，总是我行我素，以一己之力用出格的行为态度对抗整体大环境。

二、大学生的社会适应

在改革开放、发展市场经济和高等教育改革不断深化、拓展的新时代背景下，大学生的社会适应问题比以往任何时候都更加突出。大学生自觉培养社会适应能力、增强社会适应性，无论是对成功就业以及就业后的发展，还是对社会的发展进步，都具有极其重要的意义。

1. 社会适应是人与社会环境的和谐状态

人总是要与社会发生联系并形成一定的关系状态，或者是和谐的关系状态，或者是矛盾冲突的状态。但个体能根据外在环境的变化，适时整合社会信息，不断推动内在心理、外部行为与外在环境的平衡，从而感到自己在物质和精神上得到了满足，生活满意度高，身心愉悦。同时自己的实践活动是有利于社会进步的，那么他就达到了社会适应的状态，即人与社会环境和谐的状态。

一个人如果没有适应能力，他就根本无法在社会中生存，适应能力决定了生存能力。大学生在大学阶段需要完成基本社会化，形成与社会相符的价值观，学习基本的生活技能和社会规范，对今后自己所要扮演的角色有一定的心理准备，为毕业离校后独立地步入社会做准备，通过社会互动，努力与社会达到一种和谐的状态。

2. 社会适应是一个动态的过程

社会是发展变化的，人的社会适应也不是一劳永逸的，而是一个动态的过程。主客观条件复杂多变，人与社会环境之间的协调只能是一个动态的过程。从高中升入大学，大学生要适应大学新的学习和生活环境，与来自五湖四海的同学进行交往；大学毕业生进入社会之后，要逐步了解、适应自己所处的环境，达到社会适应，就算是实现了社会化。但这个过程不表明个人社会化的结束，他还要继续社会化。社会在发展，时代在进步，环境在变化，如果个体不能与时俱进，就会落后于时代和社会的要求。因此，一个人在实现了社会化之后应继续坚持社会化，即根据时代和社会的要求更新、完善自己，使自己与变化发展的社会相适应。从这个意义上讲，社会化是人的终身课题，正所谓“活到老，学到老”。

3. 社会适应是一个能动的过程

社会适应是一个能动的过程，是人选择和改变的过程。每个大学生都有不断成长和谋求发展的愿望，为了实现这一愿望，它将充分地调动起有机体做有效的运转，发挥自己的潜能，积极地去选择和改变，包括对各种社会资源的把握和利用、与他人的交往与合作、积极地影响他人等。当然，这种选择和改变不是随心所欲的，而是以遵循时代发展要求、遵循社会发展客观规律为基础和前提的。在社会适应的过程中，个体经常会遇到矛盾与冲突，社会适应就是在面对并解决矛盾与冲突的过程中与社会保持协调状态的过程，是融入与创新的统一。大学阶段是学生成才的一个极其重要的阶段，在大学阶段所获得的经验将有助于培养学生全面适应社会的能力。因此，学生在适应大学学习和生活的过程中必须学会独立，学会主动学习，学习与人相处，学会选择，面对压力和挫折时学会自我调节，要发挥自己的主观能动性，积极主动地与老师、同学接触，主动参与各种社会实践活动，在社会实践中去历练自己，在融入社会的基础上积极创新，为社会环境的改变做出积极贡献。[①]

三、大学生社会适应能力的培养

社会适应能力的强弱关系到大学生的前途和命运，但是很多大学生的成长环境相对单纯，除了学习之外，与他人和社会接触不多。社会适应能力不强已成为当前许多大学生的一个通病，表现为不能适应新的环境、对前途感觉渺茫、对学业缺乏信心，有的还可能出现心理行为问题。

1. 正确认识自我，培养抗挫折能力

学会正确地认识和评价自我，是提高大学生社会适应能力的重要环节。由于社会生活经验不足和年纪较轻等客观条件的限制，大学生对自我的认识常常是不够全面和客观的。他们常受到个人的知识、经验、情绪、态度、个性等因素的影响，要么过高评价自己，要么过低评价自己。大学生需要学习全面、正确地认识自我，客观准确地评价自我，这样才能量力而行，确立合适的理想自我，确立的目标是自己“跳起来可以摘到的苹果”，并为实现理想自我而不懈努力，而不是总拿自己的不足之处和周围同学的长处去比较，觉得自己一无是处，整天处于焦虑不安的状态。

2. 主动参与社会活动，培养人际交往能力

人在生活中除了需要生理方面的满足外，也需要亲情、友情，这些需要通过人际关系获得心理上的满足。和谐的人际关系是生命的“滋补品”，大学生应该主动参与各种社会活动，提高和培养待人接物的能力。良好的人际交往能力是大学生必备素质之一，尽快适应新的环境，融入集体，获得归属感和安全感，这是每个人的基本需求。在新的环境中建立起良好的人际关系，能够促

---

① 参见俞国良：《大学生心理健康》，北京师范大学出版社 2018 年版，第 219～220 页。

进大学生熟悉社会规范、加快社会适应的过程；同时，大学生从家庭到大学校园，要与不同类型的人朝夕相处，在遵循相互尊重、平等、真诚、宽容、互利等基本原则基础上与人交往，建立良好的人际关系并促进心理健康。

3. 增强学习适应能力

大学生的主要任务是学习良好的学习适应能力，这是大学生顺利完成学业的重要保证。学习适应不良将会滋生诸多学业问题和心理问题，大学生学习适应能力的高低也会影响其今后的社会适应水平。大学的学习，从内容到方法都与中学学习有很大区别，大学生要树立自主学习的观念，掌握学习自主权，培养创造性学习的能力，不死读书，培养分析问题、解决问题的能力；主动向老师和学长请教，找到适合自己的学习方法，培养学习兴趣，激发学习动机。

4. 积极参加社会实践，提高实践能力

社会实践是大学生认识社会、了解社会、服务社会的有效途径。实践教育让广大青年学生投身社会大课堂，提高动手能力，培养合作意识和团队精神，学会调节自我，增强社会适应能力，为踏入社会、担任定向社会角色做好准备。

5. 加强体育锻炼

体育锻炼不仅可以让我们拥有健康的体魄，还可以让我们接触更多的人和事，通过运动与人交往；体育锻炼可以增强大脑兴奋与抑制的调节功能，改善神经系统，使人忘却烦恼和痛苦，消除孤独感；体育锻炼还可以唤醒人们的精神情绪，使人精神振奋，心情轻松愉快，使人焕发青春的激情。

四、大学生社会适应不良的表现

1. 自我意识偏差

表现为自卑、自负、自我中心、偏激、从众、错误归因等。

2. 独立能力下降

表现为拖拉、退缩、逃避、依赖等，日常学习和生活失去规律性和自控性。

3. 人际交往不畅

表现为与身边的老师、同学、家人等交流沟通不畅，互动困难，甚至冲突时有发生。

4. 学业困难

表现为不能自主学习，学习成绩下降，甚至长期逃课、多门课程不及格、导致退学等。

5. 心理障碍

表现为抑郁、焦虑、恐惧等，不能进行正常的学习、生活和工作。

【训练实施】

单元一：环境适应

目标：让大学生探索并了解自己所处的环境，在前期“自我探索”的基础上，找出自己与环境、与他人、与自己相处的最佳方式。其具体内容与操作方法如表 2-1-1 所示。

表 2-1-1　　关于实现环境适应的训练

活动名称	基本设置	操作步骤
1. 我的大学之最	**目的**：帮助学生了解自己进入大学之后的状况，通过分享梳理自己的大学生活，发现与他人共同的问题和需求，找到支持。 **准备**：“我的大学之最”练习（见练习 2-1-1）。 **时长**：约 40 分钟。	(1)分组，每组 8～10 人。每人准备一份“我的大学之最”练习。 (2)成员在练习上填写，写好后在组内分享自己上大学后的感受。 (3)小组分享结束后，领导者组织每个组派代表在全班内分享自己进入大学后的感受，以及在小组听完大家的分享之后的感受。
2. 我的大学生活	**目的**：帮助学生了解大学生活的不同内容，全方位认识大学生活，进而规划自己的大学生涯。 **准备**：“我的大学生活拼图”练习（见练习 2-1-2）。 **时长**：约 40 分钟。	(1)每人准备一份“我的大学生活拼图”练习。 (2)领导者简要讲述一下：大学生活丰富多彩，可能涉及的领域和内容至少有 9 个方面。要了解大学生活，尽快适应大学生活的内容、节奏，并进行规划，从现在做起把握自己的人生。 (3)请成员在练习上写出自己在各个方面所希望做的事和实现的目标，为大学生活规划蓝图。 (4)个人完成拼图后，与组内成员分享自己的规划。领导者进一步提出下列问题，作为各组讨论的方向： ①在你的规划中，有哪些是比较容易达成的？为什么？ ②在你的规划中，有哪些是较难达成的？为什么？ ③如果你希望它们能实现，你还需要做哪些努力？ (5)请每组推选一名代表，将该组讨论的结果与全体成员分享。

续表

活动名称	基本设置	操作步骤
3. 我的理想与专业	**目的**：通过练习，帮助学生发现现在的自己和期望的自己之间有何差距，认识大学发展的自主性。 **准备**："理想知多少"和"我的专业'谁'选择"练习纸(见练习 2-1-3)。 **时长**：约 30 分钟。	(1)将成员分组，每组 8～10 人。 (2)每个成员各准备一份"理想知多少"和"我的专业'谁'选择"练习并填写。 (3)填写之后，在小组内分享，回顾自己的理想在不同阶段的发展变化，分享自己对目前所学专业的认识和态度。 (4)小组交流结束之后，领导者引导成员在大组内交流分享。
4. 马兰花儿开	**目的**：体会在不断变化的环境中，如何调整自己以适应不断变化的环境。 **准备**：户外最好，如在室内则留出一个大的活动场地。 **时长**：约 15 分钟。	(1)全体成员手拉手围成一个大圈，充分体会大家在一起的感觉。双臂都展开，使圆圈尽可能最大，然后松开手。 (2)领导者说"马兰花儿开"，全体成员问"开几瓣儿"，领着者说"3 瓣儿"，成员就必须按照数字"3"快速地随机组成三人组，手拉手围成一个小圈儿，组成一朵马兰花儿。没有办法组成花朵的同学就流浪在一个个花朵之外。接着继续进行下一轮游戏，领导者继续说"马兰花儿开"，全体成员问"开几瓣儿"，领着者说"n 瓣儿"，成员就必须按照这个数字"n"快速地随机组成 n 人组，手拉手围成一个小圈儿，组成一个新的花朵。没有办法按标准组成新花朵的同学就流浪在一个个花朵之外…… (3)在做游戏的过程中，会出现花瓣多、花瓣少而不符合标准，但大家都不愿打破原有的小集体的情况；也会出现一些学生孤孤单单流浪在外的情况。这时领导者启发大家：为了让每朵花都能符合标准，应该怎么做？怎么能让流浪在外的成员也能有个家？流浪在外的成员怎样让自己也能开花？ (4)通过启发，引导大家改变固有的思维习惯，适应当下的新环境。花瓣儿多的，是否有人愿意牺牲自己而成全集体？花瓣儿少的，是否能主动联合其他也少花瓣儿的，与其两个都不符标准则不如先组成一个符合标准的，即牺牲本朵花成全另一朵？有"家"的人能否主动伸出友爱之手欢迎无家可归的同学加入自己的"家"？无"家"可归流浪在外的同学能否主动积极求助、推销自己，给自己找到一个可以归依的"家"。 (5)分享感受与收获。

续表

活动名称	基本设置	操作步骤
5. 走出"舒服圈"	**目的**:让学生体验改变习惯的困难及改变习惯的反应,意识到要不断挑战自己,走出自己的"舒服圈",改变自己是可能的。 **时长**:约 10 分钟。	(1)领导者向学生介绍:"所有人都活在一个无形的分界线里,在线内有自己熟悉的环境,与认识的人相处,用自己的习惯做自己会做的事。总之,在分界线内的我们感到很舒服。反之,当走出分界线时,我们就会感到不舒服,很自然地想要退回到分界线内。这个分界线内的部分就是一个'舒服圈'。" (2)让每个学生自然地十指交叉相扣约 5 秒。 (3)再让每个学生以左右手的大拇指和刚才前后相反的位置,十指交叉相扣约 5 秒。感受和之前动作不同的地方。 (4)恢复垂手状态。老师在让学生双臂前伸,随自己的习惯自然地绕手,十指交叉相扣约 5 秒。 (5)再让学生以左右臂和刚才上下相反的位置绕手,十指交叉相扣约 5 秒。感受和之前动作不同的地方。 (6)恢复垂手状态。 (7)领导者提问:第二次的十指相扣和绕手有什么感觉?为什么会有这种感觉?我们能改变习惯吗?什么因素可协助改变? (8)进一步启发思考:在生活学习中,有哪些情况要求我们打破自身的"舒服圈"?我们的"舒服圈"是如何产生的?如何拓展我们的"舒服圈"?
6. 我的快乐与忧愁	**目的**:通过探索自己顺利或挫折的经历,了解自己和他人适应环境的不同方式;全面认识自己当下的环境,进一步明确自己的适应任务。 **准备**:"我的快乐与忧愁"练习(见练习 2-1-4);"我的挑战与困难"练习(见练习 2-1-5)。 **时长**:约 40 分钟。	(1)分组,每组 8～10 人。每人准备一份"我的快乐与忧愁"练习。 (2)每个人思考,"回顾走过的人生,你认为自己经历的最顺利的一件事情是什么?顺利的原因是什么?""上大学以来,你遇到的最大的挫折或困难是什么?为什么会有这个挫折或困难?你是怎么走过来的?效果怎样?"并填写"我的快乐与忧愁"练习。 (3)小组内分享,了解组员们各自不同的"快乐与忧愁",互相开拓思路。 (4)课下完成练习"我的挑战与困难"。

续表

活动名称	基本设置	操作步骤
7. 未来的我	**目的**：找出自己所欣赏的适应与应对方式，清晰自己可以调整和努力的方向。 **准备**："未来的我"练习（见练习 2-1-6）。 **时长**：约 30 分钟。	（1）想一想：上面活动中组员们分享的"快乐与忧愁"，最打动自己或印象最深刻的顺利/挫折/困难是哪一个？为什么？令自己最欣赏/最值得自己学习的应对挫折或困难的方式是哪一个？为什么？如果重来一次，你将如何应对自己的那个挫折或困难？ （2）写一写：将上述内容写在练习纸上。 （3）说一说：小组内分享，说明自己做如上选择和调整的理由。
8. 课后作业：大学生涯人物访谈	**目的**：让学生实地了解自己所学专业及其发展前景，引导对大学生涯的探索以及对未来的思考。 **准备**："当你二十来岁的时候"阅读材料（见练习 2-1-7）。	（1）给成员布置访谈作业，要求每名成员在一周内访问一名本专业高年级的同学、一名本专业老师以及一名本专业工作五年左右的校友，了解自己所学专业的现状与发展。 （2）访谈的内容可以是：本专业要学习的主要课程，哪个年级课程最重，哪门课最难学，将来可以干什么，本专业的发展现状与前景，就业机会怎样，工作性质和环境是什么，职业发展前景怎么样，等等。 （3）按照访谈目的、访谈对象、访谈时间与地点、访谈提纲、访谈过程、访谈心得，写出 300 字以上的访谈笔记，下一次活动时分享。

练习 2-1-1

我的大学之最

进入大学之后，我最满意的是：

进入大学之后，我最高兴的是：

进入大学之后，我最关心的是：

进入大学之后，我最担心的是：

进入大学之后，我最想做是：

练习 2-1-2

我的大学生活拼图

本练习的目的是帮助你了解大学生活所要规划的内容，请将你当前要规划的内容逐一填在表格中。

课程学习	专业发展	人际关系
个人情感	身心健康	休闲生活
自我成长	社会工作	兼职工作

练习 2-1-3

我的理想与专业

姓名　　　　　　　　　　年级　　　　　　　　　　日期

理想知多少

我的理想：________________

1. 小学三年级时________________
2. 初中一年级时________________
3. 高中一年级时________________
4. 接到大学录取通知书时________________
5. 现在________________

比较之后我发现：

____

____

____

____

我的专业"谁"选择

1. 我的专业是怎样选择的________________
2. 我对专业的了解情况是________________
3. 我对专业的总体感觉是________________
4. 我的专业今后可以做________________
5. 我最喜欢的专业是________________
6. 如果有重新选择的机会，我会选择哪个专业？为什么？

____

____

上述练习给我的启发是：

____

____

____

____

练习 2-1-4

我的快乐与忧愁

我人生中最顺利的一件事：

____

____

____

____

我认为这件事顺利的原因：

____

____

____

____

上大学以来，我遇到的最大的挫折或困难：

____

____

____

____

我认为出现这个挫折或困难的原因：

____

____

____

____

我是这样度过这个挫折或困难的：

____

____

____

____

我认为应对这个挫折和困难的效果怎样？为什么？

____

____

____

____

____

练习 2-1-5

我的挑战与困难

	挑战与困难	处理方法	效　果
作息时间			
饮食睡眠			
生活习惯			
宿舍			
人际关系			
学习方法			
学习内容			
实践活动			
社团活动			
情绪			
异性交往/恋爱			
时间管理			
财务管理			
……			

下一步的改善措施：

1. ______________________________

2. ______________________________

3. ______________________________

练习 2-1-6

未来的我

组员们最打动我或者我印象最深刻的顺利/挫折/困难是哪个？为什么？

____

____

____

____

____

____

组员们让我最欣赏/最值得我学习的应对挫折或困难的方式是哪个？为什么？

____

____

____

____

____

____

如果重来一次，我会这样应对那个挫折或困难：

____

____

____

____

____

____

____

____

____

知识链接——“心理学家谈适应”[①]

1. 皮亚杰:智慧的本质就是适应

瑞士儿童心理学家皮亚杰认为,智慧的本质就是适应,适应的本质在于取得机体与环境的平衡。实现这种平衡需要通过两种形式:一是同化,即主体把环境因素纳入已有的认知结构中,以扩展和充实自身的作为;一是顺应,即主体改变行为以适应环境因素的变化。如果机体与环境失去平衡,就需要行为主体改变自身的行为模式,重建平衡。这种平衡—不平衡—平衡的过程叫作适应。

2. 马斯洛:适应是自我潜能发展的需要

以马斯洛、罗杰斯、罗洛·梅为代表的人本主义发展理论认为,人天生存在着一种发展潜能,人的发展潜能逐渐现实化和整合的过程,形成了自我不断完善成熟的各个阶段。

马斯洛的需要层次论认为,人类的需要有两大类:一类是基本需要,又称“缺失性需要”,包括生理需要、安全需要、爱与归属需要、尊重需要;另一类是心理需要,又称“成长需要”,包括认知需要、美的需要和自我实现需要。各层级需要的产生与个体发育密切相关,婴儿期主要是生理需要占优势,而后产生安全需要、归属与爱的需要;到了少年、青年初期,尊重需要日益强烈;青年中晚期以后自我实现需要开始占优势。但是,个人需要结构的演变不像阶段的阶梯,而是呈波浪式发展的。

3. 埃里克森:适应就是解决发展危机

埃里克森的自我发展理论认为,人格发展包括机体成熟、自我成长和社会关系三个不可分割的过程。经受着内外部的一切冲突,其发展按渐成的固定顺序分为八个阶段。每一发展阶段都存在着一种发展危机,这种危机可以理解为个体与环境的一种不协调状态,表现为个体的成长需求与环境限制的冲突。冲突解决的结果有两个:成功与不成功。成功的解决有利于自我力量的增强和对环境的适应;不成功的解决则会削弱自我的力量,阻碍对环境的适应。并非每个人都能顺利度过发展危机,这就需要个体不断地学习,在经验中调适自我,使自己不断地完成每一个阶段的适应任务,走向人生的不断发展。他把人生八个阶段称为“心理社会发展阶段”,具体见表 2-1-2。

---

① 吴少怡:《新编大学生心理健康教程》,西安交通大学出版社 2018 年版,第 28 页。

表 2-1-2　　埃里克森的心理社会发展理论

阶　段	年　龄	发展危机	成功解决者的心理特征	不成功解决者的心理特征
1.婴儿期	0～1.5岁	信任感——不信任感	“希望”品质：对人信任，有安全感	面对新环境时会焦虑不安，缺乏信任
2.幼儿前期	1.5～3岁	自主性——羞怯、疑虑	“意志”品质：能按照自己的意愿行事	自我怀疑，缺乏信心
3.幼儿期	3～6岁	主动性——愧疚	“目的”品质：订立目标，并积极保持以达到目标，获得创新性	丧失自信心，形成无价值感
4.童年期	6～12岁	勤奋——自卑	“能力”品质：学习必要的知识技能，具备做事的能力，有胜任感	缺乏基本能力，形成无能感
5.青春期	12～18岁	同一性——角色混乱	“忠诚”品质：有了明确的自我观念与自我追寻的方向	生活无目的无方向，时而感到彷徨迷失
6.成年早期	18～25岁	亲密感——孤独感	“爱”品质：与人和谐相处，有亲密感	与社会疏离，时感寂寞孤独
7.成年中期	25～65岁	生育感——停滞感	“关心”品质：热爱家庭，关心他人，有责任心，有义务感	不关心他人与社会，自私
8.成熟期	65岁以上	完善感——绝望感	“智慧”品质：肯定自己，接受遗憾，随心所欲，安享晚年	悔恨往事，消极失望

大学生处于埃里克斯所说的第五、六阶段，即青春期和成年早期。这一时期适应和发展的主要任务是确立一个正确的自我阶段，获得“一种熟悉自身的感觉”“一种知道自己将会怎样生活的感觉”，例如能够客观地评价自我，能够独立地做决断并能够承担起社会的责任。此外，还要逐步形成亲密感，例如能够与别人建立和谐的关系，在其中获得相互的认同；能够与异性伴侣建立亲密关系，从而体验爱情。正确认识自我，形成亲密感，建立良好的人际关系，对于我们适应大学生活、适应社会都具有重要作用。

4.社会角色理论者：在其位，谋其政

从社会角色理论的角度来看，适应是指一个人的态度、行为与社会“角色期望”的匹配过程，正所谓“在其位，谋其政”。每个人在不同的社会关系中都会担任一定的角色，社会对于不同角色应当表现出来的态度、行为模式有一定的要求和期望，即“角色期望”。比如作为一名大学生，在学校时可能是一名普通学生或学生干部，在家里可能是一个女儿或儿子，在商店里可能是一名顾客……符合角色期望的个体得到周围人的认可，而偏离角色期望的人则会受到他人的反对或否定。在这个过程中，个体获得对自我的评价，即“自我概念”。按照“角色期望”的要求，个体也会不断调节自己的态度与行为，即塑造自我形象。当塑造的自我形象与“角色期望”相匹配时，个体与周围的人就能够和谐相处；反之，个体则会表现出一定的不适应，比如焦虑、烦躁等情绪问题。

根据不同标准，适应分为不同的类型，从适应效果的角度分为消极适应和积极适应。其中消极适应是为了求得一时的内心平衡，个体改变自己的行为或态度以适合外部环境的要求；积极适应则是一种比较高级、比较主动的适应方式，是指主体充分发挥自身的主观能动性，尽最大可能去改变环境使之适合自己发展的需要。在个体发展过程中，两种适应对人都有重要价值，但从个体适应能力形成的过程看，通常是要先学会生存适应，然后才能达到发展适应的水平。

测一测

社会适应性自测量表

下面的测验题目可以帮助你更好地了解自己的社会适应能力。你可以从题目后的答案中，选出最适合你的答案。

1. 假如你的朋友突然带来一个你最不喜欢的人到你的家里，你会(　　)

A. 表示惊奇

B. 将你的感觉完全隐藏

C. 暂时忍耐

2. 对自己的某次失败，你(　　)

A. 只要别人有兴趣随时都会告诉他

B. 只在谈话中顺便说出来

C. 决不说，怕被别人抓住弱点，对自己不利

3. 当遇到困难的时候，你(　　)

A. 毫不犹豫地向有关专家、老师征求意见

B. 经常向熟人请教

C. 很少麻烦别人

4. 你骑自行车到一个比较远的地方去参加社交活动，中途找不到路标时，你（　　）

A. 赶快查自带的地图

B. 大声埋怨，不知道何时才能到达目的地

C. 耐心等待过路车或等人走过时，问个清楚

5. 当你选择衣服时，你（　　）

A. 总是固定在一种款式上

B. 跟随新潮流，希望适合自己

C. 在选定之前，先听取陪同的朋友或售货员的意见

6. 当你知道将要有不愉快的事情发生时，你会（　　）

A. 自己进入紧张的状态

B. 相信事实并不会比预料的厉害

C. 感觉完全有办法应付

7. 在嘈杂混乱的环境里，你（　　）

A. 总觉得很烦，不能静下来

B. 仍然能够集中精神学习，但效率降低了

C. 不受影响，照常学习

8. 和别人争吵起来时，你（　　）

A. 能够有力地反驳对方

B. 常常语无伦次，事后才想起要如何反驳对方，可是已经晚了

C. 能够反驳，但是没有多大的力量

9. 每次参加正式的考试或竞争，你（　　）

A. 常常比平时的成绩更好些

B. 常常不如平时的成绩

C. 和平时的成绩差别不大，基本上是差不多

10. 必须在大庭广众面前说话时，你（　　）

A. 因怯场，便不知所措或说话结巴

B. 感觉虽然难，但还是想方设法完成

C. 侃侃而谈

11. 对团体或社会性的集会，你（　　）

A. 总是想领导讨论

B. 只有在知道讨论题目时才参加

C. 讨厌在集会上说话，所以不参加

12. 受到别人的批评，你（　　）
A. 想找机会来批评他
B. 想查明受批评的原因
C. 想直接了解一下批评的理由
13. 当情况紧迫时，你（　　）
A. 仍然能够注意到该注意的细节
B. 就粗心大意，丢三落四
C. 就慌慌张张
14. 参加各种比赛时，赛场越激烈，群众越加油，你（　　）
A. 成绩就越好
B. 成绩越上不去
C. 成绩不会受到影响
15. 碰到阻力和困难时，你（　　）
A. 经常改变已定的主意
B. 不改变已定的主意
C. 越有干劲
16. 你符合下面哪一种情况？（　　）
A. 不安于现状，总想改变点什么
B. 凡事只求讲“规范”，不做破格的事情
C. 礼貌要讲，但事情也要做
17. 你赞成下面哪一种说法？（　　）
A. 只要是正确的，就坚持敢于孤立
B. 在矛盾方面让一让，就过去了
C. 尽量平和，把批评和斗争降到不得已的程度
18. 假如自己被登报了，你（　　）
A. 有点自豪，但是并不以为然
B. 很高兴，想让朋友也看看
C. 完全不感兴趣
19. 为了给人留下好印象，你（　　）
A. 想方设法，并花费一定的时间来考虑计划
B. 不特意去做，但是有机会就利用
C. 根本不想在别人面前做这种事情

20. 你同意下面哪一种观点？（　　）

A. 为了深入了解自己的国家，学习外国的东西是件好事

B. 外国的事和我们没有任何关系

C. 学习外国的东西比学习本国的东西更感兴趣

计分方法：

将你的选择，对照下面的记分标准，就可以算出自己的总分数。

	A	B	C
1.	2	1	3
2.	2	3	1
3.	3	2	1
4.	2	1	3
5.	1	3	2
6.	1	2	3
7.	1	2	3
8.	3	1	2
9.	3	1	2
10.	1	2	3
11.	1	2	3
12.	1	3	2
13.	3	2	1
14.	3	1	2
15.	1	2	3
16.	3	1	2
17.	3	1	2
18.	3	1	2
19.	2	3	1
20.	3	2	1

得分解释：

(1)如果你的得分为 49～60 分，说明你的社会适应能力很强。你能够很快地适应新的学习、工作、生活环境，与人交往时轻松、大方，给人的印象良好。你无论是到什么样的环境，都可以应付自如。

(2)如果你的得分为 37～48 分，表明你的适应能力较强。你能够较好的适应环境的变化，态度积极，乐于与外界交往，有较强的调适能力。

(3)如果你的得分为25～36分，说明你的适应能力属于一般。这表明你在进入新的环境后，经过一段时间的努力基本上就能够达到适应。

(4)如果你的得分在25分以下，表明你的适应能力较差，你需要在今后的学习、生活、工作中，有意识地培养自己在这方面的能力，以提高心理承受力和适应能力。

单元二：时间管理

目标：帮助大学生掌握时间管理的技术，学会更高效地运用时间，更好地规划学习、工作和生活。其具体内容与操作如表2-2-1所示。

表2-2-1　　关于实现时间管理的训练

活动名称	基本设置	操作步骤
1. 管理时间、运用时间调查	**目的：**帮助成员觉察自己的时间使用情况，认识到时间管理的重要性。 **准备：**“管理时间、运用时间调查”练习（见练习2-2-1）。 **时长：**约30分钟。	全体成员围坐成一圈儿，领导者和成员一起根据调查表上的问题分享和讨论自己使用时间的情况。
2. 时间流水账单	**目的：**帮助成员进一步审视自己使用时间的情况。让成员分成小组，每组6～10人，给每位成员发一张“时间流水账单”，让大家根据实际情况填写分析自己使用时间的情况，并在小组内分享感受。 **准备：**“时间流水账单”练习（见练习2-2-2）。 **时长：**约40分钟。	(1)分组，每组6～10人。 (2)给每位成员准备一份“时间流水账单”，让大家根据实际情况填写，分析自己使用时间的情况。 (3)小组内分享感受。

续表

活动名称	基本设置	操作步骤
3. 时间大馅饼	**目的**：全面认识自己当下的环境，进一步明确自己的适应任务。 **准备**：“我的时间大馅饼”练习（见练习 2-2-3）。 **时长**：约 50 分钟。	（1）发给每位成员“时间大馅饼”练习。 领导者指导语：你可曾想过，在每天忙碌的生活里，你都在做些什么？假如我们把一天的时间当成一块大馅饼，这块大馅饼中包含目前你生活中的读书、学习、睡眠、社团活动、朋友聊天、休闲、用餐、独处等每项活动所花费的时间。 A. 请你依据自己流水账的统计，将每项活动所花费的时间贴入所发的“时间大馅饼”练习纸中的“目前的时间馅饼”。 B. 完成“目前的时间馅饼”后，请你看看自己的馅饼，并问问自己：①你对自己目前使用时间的情形满意吗？②在你的理想中，应该怎样使用时间？③你希望能花更多的时间做什么？④你希望减少做哪些事情的时间？⑤三件你想要去做，却一直还未去做的事是什么。 C. 然后再完成你“理想的时间馅饼”。你理想中的时间使用情况与现实有哪些不同？你将采取哪些行动，改变你目前的时间使用情况，让它更接近你理想中的生活。 D. 最后，同组同学分享。 （2）请每组推选一名代表，将该组讨论的结果与全班同学分享。 （3）领导者总结：当你认真地了解自己运用时间的情况，并了解其他同学的时间分配后，你是否想要调整一下自己的生活步调？在你理想的生活安排中，哪些是你生活的重心？学业、社团、实践、亲情、爱情？你将如何排出轻重缓急，分配你的时间，让你的大学生活更加愉快、充实、圆满。
4. 学习特适应公司	**目的**：发挥团体的力量解决学习中不善于规划时间的具体问题。 **准备**：A4 白纸若干。 **时长**：约 40 分钟。	（1）成立“学习特适应公司”，由团体领导者任总经理，推选一名成员做总经理助理，协助总经理处理公司事务；前面活动中分好的组，都属于公司的企划部，A 组、B 组、C 组、D 组…… （2）针对上述活动讨论中频繁出现的问题，比如零散时间的利用问题，“学习特适应公司”现在有一个企划任务，就是应对零散时间的竞标会。各组在 20 分钟内完成一个企划案，用来解决前面活动中呈现出来的时间管理问题。 （3）各组阐述自己的企划案。 （4）以可行性、创新型、团队各尽其职等为评判标准，评出最具可操作性奖、别出心裁奖、最佳团队合作奖等。

续表

活动名称	基本设置	操作步骤
5. 我的一天	**目的**:学会对自己一天中所要做的事情进行分类,合理规划、使用时间。 **准备**:"我的一天"练习(2-2-4)纸。 **时长**:50分钟。	(1)给每名成员发放一张"我的一天"练习纸。 (2)请每名成员根据自己的实际情况,想象自己非常普通、典型的一天,头脑风暴这一天要做的所有的事情,填写在练习纸上。 (3)领导者讲述"时间管理四象限"的相关知识(见本单元后面"知识链接")。 (4)结合刚才领导者所讲的知识,对自己这一天所有的事情进行分类,继续填写在练习纸上。 (5)填写完成后,小组内交流。 (6)小组代表在全班内分享交流。
6. 学习风格透视	**目的**:了解自己的学习风格,以更好地安排现阶段的大学学习。 **准备**:"学习风格透视"练习(2-2-5)纸。 **时长**:30分钟。	(1)给每名成员准备一份"我的学习风格透视"练习。 (2)填写完练习纸,在小组内分享: ①写完之后,你有什么感受? ②哪个阶段的学习成绩令你最满意?为什么?取得这个成绩的原因是?有什么可借鉴的经验? (3)小组代表在班内分享。
7. 课后作业:参观学校的各类学习服务机构	**目的**:让成员参观学校的图书馆、大学生活动中心、就业指导中心等,了解学校的各类学习服务机构。	组织成员参观学校的图书馆、大学生活动中心、就业指导中心等,了解学校为学生提供的各项成长服务,如学术沙龙、生涯辅导、心理咨询、职业能力训练、社会实践、社团活动等,鼓励成员在有需要的时候善用学校的成长资源。

练习 2-2-1

管理时间、运用时间调查

1. 你一天中最高效的时间是什么时候?

____

2. 你一周中最高效的时间是星期几?

____

3. 你睡眠最高效的时间是什么时候?

____

4. 你每天在读书、学习上花费的时间是多少?

____

5. 你每天浪费的时间有多少?是做哪些事情浪费的?

____

6. 如果每天有额外的两个小时，你想用来做哪件事？

---

7. 在过去几个月里，你是否曾花费一些时间来记录你运用时间的情况？

---

8. 你是否对事件按紧迫性与重要性进行分类？

---

9. 你是否总有时间做最重要的事情？

---

10. 你是否能够按计划在预定的时间内完成工作？

练习 2-2-2

时间流水账单

表 2-2-2　　　　你生活中典型的一天

事　情	每天花费时间	每周花费时间	备注
睡眠（包括午睡）			
吃饭（每日三餐）			
个人卫生（洗漱、化妆、上卫生间、洗澡等）			
上课			
个人自习和做作业			
上网			
阅读书籍、报纸、杂志、新媒体等			
运动、锻炼、健身			
娱乐（看电视、上网等）			
社团和社会活动			
朋友聚会（聊天、聚餐等）			
打电话、发短信、微信、QQ 聊天等			
兼职工作			
其他			
总计	24 小时	168 小时	

练习 2-2-3

我的时间大馅饼

做完“时间流水账单”后，你的发现是：

以大圆代表一天 24 小时，请根据你一天的平均活动状况，将各类活动所花费的时间按比例在圆内画出。圆内每格表示 1 小时。然后画出你个人期望的时间安排图。

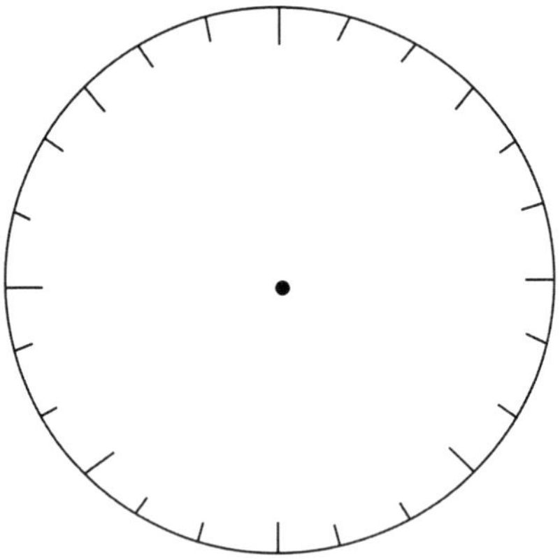

图 2-2-1　目前的时间馅饼

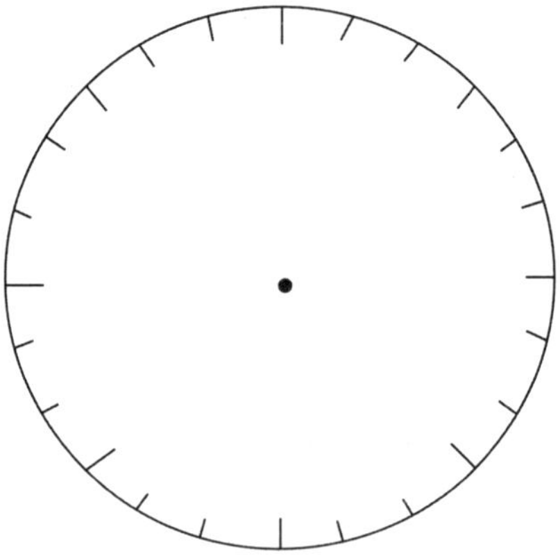

图 2-2-2　理想的时间馅饼

做完这个练习，你有什么发现和打算？

练习 2-2-4

我的一天

今天是__________年__________月__________日，星期__________。

1.今天我需要做下面这些事情：

____

____

____

____

2.请将你刚才列出的今天你要做的所有的事情，根据这些事情的性质进行分类，并分别填写到下面相对应的象限内。

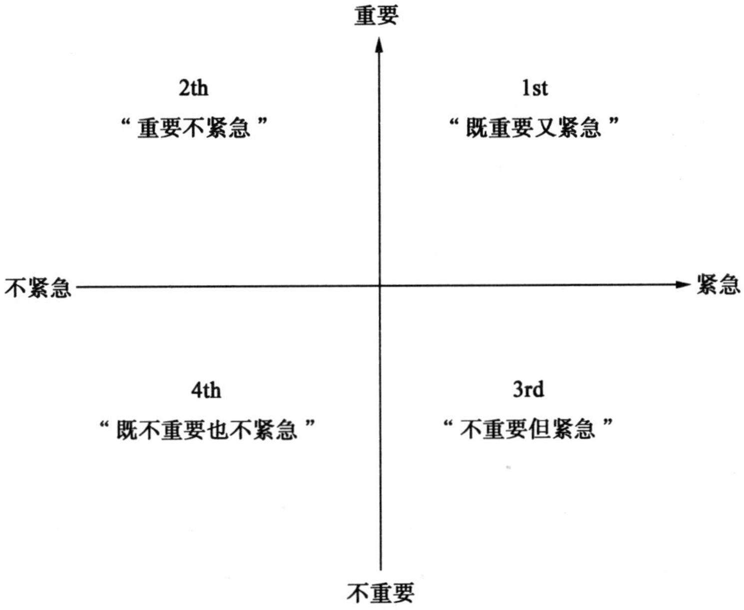

图 2-2-3 时间象限

3.做完这个练习，你有什么发现和打算？__________________________

____

____

____

____

练习 2-2-5

学习风格透视[①]

1. 当我六年级时：

学习目标______

学习兴趣______

学习问题______

学习方式______

2. 当我初三时：

学习目标______

学习兴趣______

学习问题______

学习方式______

3. 当我高三时：

学习目标______

学习兴趣______

学习问题______

学习方式______

4. 我现阶段的学习：

学习目标______

学习兴趣______

学习问题______

学习方式______

5. 十年后的情形：

学习目标______

学习兴趣______

学习问题______

学习方式______

---

① 吴少怡：《新编大学生心理健康教程》，西安交通大学出版社 2018 年版，第 128 页。

知识链接——“时间管理四象限”[①]

时间“四象限”法是美国管理学家科维提出的一个时间管理的理论，他把工作按照“重要”和“紧急”两个不同的维度进行了划分，基本上可以分为四个象限：既紧急又重要、重要但不紧急、紧急但不重要、既不紧急也不重要。

第一象限：这个象限包含的是一些紧急而重要的事情，这一类的事情具有时间的紧迫性和影响的重要性，无法回避也不能拖延，必须首先处理，如重大项目的谈判、重要的会议工作等。

第二象限：第二象限不同于第一象限，第二象限的事情不具有时间上的紧迫性，但是它具有重大的影响，对于个人或者企业的存在和发展以及周围环境的建立维护，都具有重大的意义，如参加培训、考研等。

第三象限：这个象限包含的事情是那些紧急但不重要的事情，这些事情很紧急但并不重要，因此这一项新的事情具有很大的欺骗性。很多人认识上有误区，认为紧急的事情都显得重要，实际上，像无谓的电话、附和别人期望的事、打麻将三缺一等事情都并不重要，这些不重要的事情往往因为它紧急，就会占据人们很多宝贵的时间。

第四象限：这个象限的事情大多是些琐碎的杂事，没有时间的紧迫性，没有任何的重要性。发呆、上网、闲聊、游逛，这是无所事事的人的生活方式。

时间管理理论的一个重要观念是，应有重点地把主要的精力和时间集中地放在处理那些重要但不紧急的工作上，这样可以做到未雨绸缪，防患于未然。一个好的方法是建立预约，建立了预约，自己的时间才不会被别人所占据，从而有效地开展工作。

“时间管理四象限”的执行策略：

(1)马上做。如果你总是有紧急又重要的事情要做，说明你在时间管理上存在问题，请设法减少它。

(2)计划做。尽可能地把时间花在重要但不紧急(第二象限)的事情上，这样才能减少第一象限的工作量。

(3)授权做。对于紧急但不重要的事情的处理原则是授权，让别人去做。

(4)减少做。不重要也不紧急的事情尽量少做。

---

① 夏莹、梁杰：《大学生心理健康》，北京师范大学出版社2018年版，第110～111页。

测一测

时间管理自我监控量表①

表 2-2-2 是关于时间管理方面问题的调查。请仔细阅读每个句子，然后根据自己的实际情况来判断你与每个句子所描述的情况之间是：完全不符合，大部分不符合，部分符合部分不符合，大部分符合，完全符合。在最符合你的答案下面的数字上画“√”。答案没有好坏对错之分，请独立、诚实作答。

表 2-2-2　　时间管理调查表

	完全不符合	大部分不符合	部分符合、部分不符合	大部分符合	完全符合
1. 我通常能控制自己而坚持实行我的学习计划	1	2	3	4	5
2. 我的时间大部分都掌握在我的手中	1	2	3	4	5
3. 我会采纳老师或同学对我时间管理的建议和意见	1	2	3	4	5
4. 我能够有效地管理我的时间	1	2	3	4	5
5. 我会学习和借鉴好的时间管理方法和经验	1	2	3	4	5
6. 我在每学期都会制定我的学习目标	1	2	3	4	5
7. 我总能有效地完成我的时间计划	1	2	3	4	5
8. 我会采取针对性的措施来完善我的时间管理	1	2	3	4	5
9. 我会仔细分析时间管理中的不足之处	1	2	3	4	5
10. 我的时间计划总是难以实施	1	2	3	4	5
11. 我常有意识的锻炼毅力去提高时间利用效果	1	2	3	4	5
12. 我经常查找时间管理中存在的问题	1	2	3	4	5

① 申继亮、陈英和:《中国教育心理测评手册》，高等教育出版社 2014 年版，第 61～63 页。

续表

	完全不符合	大部分不符合	部分符合、部分不符合	大部分符合	完全符合
13. 我长期激励自己去完成时间计划	1	2	3	4	5
14. 我确定的时间管理目标都难以实现	1	2	3	4	5
15. 我每周都会检查我的时间管理情况	1	2	3	4	5
16. 在学习时间里，我从来不拒绝别人要我去玩的要求	1	2	3	4	5
17. 我会根据学校作息时间的变化而调整我的时间安排	1	2	3	4	5
18. 我每天都会主动检查时间使用情况	1	2	3	4	5
19. 在新学年到来时我会制定这一年的奋斗目标	1	2	3	4	5
20. 我能够合理地利用我的课外时间	1	2	3	4	5
21. 我经常分析我采用的时间管理方法是否合理有效	1	2	3	4	5
22. 我会为要做的事情设定一个完成的时间表	1	2	3	4	5
23. 当事先安排的学习时间不足时，我会调整我的时间计划	1	2	3	4	5
24. 我积极地去实施我的时间计划	1	2	3	4	5
25. 我从不为每次考试制定要达到的目标	1	2	3	4	5
26. 我努力摸索和总结一套适合我的时间管理方法	1	2	3	4	5
27. 我缺乏自律而难以实施我制定的时间计划	1	2	3	4	5
28. 我经常检查自己利用时间的效果	1	2	3	4	5

续表

	完全不符合	大部分不符合	部分符合、部分不符合	大部分符合	完全符合
29. 我不觉得我平时有什么生活目标	1	2	3	4	5
30. 我每天都抽点时间考虑如何安排我的时间	1	2	3	4	5
31. 我会根据自己学习的情况而修改学习时间计划	1	2	3	4	5
32. 我总是自觉地去计划我每天要做的事情	1	2	3	4	5
33. 当时间计划之间发生冲突时，我会及时修改时间计划	1	2	3	4	5
34. 遇到困难我就会轻易放弃我的时间计划	1	2	3	4	5
35. 我会根据目标的完成情况而合理修改我的时间计划	1	2	3	4	5
36. 每天要做的事情我都有一个时间安排	1	2	3	4	5
37. 我经常由于贪玩而放弃事先计划要做的事情	1	2	3	4	5
38. 我在假期中会制订我的时间计划	1	2	3	4	5
39. 我经常对我使用的时间管理方法进行归纳和总结	1	2	3	4	5
40. 我会根据自身状态的改变而合理调整时间计划	1	2	3	4	5

1. 计分方法

(1)完全不符合，大部分不符合，部分符合部分不符合，大部分符合，完全符合分别计 1 分、2 分、3 分、4 分、5 分，即勾选哪一项就得这个数字的分数。

(2)反向计分则相反，完全不符合，大部分不符合，部分符合部分不符合，大部分符合，完全符合分别计 5 分、4 分、3 分、2 分、1 分。

(3)每个维度的各题目分数相加，即为该维度的得分。注意反向计分题！

2. 计分情况

表 2-2-3　计分情况

分量表	维度	题目	得分
整体监控	主动性	2、18、24、30、32	
	开放性	3、5、8、11、13、26	
	有效性	4、7、10、14、20	
	说明：第 10、14 题是反向计分题		
具体监控	目标设置	6、19、25、29	
	时间规划	22、36、38	
	灵活性	17、23、31、33、35、40	
	自制力	1、16、27、34、37	
	检查评估	9、12、15、21、28、39	
	说明：第 16、25、27、29、34、37 题是反向计分题		

3. 结果解释

每个维度的得分越高，说明该维度的监控能力越强。

读一读

大铁桶里的奥秘①

在某大学，一名学生干部总是为自己因管理班级事务耽误了学习而苦恼。这一天，他来到心理咨询室，向一名心理心理咨询师诉说了这一令他苦恼的问题。咨询师说："你今天回去准备一只铁桶，一些石块、碎石、细沙和水，明天下午三点到办公室找我。"那是一个阳光明媚的下午，这名学生干部带着准备好的东西来到了心理咨询室。咨询师对学生说："这只铁桶最大的容量，象征着在一段时间内一个人的最大工作量。对于学生干部来说，碎石象征着既重要又紧急的事务（如教师课后布置的作业练习，班级活动的组织等），石块象征着重要但不紧急的事务（如需要阅读的书籍杂志班级活动的规划与安排等），细沙象征着紧急但不重要的事务（如老乡聚会、某些必要而不重要的班级会议

① 林崇德、申继亮：《大学生心理健康读本》，教育科学出版社 2005 年版，第 45 页。

等),水象征着既不重要也不紧急的事务(一些可做可不做的杂事儿,一些不必要的应酬等)。”咨询师一边说,一边画事务分类表给学生看。

咨询师:“你通常偏重于处理哪一类事务呢?”

学生毫不犹豫地回答:“当然是碎石型的事务了。”

咨询师:“那么,石块型的事务呢?”

学生:“我知道石块型的事务相当重要,可就是没有时间顾及。”

于是,咨询师把铁桶中装满碎石,可是石块怎么也装不下去了。

学生说:“我现在就是这样。”

咨询师说:“能不能换一种装法呢?”他把石块一一放进了铁桶里,当铁桶里再也装不下时,他停了下来,问:“现在铁桶里是不是再也装不下什么东西了?”学生点点头。

“真的吗?”咨询师不紧不慢地抓起一把碎石,放在已经装满石块的铁桶表面,然后慢慢摇晃,然后又抓起一把碎石……奇迹出现了,所有的碎石都放进了铁桶里。

“现在铁桶里还能放东西吗?”咨询师问。学生吞吞吐吐地说:“应该还……可以吧。”

“没错!”咨询师又捧起了一把细沙放在了铁桶表面……一会儿,所有的细砂都装进去了。

“现在铁桶还能装东西吗?”学生有点儿不确定地说:“还……可以吧?”

“没错!”咨询师又慢慢地把水往铁桶里倒了进去。水罐里的水也倒完了。

咨询师回到座位上,微笑着对学生说:“你能告诉我,这只铁桶里蕴含着什么秘密吗?”

学生想了一会儿,高兴地对咨询师说:“这是不是说,生活中的事务有轻重缓急,因此要对它们进行先后排序呢?”

“对,你很聪明!”咨询师顿了顿,说:“这个实验告诉我们,如果你在时间安排上首先放入了碎石、沙子以及水型的事务,那么,你就再也没有时间处理石块型的事务了,而石块型的事务恰恰是你实现自己的人生目标所必需的。反之,如果你先完成石块型的事务,那么你还会有许多意想不到的时间来安排其他的事务。因此,要想做一名成功的大学生,就需要根据自己的人生目标和自己的意愿,分清石块、碎石、沙子和水,并且总把石块放在第一位。”

学生问:“会不会因为石块耽误了碎石呀?因为碎石型的事务是紧急的。”

咨询师笑了笑说:“你知道碎石是怎么来的吗?它是石块破碎而成的。偏重于石块型事务的人,他的碎石会很少;偏重于碎石型事务的人,他的碎石会源源不断。只有偏重石块型事务的人才是能成大事的人。”

学生高兴地说：“老师，我知道怎么做了。谢谢老师！”

……

过了一个学期，这名学生在校园里碰到了这位心理咨询师。他赶紧迎上前去，说：“谢谢您，老师！我上次回去后重新做了时间安排，现在我的学习已经赶上去了。”咨询师说：“这就是让时间增值的奥秘呀！”

第三章　情绪管理

【学习目标】

1.认识情绪,了解情绪的来源,掌握调控情绪的方法,做情绪的主人。

2.了解压力的来源,学会应对压力的方法,提升抗逆力和耐挫力。

【案例】

基本情况:2007年,一则女大学生杀害男友的消息震惊了许多人。小徐与被害人小王在校期间开始恋爱,五一劳动节前夕的一个晚上,小徐在学校附近的网吧上网,用男友小王的用户名和密码登录到他的QQ,发现他一直与前女友联系。小徐非常愤怒,于是打电话叫小王来网吧见她,小王赶到后把小徐送到宿舍楼门口,并提出要同她分手。小徐伤心欲绝,回宿舍看着阳台上放着一把水果刀,便拿起来朝自己左侧手腕处割了一刀,由于刀子很钝,只把皮割破了。随后她想自杀,在自杀前她想再见男友一面,就在学校门口给小王打电话,小王赶到后,与小徐并排着沿学校围墙向东走,谈话间,小徐觉得小王无情无义。她摸到衣服兜里的刀子,想吓唬小王,于是持刀朝他捅了过去。没想到这一刀导致了小王的死亡,小徐也因杀人罪被判刑。

分析:这是一起因情绪的冲动与失控而导致的一起极端事件。案例中,小徐情绪失控酿成惨剧。从这起事件中,我们可以看到大学生对情绪进行科学管理和调控的重要性。由于情绪的激动和起伏,造成二人每遇到冲突时都无法进行有效的沟通,最终导致小徐的情绪爆发和极端行为。而这种情绪的爆发和极端的行为,与小徐的自我意识、恋爱观、对男友的期待和失望是有关的。从这一案例我们可以看出,对大学生进行情绪管理、情绪调控的教育和相关训练,是十分必要的。

【理论知识点】

美国生理学家艾尔马做过一个实验，将人在不同情绪状态下呼出的气体收集在玻璃试管中，冷却后变成水，由此发现：心平气和时呼出的气体冷却成水后，是清澈透明的；悲伤时呼出的气体冷却成水后，有白色沉淀；悔恨时呼出的气体冷却成水后，有蛋白色沉淀；愤怒、生气时呼出的气体冷却成水后，有淡紫色沉淀。艾尔马将这些水分别注入不同的大白鼠的身上，结果被注射“生气的水”的大白鼠在几分钟后就死亡了。艾尔马据此得出一个结论：生气几分钟会消耗人体大量的精力，生气时人的生理反应十分激烈，会分泌出许多有毒性的物质，所以容易生气的人身体一般都不太健康。

一、情绪是什么

1. 汉语解读

“情”为形声字，从“心”“青”声，本意是感情，指的是由心而发出的一种向上向外生长的力量；“绪”为形声字，从“糸”(mì)“者”声，本义是细丝的头儿、开端，有头绪、开端、多而连绵不断、整理、顺从等意。因此，从说文解字的角度来解读，“情绪”是由人的内心而生出的一种向上向外生长的力量，这种力量像丝一样纤细微妙，我们只看到了它的线头、开端，它牵牵绊绊、缠缠绕绕，看不到它有多长、有多大，但是需要我们去整理、去捋顺。

2. 心理学释义

情绪是人对客观事物的态度体验，是人的需要是否获得满足时的一种心理活动。当客观事物满足人的需要时，人就会产生积极的情绪，如高兴、满意等；当客观事物不能满足人的需要时，则会产生消极的情绪，如悲伤、愤怒等。

一种情绪的发生，会包含生理唤醒、主观体验、表情三种成分。情绪首先会使个体产生一系列生理变化，主要表现在呼吸系统、循环系统、消化系统和腺体活动上，比如人紧张时会手心出汗、心跳加快，生气时会肾上腺素分泌增多、血压升高等，这些生理变化都可以作为情绪变化的指标；其次会使人产生以个人感受为内容的主观体验，就是我们常说的“心情”，比如愉悦、开心、低落、忧郁、焦虑、害怕等；最后会使个体出现表情的变化，比如眉开眼笑、面红耳赤等面部表情，手舞足蹈、垂头丧气等姿态表情，慷慨激昂、软声细语等言语表情，等等。

心理学家将人的基本情绪分为快乐、愤怒、悲哀、恐惧四类，其他情绪都可以根据本身的含义和性质划归四类基本情绪中。这四类情绪中，人们普遍认为，快乐是正面情绪，愤怒、悲哀、恐惧是负面情绪。但是，恐惧是一种特殊的情绪，快乐、愤怒、悲哀都是个体与客观事物接近时表现出的一种情绪，而恐惧则是一种个体面临危险时企图摆脱、逃避时的情绪，所以，从这个角度来讲，恐惧对个体具有积极的保护意义。

二、情绪的来源

我们一般常用运动、画画、唱歌、倾诉、写作等来处理不良情绪，不过这些方式都是从外部化解已经产生的情绪的方法。找到情绪产生的源头，搞清楚它从哪里来，抓住问题的根本，尽量减少乃至避免不良情绪的产生，是我们处理情绪的最佳办法。

萨提亚心理治疗的"冰山理论"认为，我们能看见的人的行为是其情绪感受的外在表现，这些情绪感受来自于人们业已形成的想法和观念、内心深处的渴望和需求。当我们发现一个人的焦虑是因为他对完美的追求、做不到完美就意味着失败这样的观念时，那么改变这种不合理的观念，就能使他摆脱焦虑；当我们看到一个人的愤怒是因为他感到不被尊重或者被否定时，那么我们就能了解，给予他充分的尊重或肯定，他的愤怒即能得到平息或化解。

1. 不合理的信念

不合理的信念也称"非理性信念"，来自于美国心理学家埃利斯的情绪ABC理论。A(Activating event)是指诱发性事件；B(Belief)是指个体对这一事件的看法、解释和评价；C(Consequence)是指个体因这一事件而产生的情绪体验及行为反应。

人们通常会认为，人的情绪及行为反应是直接由诱发性事件引起的，但ABC理论却认为，诱发性事件只是引起情绪及行为反应的间接原因，而人们对诱发性事件所持的看法、解释和评价才是引起他的情绪及行为反应的直接原因。生活中我们会发现这样的事情，同样一件事，对不同的人，会引起不同的情绪和行为结果。同样是去参加公务员考试，两个人都没通过，结果一个人无所谓，另一个人却伤心欲绝。这是为什么呢？一个人可能认为，这次考不过也没关系，还可以再考；而一个人可能觉得这次考试会决定自己的命运，只能成功不能失败。所以，事情发生的根源是人的观念，消极情绪和问题行为通常是由于人们对所发生事情不合理的认识和评价所引起。

2. 渴望和需求

人本主义心理学认为，人作为具有情绪情感的高级动物和社会个体，都具有共性的、深层的本能需要，即被爱、被接纳、被肯定、被尊重等渴望和需求，在这些需求得到满足的基础上，获得归属感、安全感和价值感。情绪，则是人的需要是否得到满足时的一种心理活动。当客观事物满足人的需要时，人就会产生积极的情绪，如快乐、高兴、满意、幸福等；当客观事物不能满足人的需要时，则会产生消极的情绪，如悲伤、生气、愤怒、忧郁等。

三、情绪的处理

"冲动是魔鬼"。在现实生活中，因为极端情绪而导致的暴力冲突、自杀、杀人等恶性事件常有发生，而细思这些事件，几乎都是一些琐事引起，不禁令人扼腕叹息。如何调控情绪，不被情绪所控制，做自己情绪的主人，成为现代人的一堂人生必修课。

1. 追根溯源，化解情绪

一是改变不合理的信念。由于思维惯性，我们极容易被困在自己的不合理信念里，但又不自知。当我们有"我一定要……不可，否则就完了"或"我从来就没有……"这类想法的时候，就要提高警惕了，这就是不合理的信念、非理性的想法，沮丧、自卑、愤怒等不良情绪都由此而来。这种信念和想法不改变，情绪问题就得不到解决。

二是降低期待，为自己负责。每个人都对自己和别人有很多期待，不能放下这些期待的话就会产生情绪，比如指责、抱怨、委屈、愤怒等。当出现人际关系紧张、身心健康状况亮红灯的时候，就需要重新调整自己的期待了。能否调低或放下期待？或者用其他方法，告诉自己"我为我自己负责""别人没有义务满足我的期待"。

三是观照自我，看到所得。如果一个人总是有些莫名其妙的情绪，觉得很孤独、很没用，那很可能是深层次的需要出了问题，比如感觉自己很没用、不被尊重、没人爱等。这时要做的不是到外部去寻找原因，而是进行内省、观照自我，检视自己的内心，是自己真的没用、不被重视、没人爱，还是自己感受不到价值、尊重、接纳和爱？

2. 顺其自然，科学对待

一是识别情绪。当某种不良情绪悄悄发生，要善于及时识别、及时调节。当情绪不能及时识别时，它已经积压存在于我们的身体内部，一遇到刺激事件就会爆发，对人对己的身心均造成伤害。值得注意的是，轻微的不良情绪更要及时处理，否则就会成为一种持续的消极情绪状态，长期影响我们的精神和生活。

二是接纳情绪。每个人遇到一定的情境刺激，都会产生相应的情绪，应接纳而不是排斥。当接纳情绪时，就能够真诚地面对自己，心态就变得平和。例如，当你考试焦虑时，你可以尝试着对自己说"我是有些焦虑，谁不在乎考试的结果呢？考试前有些焦虑是正常的”，你的焦虑就会自然降低。

三是疏通情绪。合理表达，有效沟通，不逃避，不委曲求全，不压抑，体现对自己和他人的尊重。当两个人发生冲突时，在激烈的情绪爆发中，沟通指数几乎为零。为了化解冲突，应进行及时有效的沟通，以达到良好的效果：一是客观描述发生了什么事；二是因为这件事我的感受是什么；三是说出对自己、对对方的期待和希望。

3. 提高逆商，应对压力

一是认识压力。从心理学角度看，压力就是一个人觉得自己无法应对环境要求时产生的负性感受和消极信念。压力的产生有以下三个关键要素：①觉察到了挑战。比如大一新生刚刚步入大学会感受到巨大的压力。②压力事件对个体具有重要的价值。比如非常在意考试成绩的同学在考试时就会有压力。③成功的不确定性。比如考研、面试时会感受到很大的压力。压力过大或长期处于压力状态，个体会出现焦虑、抑郁、愤怒、恐惧、悲伤等情绪。

二是正视挫折。人在实现目标的过程中，碰到困难，遇到障碍，就产生了挫折。就大学生的心理健康而言，最重要的不是挫折本身，而是挫折对个体造成的负面情绪及内心感受。因而在遭受挫折之后，首先要面对和需要解决的是如何从挫折而导致的诸如愤怒、沮丧、抑郁、焦虑、委屈、无奈等情绪状态中调整出来。挫折和失败是人生中之必然，但对于不同的人来说却有着截然不同的意义，它是成功的垫脚石还是前进的绊脚石，这完全取决于对待挫折的态度。

三是学会减压。生活中处处见压力，当压力过大时，人就会有情绪困扰。要学会均衡安排学习和生活，制订科学合理的计划，分清轻重缓急，不致让各种事情同时进行给自己带来过分的压力；在与人交往中，学会换位思考，培养同理心，能设身处地站在别人的立场，为别人设想，使自己了解他人并获得他人的接纳和信任；必要时向身边亲近或信任的人求助，获得他们的倾听和陪伴，听取他们的建议。

四、大学生常见的情绪问题

1. 焦虑

焦虑是人们对即将发生的某种事件或情境感到担忧和不安，又无法采取有效的措施加以预防和解决时产生的情绪体验。通常情况下，焦虑与可能的挑战、困难或危险相联系，主要表现出感到紧张、不愉快甚至痛苦，以至于难以自制。过度的焦虑使人注意力分散、办事效率低下，严重时会伴有神经失调。大学生产生焦虑的原因主要有考试、人际交往、求职就业等，其中考试焦虑是较常见的情绪表现。

2. 抑郁

抑郁是当个体感到无法面对外界压力时产生的消极情绪，常常伴有厌恶、羞怯、自卑等体验。抑郁与性格特点有一定的关系，内向、多愁善感的人更容易出现抑郁情绪。个体长时间处于抑郁状态，容易患上抑郁症，严重时也可能会导致自杀、伤人等情况。大学生在学习和生活中遇到失恋、考试失败、理想与现实的冲突等困难和挫折，都可能会引发抑郁情绪。抑郁时主要表现为思维迟缓、郁郁寡欢、兴趣丧失，体验不到生活、学习的快乐，并伴有食欲减退、失眠等。

3. 嫉妒

嫉妒是自尊心的一种异常表现，是指他人在某些方面胜过自己时而产生的不快甚至是痛苦的情绪体验。嫉妒者不能容忍别人超过自己，害怕别人得到自己无法得到的名誉、地位等，在他看来，自己办不到的事别人也不要办成，自己得不到的东西别人也不要得到。嫉妒在日常生活中比较普遍，当看到他人的能力、荣誉、人际交往甚至穿着打扮超过自己时，会产生失望、猜疑、屈辱、愤怒等感觉，甚至当他人身陷困境时会幸灾乐祸、落井下石。嫉妒妨碍人与人之间正常真诚的交往，严重时则会扭曲人的心灵。

【训练实施】

单元一　情绪调控

目标：让大学生认识、了解情绪，并学会管理情绪。其具体内容及操作如表 3-1-1 所示。

表 3-1-1　　关于实现情绪调控的训练

活动名称	基本设置	操作步骤
1. 呼吸	**目的**：让学生体验呼吸与身体、呼吸与情绪的关系。 **准备**：歌曲《深呼吸》；计时器。 **时长**：约 20 分钟。	(1)播放歌曲《深呼吸》，引入活动。 (2)老师计时 1 分钟，时间到时喊停。 (3)同学们以自己平时的速度进行呼吸，记住自己 1 分钟内呼吸的次数(注意：一次呼吸包括吸气和呼气两部分)。 (4)几位同学班内分享"你 1 分钟呼吸了多少次？""说说你现在的感受？""以这样的频率你能坚持多久？" (5)分享总结：正常人的呼吸每分钟 16～20 次，若小于 10 次可能造成缺氧、晕倒，长期呼吸过快可能是各种疾病征兆，人体也会有明显的不适感。

续表

活动名称	基本设置	操作步骤
2. 情绪知多少	**目的**：帮助学生认识情绪，学会表达和识别自己以及他人的情绪，并了解和掌握生活中不同的情绪是由哪些事情引发的。 **准备**：分别写有“喜怒哀乐惧”五种情绪之一的卡片若干；棒棒糖、大白兔奶糖等小礼物若干。 **时长**：约 20 分钟。	(1)将成员分成几个组，每组 8～10 人，每小组围圈坐好。 (2)每组派 1 名成员到领导者那里，随机抽取一张红色卡片，然后各小组用非语言形式将抽到的情绪表演出来，其他小组竞猜是哪种情绪。对表演情绪的成员以及竞猜优秀的成员可以给予小小礼物作为奖励。 (3)各组内小组成员进行头脑风暴，将生活中引发此种情绪(刚才本组成员抽取并表演的情绪)的事情一一罗列。 (4)各组推荐一名成员向全体成员介绍自己小组讨论的内容。
3. 情绪遥控器(前半部分)	**目的**：帮助学生觉察自己常见的负面情绪，和大家分享。 **准备**：每人一张“情绪遥控器”练习(3-1-1)纸。 **时长**：约 30 分钟。	(1)让全体成员围坐成一个大圈，每人各准备一张“情绪遥控器”练习。 (2)每人都填写“情绪遥控器”练习的前三栏：在“烦恼的事”上写出三件最近比较困扰自己的事情，最多写三件；在“情绪”一栏里针对每件事，写出相应的词语(见表中最后一行的参考词语)，表示这件事引起的情绪；在“我思我想”部分，针对这件事挖掘情绪背后的认知，写出引起这种情绪的想法和观点。 (3)大家都写好后，以自由发言的形式邀请一些成员分享。主要依照填写的内容，讲讲最近都有什么烦心事，它引起的情绪是什么，情绪背后的想法是什么。 注：为了方便成员理解，习作上列出了一个例子，领导者可以做一些解释。在活动中，有些成员填写“我思我想”部分可能有困难，或者没有真正觉察自己隐藏在情绪背后的认知。领导者可以在分享的过程中示范和促进成员思考。
4. 遭遇非理性	**目的**：帮助学生认识自身存在的非理性信念，寻找替代性的合理认知方式。 **准备**：每人一张“常见的非理性信念”练习(3-1-2)纸。 **时长**：约 40 分钟。	(1)全体成员围成一个圆圈坐好，每人各发放一张“常见的非理性信念”介绍材料。 (2)向成员介绍常见的三类非理性信念，并简单做出解释。 (3)由成员轮流朗读“常见的非理性信念”介绍材料中的 11 条非理性信念，一人读一条。每人都阅读完后，邀请几位成员谈谈对自己影响最大的一条信念、对这条信念的理解并举例说明。 (4)领导者邀请几位成员讲一件自己烦恼的事，并尝试寻找“我思我想”中存在的非理性信念。一位成员讲述后，其他成员针对其所述内容提出支持或反对的观点以及补充意见，全体讨论。 注：尽量在实例中帮助成员理解非理性信念。

续表

活动名称	基本设置	操作步骤
5.情绪遥控器（后半部分）	**目的：**帮助成员练习理性情绪自助训练，认识自己和他人存在的非理性信念，并互相帮助，寻找替代性的合理认知方式。 **准备：**每人一张“情绪遥控器”练习(3-1-1)纸。 **时长：**约60分钟。	(1)将成员分成几个组，每组8～10人，小组成员围圈而坐，共同完成“情绪遥控器”练习的后半部分： ①首先每个成员在自己的练习纸上完成“找错误”或“情绪遥控器”部分，即寻找自身的非理性认知，并且尝试用理性和积极的认知方式进行替代； ②接着成员将自己完成的练习纸向左传，同时会接到右边同学传来的练习纸； ③成员帮助其完成后半部分，重点填写“情绪遥控器”部分，以此类推； ④活动过程中，每位成员将给小组中的所有人“找错误”和“寻找合理认知”。 (2)这个活动既可以发挥团体力量，让每个人的问题获得多种解决方法，又可以让成员实践理性情绪自助方法练习，发现不合理信念，并尝试寻找合理信念来替代。
6.情绪训练场	**目的：**帮助学生能够觉察情绪，学会表达自己的情绪和体会别人的情绪。 **准备：**情景故事“小F的期末考试”。 **时长：**约30分钟。	(1)领导者讲述情景故事：“马上就要期末考试了，小F每天不停地写作业，复习。父母对他要求更加严格，爸爸不准他打电脑，妈妈不准他看电视。在今天的英语考试中，平时成绩一般的小F考出了优异的成绩。同学们议论纷纷，怀疑他作弊。他受不了同学们异样的眼光，甚至和几个同学大打出手，最后还被老师叫到办公室批评写检讨。” (2)情景体验——觉察情绪 小组内讨论：“小F可能感受到的情绪有哪些？”组内分享。 (3)情绪演练——表达自己的情绪 如果你是小F，你会如何表达情绪？ 小组内演练：“我觉得……(情绪词汇)，因为……” (4)情绪演练——体会他人的情绪 如果你是小F的朋友，你会怎么帮他表达情绪？ 小组内演练：“你觉得……(情绪词汇)，因为……”
7.课后练习：我的冰山	**目的：**帮助学生了解情绪从哪里来，看到自己的内心需求与渴望。 **准备：**A4纸若干，每人一张；“冰山”图示一份，见练习(3-1-3)纸。 **时长：**约30分钟。	(1)每人找出近期困扰自己的一个情绪冲突事件，画出这个事件中自己的冰山。 (2)在冰山的每一层，自上而下依次写出“发生了一件什么事”“我感到……”“我当时的想法是……”“我希望对方……希望自己……”“我需要……”，进而看到那个真实的自我“我是一个……的人”。 (3)小组内交流分享自己的冰山以及看到自己冰山后的感受。

练习 3-1-1

情绪遥控器

表 3-1-2　　　　情绪遥控器

烦恼的事	情绪	我思我想	找错误	情绪遥控器（找积极的理由）	目标
例：没钱	郁闷	别人都看不起我	“都”，太泛化和绝对	金钱不是友谊的基础，没钱的时候刚好能鉴别谁是真朋友	快乐
					快乐
					快乐
					快乐

附：表述“情绪”的词语：
快乐、痛苦、惊讶、害羞、担心、生气、焦虑、愤怒、满足、疲惫、伤心、害怕、愉快、恼火、悲哀、心酸、憎恨、厌恶、甜蜜、舒畅、烦躁、忧虑、郁闷、惭愧、沮丧、紧张、兴奋、低沉、高兴、惊恐、后悔、自责、懊丧、哀怨…………

练习 3-1-2

常见的非理性信念①

表 3-1-2　　　　常见的非理性信念

分类	解　　释	举　　例
绝对化要求	人们以自己的意愿为出发点，认为某一事物必定会发生或不会发生。这种信念通常与“必须如何”“应该如何”这类字眼联系在一起。	（1）每个人绝对要取得周围环境中的人，尤其每一位生活中重要人物的喜爱和赞许。 （2）对于危险和可怕的事情，人应该非常关心，要不断做出关注和思考，而且还要随时留意它可能会再发生。 （3）一个人总需要依赖他人，同时也需要一个比自己强而有力的人来让自己有所依附。 （4）一个人应该关心他人的问题，也为他人的问题而悲伤难过。

① 樊富珉：《结构式团体辅导与咨询应用实例》，高等教育出版社 2015 年版，第 78 页。

续表

分类	解　　释	举　　例
过分概括化	以偏概全的不合理思维方式。这种信念通常与“总是”“所有”这类字眼联系在一起。	(1)一个人的过往经历往往决定了现今的行为，而且是永远不可改变的事。 (2)一个人有价值与否，在于他是否全能，是否在人生中每个环节都有成就。 (3)世界上有些人很邪恶，很可憎，是坏人，因此应该对他们进行严厉的谴责和施以惩罚。
糟糕至极	这种观念认为，如果发生了一件不好的事情，那将是非常可怕的、非常糟糕的，是一场灾难。这种信念通常与“一切都完了”“我再也不会”这类字眼联系在一起。	(1)当事情不如己意的时候，实在可怕，也的确悲惨。 (2)面对人生中的困难和责任，实在不容易，倒不如逃避来的省事些。 (3)人的不愉快的事是由外在因素造成的，所以人实在是无法控制的自己的痛苦和困扰的。 (4)人生中每个问题，总会有一个精确的答案，一旦得不到答案，就会很痛苦。

练习 3-1-3

我的“冰山”

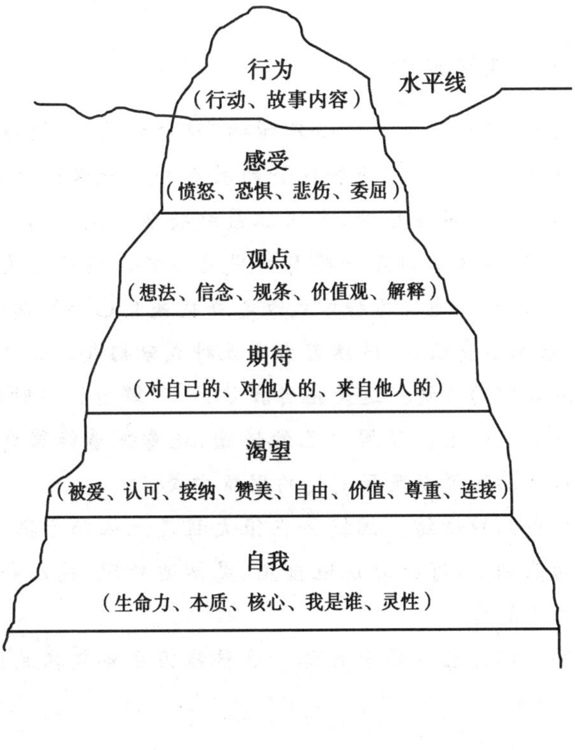

我发生了一件什么事：

这件事让我感到：

关于这件事，我的想法/观点/信念是：

关于这件事，我希望自己和他人/对方怎么做：

我的渴望和需要是：

我是这样的一个人：

知识链接——“情绪智力”

社会上流行的“情商”，来自于心理学的“情绪智力”。情绪智力是指认识和调控自己情绪的能力。高智商和良好的教育并不能保证个体的幸福生活，如果不能够适当地控制不良情绪，那么你最终将会一败涂地。因此，就快乐、有成效的生活而言，情绪智力比一般智力更为重要。情绪智力是后天获得的而非遗传，因此个体可以通过各种方式改善并提高自己的情绪智力。美国《纽约时报》专栏作家戈尔曼认为，情绪智力由五种成分构成。

第一是了解我们的情绪。这是指自我觉察、了解自己当时的主要情绪，并能够对这些情绪加以命名。了解自己的情绪，还意味着能够意识到伴随情绪而产生的自言自语的述说以及习惯化的思维方式。

第二是调控我们的情绪。该能力在很大程度上依赖于第一种能力，即在了解自己情绪的基础上，有针对性地自主、灵活地处理、控制和应对各种情绪问题和心理压力的能力。

第三是激励我们自己以实现目标。这种能力主要包括做出计划、坚持努力、延迟满足、忍受挫折、抑制冲动的行为、摆脱失败和挫折的阴影、从当前活动中寻求满足等。

第四是识别他人的情绪。这是指觉察和理解别人的感受和意图的能力。

第五是协调与他人的关系。即能够游刃有余地与他人交往、沟通，能够解决矛盾和冲突，能与难以相处的人轻松打交道。[①]

知识链接——"情绪与健康"

1. 呼吸与情绪

呼吸是一把健康的钥匙。如何呼吸，不仅仅影响人的身体健康，还与人的情绪、思想息息相关。例如，当人们受到惊吓时，会倒吸一口气并屏住呼吸；当人们感到疲劳和烦闷时，呼吸会被拉得很长，会打呵欠；当人们感到生气或难过时，呼吸就变得没有规律而且起伏很大；当人们感觉紧张、担心或焦虑时，呼吸就会变得很浅；当人们心情愉快时，呼吸就会变得平稳、徐缓。同时，不当的呼吸方式，会让人变得容易精神紧张、烦躁，负面的情绪及压力自然无法得到释放与舒解；恰当的呼吸方式，可以让人保持平静、安宁的心情，负面的情绪及压力得到释放与舒解。比如，放慢呼吸，可以让人烦躁的情绪逐渐宁静下来；深呼吸，可以让人的紧张情绪得以缓解，压力得以释放。

因此，学会控制呼吸、健康呼吸，是减少情绪波动、舒解负面情绪、保持身体健康的有效方法。从医学健康的角度讲，正常成人安静时的呼吸次数为16～20次/分。

2. 身体与情绪

在生活中，很多身体的问题都跟我们的情绪息息相关。

一个易怒、爱发火、爱指责的人，他的肢体语言是后背挺直的、胳膊抬起用力指向对方的，他的肩膀肌肉是紧绷的，同时有一股怒气冲上头顶。生活中，火气大的人容易头昏脑涨，而且容易后背坚硬、肩颈疼痛。当人长期受到愤怒情绪的影响，就容易得高血压、甲亢、心脑血管病等疾病。我们的身体有五脏——心肝脾肺肾，每一个脏器都有对应的情绪，"喜伤心、怒伤肝、忧伤肺、思伤脾、恐伤肾"。我国的传统中医就是从身体跟情绪的关系来诊断、分析各种疾病。

但是，我们经常意识不到自己的情绪，好像是下意识地做出了某种行为。

---

① 参见林崇德、申继亮：《大学生心理健康读本》，教育科学出版社2005年版，第244～245页。

这时看看我们的身体,就知道自己怎么了。身体不会说谎。在日常生活中,如果你还不能了解自己/他人的情绪状况,那么,看看自己/他的身体就可以了。情绪是一种能量,当我们有某种情绪时,身体会感受到它的存在。不好的情绪会压抑并影响我们的身体。

3. 情绪周期

情绪周期是指一个人的情绪高潮和低潮的交替过程所经历的时间,反映人体内部的周期性张弛规律,亦称"情绪生物节律"。

有研究表明,人的情绪周期与生俱来。从出生的那一天开始,一般 28 天为一个周期,周而复始,如图 3-1-1 所示。每个周期的前一半时间为"高潮期",后一半时间为"低潮期"。在高潮与低潮之间,即由高潮向低潮或由低潮向高潮过渡的时间,称为"临界期",一般是 2～3 天。临界期的特点是情绪不稳定,机体各方面的协调性能差,易发生事故。

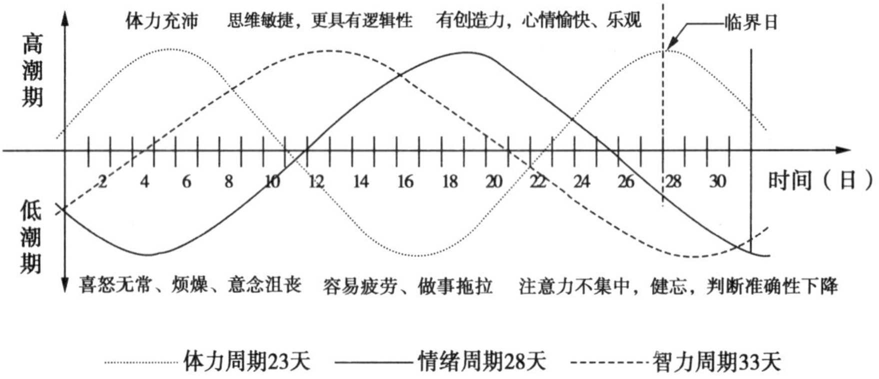

图 3-1-1 情绪周期

人若处于情绪周期的高潮,就表现出强烈的生命活力,对人和蔼可亲,感情丰富,做事认真,富有创造力,于人于己都容易接纳,富有包容力,具有心旷神怡之感;若处于情绪周期低潮,则容易急躁和发脾气,易产生反抗情绪,喜怒无常,常感到孤独与寂寞。

情绪周期是人生情感的晴雨表,我们可据此安排好自己人生耕耘的茬口。情绪高涨时安排一些难度大、较烦琐的任务,而在情绪低落时多出去走走,多参加体育锻炼,放松思想,放宽心情,有了烦心的事多向亲人、同学、朋友倾诉,寻求心理上的支持,安全地渡过情绪危险期。

测一测

大学生情绪稳定性自我测试量表①

做一做下面这个测试，来了解一下自己的情绪是否稳定。该测试共有30道题，每道题共有三种答案可供选择，请你从中选择出与自己的实际状况最接近的一种答案，如有些题目确实与你不相符合，可以不予选择。答案没有对错之分，在同一题目上不必进行斟酌，根据看完题后的第一反应进行选择即可。

1. 看到自己最近一次拍摄的照片，你有何想法？

A. 觉得不称心　　B. 觉得还好　　C. 觉得可以

2. 你是否想过若干年后会有什么使自己极为不安的事？

A. 经常想到　　B. 从来没有想过　　C. 偶尔想到过

3. 你是否被朋友、同事、同学起过绰号，挖苦过？

A. 经常想到　　B. 从来没有想过　　C. 偶尔想到过

4. 你上床以后是否再起来一次，看看门窗是否关好？

A. 经常如此　　B. 从不如此　　C. 偶尔如此

5. 你对于你关系最亲密的人是否满意？

A. 不满意　　B. 非常满意　　C. 基本满意

6. 在半夜的时候，你是否经常觉得有什么让你害怕的事？

A. 经常有　　B. 从来没有　　C. 偶尔有

7. 你是否因梦见可怕的事而被惊醒？

A. 经常　　B. 从来没有　　C. 极少有

8. 你是否曾经有过多次做一个梦的情况？

A. 是　　B. 否　　C. 记不清

9. 是否有一种食物让你吃后呕吐？

A. 是　　B. 否　　C. 记不清

10. 除去看见的世界外，你心里是否有另外一种世界？

A. 是　　B. 否　　C. 偶尔是

11. 你心里是否时常觉得你不是现在的父母所生？

A. 是　　B. 否　　C. 偶尔是

12. 你是否经常觉得一个人爱你或者尊重你？

A. 说不清　　B. 否　　C. 是

① 夏莹、梁杰：《大学生心理健康》，北京师范大学出版社2018年版，第192页。

13. 你是否常常觉得你的家庭对你不好，但你又确知他们确实对你好？

A. 是　　B. 否　　C. 偶尔是

14. 你是否觉得没有人十分了解你？

A. 是　　B. 否　　C. 说不清

15. 在早晨醒来的时候，你的感觉是什么？

A. 忧郁　　B. 快乐　　C. 说不清

16. 每到秋天，你的感觉是什么？

A. 秋雨霏霏或秋叶落地　　B. 秋高气爽或艳阳天　　C. 不清楚

17. 在高处的时候，你是否觉得站不稳？

A. 是　　B. 否　　C. 偶尔是

18. 你平时是否觉得自己很强健？

A. 是　　B. 否　　C. 不清楚

19. 你是否一回家就立刻把房门关上？

A. 是　　B. 否　　C. 偶尔是

20. 当你坐在房间里把门关上时，是否觉得心里不安？

A. 是　　B. 否　　C. 偶尔

21. 当需要你对一件事做出决定时，你是否觉得很难？

A. 是　　B. 否　　C. 偶尔是

22. 你是否常常用抛硬币、玩纸牌、抽签之类的游戏来测吉凶？

A. 是　　B. 否　　C. 偶尔是

23. 你是否常常因为碰到东西而跌倒？

A. 是　　B. 否　　C. 偶尔是

24. 你是否需用一个多小时才能入睡，或醒得比你希望的提前一个小时？

A. 经常这样　　B. 从不这样　　C. 偶尔这样

25. 你是否曾看到、听到或感觉到别人觉察不到的东西？

A. 经常这样　　B. 从不这样　　C. 偶尔这样

26. 你是否觉得自己有超越常人的能力？

A. 是　　B. 否　　C. 偶尔是

27. 你是否曾经觉得因有人跟着你走而心里不安？

A. 是　　B. 否　　C. 偶尔是

28. 你是否觉得有人在注意你的言行？

A. 是　　B. 否　　C. 偶尔是

29. 当你一个人走夜路时，是否觉得前面潜藏着危险？

A. 是　　B. 否　　C. 偶尔是

30. 你对别人自杀有什么想法?

A. 可以理解　　B. 不可思议　　C. 不清楚

以上各题的答案,选 A 者得 2 分,选 B 者得 0 分,选 C 者得 1 分。请将你的得分相加,算出总分。根据你的总分,查下面的评分表,便可知你的情绪稳定水平。

评分标准:

(1)0～20 分:情绪稳定,自信心强。

(2)21～40 分:情绪基本稳定,但较为冷静沉着。

(3)41 分及以上:情绪极为不稳定,日常烦恼太多。

单元二　压力应对

目标:让大学生认识、了解压力,提高应对压力的能力。其内容和操作如表 3-2-1 所示。

表 3-2-1　关于实现压力应对的训练

活动名称	基本设置	操作步骤
1. 风雨彩虹	**目的:**体验挫折,寻找应对策略。 **准备:**挫折故事练习(3-2-1)纸。 **时长:**约 10 分钟。	(1)领导者面向全体成员讲述“小李的故事”。 (2)带领大家思考:请在故事中画出小李遇到的挫折,并写出这些挫折的原因是什么? (3)你如果是小李,下一步你会怎么做?
2. 成长三部曲	**目的:**让成员体会成长路上并非一帆风顺,挫折和艰辛是难免的。 **准备:**户外最好,如在室内则留出一个大的活动场地。 **时长:**约 10 分钟。	(1)在最初状态,所有成员都蹲在地上扮演“鸡蛋”(以蹲下为标志)。 (2)两人一组进行“石头剪刀布”,赢的一方成长为“小鸡”(以半蹲为标志),小鸡半蹲着走路,输的一方继续为“鸡蛋”,蹲在地上。 (3)各自找到一名同类进行“石头剪刀布”。即同为“鸡蛋”的两人比输赢,赢的一方成长为“小鸡”,输的继续做“鸡蛋”;同为“小鸡”的两人比输赢,赢的一方成长为“大鸡”(以站着为标志),“大鸡”站着走路,输的退化为“鸡蛋”;“大鸡”之间比输赢,赢的成长为“凤凰”,可以回到座位,输的退化为“小鸡”。最后剩下“鸡蛋”“小鸡”和“大鸡”各一个。 (4)让大家分享感受。领导者引导启发:“每个人在成长过程中往往都不是一帆风顺的,可能经历许多挫折,但是只要坚持不懈,在经历了无数次失败之后一定可以茁壮成长,取得成功。” 注:在活动过程中要注意安全。

续表

活动名称	基本设置	操作步骤
3. 我的压力圈	**目的：**让大家理性分析目前所面对的压力，探寻压力源。 **准备：**“压力圈图”练习(3-2-2)纸。 **时长：**约 15 分钟。	(1)将成员分成几个组，每组 8～10 人，围圈坐好。 (2)让成员填写练习纸。领导者可以让成员思考以下几个问题：我目前都承受着哪些压力？这些压力哪些是近期的？哪些是长期的？哪些是较大的？哪些是较小的？这些压力的压力源是什么？(比如是自己，或者是父母，或者是社会等。)这些压力对我产生了哪些影响？(负面的或正面的影响。影响的程度如何？如果是负面的影响，是否已经有了躯体化的表现？) (3)在小组内分享。 (4)根据时间，让每个小组派代表向全体成员分享。
4. 头脑风暴：缓解压力的方法	**目的：**促进大家群策群力，思考和总结缓解压力的方法，同时增强团体凝聚力。 **准备：**A4 纸若干张。 **时长：**约 15 分钟。	(1)发给每组一张 A4 纸，给大家 10 分钟头脑风暴的时间，让每个组的成员充分讨论，写出尽可能多的缓解压力的方法。 (2)每个组派一名代表在全体内分享，比比哪个组想到的办法最多。 (3)最后找几名成员，说说听完这些缓解压力的方法后的感受。
5. 悲情大暴露	**目的：**面对挫折，积极应对，改变想法，笑迎挑战。 **时长：**约 30 分钟。	(1)将成员分组，每组 8～10 人。 (2)小组内各成员讲述一件令自己有挫败感的事件。 (3)每组派一名代表将本组内所讲述的事件进行简单概括、归纳并记录在黑板上。 (4)全体成员在教师的带领下对黑板上所列的事件进行积极讨论。 (5)同学分享感受。
6. 秘密大会串	**目的：**帮助成员学会处理压力，并学会通过寻求帮助来解决个人的困扰。 **准备：**A4 纸若干张；纸盒子一个。 **时长：**约 25 分钟。	(1)全体成员恢复大圈坐好，每位成员一张纸。 (2)领导者请成员把目前最大以及最想解决的压力写在纸上，不署名。写完折好放在盒子中。 (3)领导者随机抽取一张，大声念纸上的内容，请成员共同思考，帮助提问题的人解决困难。讨论完一张，再讨论下一张，直至所有纸条上的问题都得到解决。 (4)最后，领导者引导成员思考怎样从他人的经验中学习成长。

续表

活动名称	基本设置	操作步骤
7. 放松训练	**目的**：学习放松，缓解压力。 **准备**：舒缓、静谧的轻音乐；"放松训练的材料"练习(3-2-3)纸。 **时长**：约5分钟。	(1)全体成员围大圈坐好，坐在椅子前三分之一的位置，身体尽量放松、不紧绷，双手自然下垂在身体两侧，闭上眼睛，表情放松。 (2)播放背景音乐。 (3)领导者以自然的语调、舒缓的语速、低柔的声音诵念"放松训练的材料"。 (4)成员跟随领导者的语言指导和引导，进行身心放松。
8. 课下练习：身体渐进放松	**目的**：放松身体，释放压力。 **准备**：安静的房间，一张床或者沙发。 **时长**：约5分钟。	(1)选择一间安静的房间，躺在床上或坐在沙发上。 (2)宽松衣服调整姿态尽量舒服些。 (3)使右脚和右脚腕肌肉紧张，扭动脚趾，感觉如何？收紧肌肉，再放松，反复做几次，记住紧张和放松时不同的感觉。 (4)左脚和左脚腕重复同样的练习。 (5)收紧小腿肌肉，先右后左，重复紧张和放松。 (6)收紧大腿肌肉，先右后左，体会大腿肌肉紧张是怎样影响膝盖和膝关节的。 (7)再移到臀部和腰骨，注意紧张和松弛两种状态的不同感觉。 (8)向上练习腹部、胸部、背部、肩膀的肌肉。 (9)练习前臂与手，抬起放下，握拳放松，先右后左，反复练习。 (10)最后到颈部、面部、前额和头皮。 放松顺序也可以自上而下，每天花几分钟时间练习，坚持下去必有收获。

练习 3-2-1

"风雨彩虹"——小李的故事

在高中时，小李学习成绩优异，一心想报考某名牌大学，但是高考时由于发挥失常，没有考上理想的学校，最终被一所一般大学录取了。进入大学后，小李的入学成绩是名列前茅的，他认为自己高中时成绩好，这里的同学都不如自己，可以放松一下了，因此平时并没有把学习放在心上。然而一学期下来，小张虽然在考试前认真做了准备，但是考试成绩仍然不够理想；同时在参加班级干部竞选时，他自以为很有希望，结果却意外落选了；屋漏偏遇连阴雨，高中时谈的女朋友因为两人身处异地也跟他提出了分手。上大学以来的这些不容易让小李心灰意冷，十分难过，有好几个晚上都失眠了。

1. 请在故事中画出小李遇到的挫折。

2. 小李遇到这些挫折的原因是什么？

3. 如果你是小李，下一步你会怎么做？

练习 3-2-2

我的压力圈

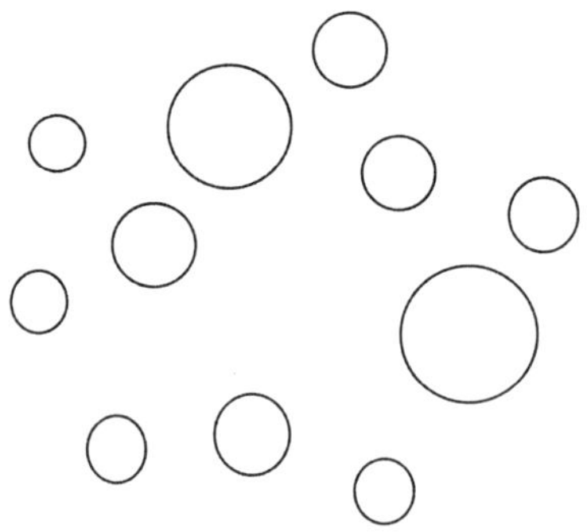

1. 在大小圆圈内写下最近生活中的各种压力(大圈代表大压力，小圈代表小压力)。

2. 小组内分享交流：

你的压力来源有哪些？

每个圈给你的感觉是什么？

压力很大时你身体各感觉如何？哪一部分不舒服？

你如何处理这些压力？

3. 大组分享与讨论。

练习 3-2-3

放松训练的材料①

我仰卧在水清沙白的海滩上，沙子细而柔软。我躺在温暖的沙滩上，感到舒服，能感受阳光的温暖，耳边听到海浪声音，感到温暖舒适。微风吹来，使我有说不出的舒畅感觉。微风带走我的思想，只剩下一片金黄阳光。海浪不停地拍打海岸，思维随着节奏飘荡，涌上来又退下去。温暖的海风吹来，又离去，带走了心中的思绪。我感到细沙柔软、阳光温暖、海风轻缓，只有蓝色天空和大海笼罩我的心。阳光照着我全身，身体感到暖洋洋的。阳光照着我的头，我感到温暖和沉重。

轻松暖流，流进右肩，感到温暖沉重。呼吸变慢、变深。轻松暖流，流进我右手，感到温暖沉重。轻松暖流，流进我右臂，感到温暖沉重。又流进我后背，感到温暖沉重，从后背转到脖子，脖子感到温暖沉重。

我的呼吸变慢、变深。轻松暖流，流进我左肩，感到温暖沉重。轻松暖流，流进我左手，感到温暖沉重。又流进我后背，感到温暖沉重，从后背转到脖子，脖子感到温暖沉重。呼吸变慢、变深，轻松暖流，又流回左臂，感到温暖沉重。

我呼吸变慢，变得轻松。心跳也慢，有力。轻松暖流，流进右腿，感到温暖沉重。呼吸变慢变深，轻松暖意，流进右脚，感到温暖沉重。呼吸变慢变深。轻松暖流，又流回右腿，感到温暖沉重。

呼吸变慢，越来越深，越来越轻松。轻松暖流，流进腹部，感到温暖轻松；流到胃部，感到温暖轻松；最后流到心脏，感到温暖轻松。整个身体变得平静。心里安静极了，已经感觉不到周围的一切，四周好像没有任何东西。我安然躺卧在大自然中，十分自在。

① 樊富珉：《结构式团体辅导与咨询应用实例》，高等教育出版社 2015 年版，第 159 页。

知识链接——“非理性信念”

一、非理性信念的表现

挫折感的产生不仅取决于人们所面临的社会刺激，而且取决于人们的认知。绝对化的、概括化的、片面的认知形成的非理性信念影响人们的心理健康，妨碍社会适应。美国心理学家埃利斯将常见的非理性信念归纳为11条：

▲ 每个人绝对要取得周围环境中的人，尤其每一位生活中重要人物的喜爱和赞许

这个观念实在是个假象，是不可能实现的事，但倘若一个人相信这观念时，他就会千辛万苦甚至委屈自己来取悦他人，以期获取每个人的欣赏；但结果必定失望，会令自己感到沮丧、失望、受挫和被伤害。

▲ 一个人有价值与否，在于他是否全能，是否在人生中每个环节都有成就

这是个永远无法达到的目标，因为世界上根本没有一个人能达到这标准。人可能在某些事项中有优越的表现，也可能有很多的长处，但要做到十全十美就是不可能的事。倘若一个人坚持这目标，在人生中注定会是个“失败者”，在自己制造的悲剧中独自伤悲；而且在一生中，要永远无休止地竞争，疲于奔命而最终仍是一事无成。

▲ 世界上有些人很邪恶，很可憎，是坏人，因此应该对他们进行严厉的谴责和施以惩罚

每个人都会犯错，而责备和惩罚都无法导致行为的改变。同时，人偶然犯错是无可避免的，我们不应该因人们一时的错误就将他们视为无用和无价值的人，以致对他们产生极端的歧视和排斥。

▲ 当事情不如己意的时候，实在可怕，也的确悲惨

不愉快是自然的反应，但若因有一点事情感到不如意，就像大难临头般地凄惨，则不但于事无补，反而会令事情恶化。倒不如适当地去正视不如意的事，能改变的就努力改变，至于改变改不了的，就只能学习去接纳了。

▲ 面对人生中的困难和责任，实在不容易，倒不如逃避来的省事

逃避问题固然可以拖延一阵，但问题却始终存在，换言之，那并没有将问题解决。同时一旦时间拖长了，会令问题恶化，要处理时，就会难上加难了。而且如果我们不努力处理存在的问题，很可能就会连锁地产生其他更多的问题和困难，这实在是不容忽略的。

▲ 人的不愉快的事是由外在因素造成的，所以人实在是无法控制的自己的痛苦和困扰的

这个观念是错误的，因为事实上人是由于自己的观感和对事物所做的解

释而导致心理伤害，外存的事物并不直接伤害和影响我们。

▲ 对于危险和可怕的事情，人应该非常关心，要不断做出关注和思考，而且还要随时留意它可能会再发生

虽然我们对事情先有心理准备，考虑到危险事物发生的可能性并且计划如何避免，都是明智之举，但过分的忧虑往往会影响一个人正常的生活。而且会令人遇事时感到软弱无用。其实在人生中，可怕的事情要发生时，谁也不能避免，杞人忧天只会令生活变得沉重没有生气。我们倒不如努力增强自信，相信在自己努力之下总可以有能力面对生活和做出适应。

▲ 一个人的过往经历往往决定了现今的行为，而且是永远不可改变的事

不错，我们承认已发生的事实是无法改变的，但并不是说那些事实会决定一个人现在和将来的行为，因为人本身是有能力做出改变的。已发生的事是个人的历史，只要我们改变对那些事情的看法，承认可能存在的限制，而善用仍有的机会和能力，生命依然可以有突破，将来仍然是充满希望和生机的。

▲ 一个人总需要依赖他人，同时也需要一个比自己强而有力的人来让自己有所依附

人虽然不完美，但每个人却都是一个完整独特的个体。这个观念十分重要，因为在人生中，虽然我们有亲人，也有朋友可以帮助自己，但生活中却仍总会有要单独面对人生遭遇的时刻，因此独立自主能力的发展和磨炼实在是十分重要的。况且，当一个人要依赖他人的时候，自己就自然落在次要的位地位，对个人的自我形象和成长都会产生不良的影响。

▲ 一个人应该关心他人的问题，也为他人的问题而悲伤难过

关心他人是一件极美的事，为他人的遭遇而哭泣也是人类可贵的表现，但倘若我们因为过分投入以致被压得透不过气，或因此弄到自己情绪也失去平衡和稳定时，那就不但会伤害自己，同时也会变得没有能力去为他人解决问题和提供援手了。

▲ 人生中每个问题，总会有一个精确的答案，一旦得不到答案，就会很痛苦

由于人生非常复杂，如果凡事都要寻求完美的解决方法，根本是不可能的事儿。至于人类的苦难与遭遇，也未必可以完全做出解释。倘若我们坚持要寻求答案，只会令自己感到无限的沮丧。[①]

---

① 参见樊富珉：《结构式团体辅导与咨询应用实例》，高等教育出版社 2015 年版，第 40 页。

以上非理性的认知可以通过自我辩论、他人协助加以纠正，建立合理的信念将增加自信，改善人的心理适应。例如：

·我并不是生活中唯一承担痛苦的人，其实生活中每个人都会有这样或那样的痛苦和忧虑。

·我并不像我以前想象的那么无助，我和别人一样拥有许多可利用的社会资源。

·我并不一定需要每个人都喜欢我，夸奖我，这实际是任何人都做不到的。

·我并不是一无是处，我也有很多人欣赏的地方，我比以前认为的可爱得多。

·要改变自己的行为必须付出努力，即使前途坎坷，但我仍抱有希望。

二、非理性信念的特征

我们经常会有"我应该得到所有人的认可"这类的想法，也经常会对人这样说"你这人总是……"，还经常说"我没……一切都完了"。"金无足赤，人无完人"，我们怎么能要求自己和他人都是完美的、一切事物都是如人所愿的呢？这些不合理的思维和信念一旦产生，就将我们牢牢困住，永远快乐不起来，即使做了很多也不快乐，甚至做得越多越不快乐。不合理的信念一般表现为以下三个特征：

1. 绝对化的要求

绝对化的人常常以自己的意愿为出发点，认为某事物必定发生或不发生，常常把"希望""想要"绝对化为"必须""应该"或"一定要"等，比如"我必须成功""别人必须对我好"。这种绝对化的要求之所以不合理，是因为每一客观事物都有其自身的发展规律，不可能依个人的意志为转移。对于某个人来说，他不可能在每一件事上都获成功，他周围的人或事物的表现及发展也不会依他的意愿来改变。因此，当事物的发展与他对事物的绝对化要求相悖时，他就会感到难以接受和适应，从而极易陷入情绪困扰之中。

2. 过分概括的评价

这是一种以偏概全的不合理的思维方式，常常把"有时""某些"过分概括化为"总是""所有"等。我们怎么能仅凭一本书的封面就来判定它的好坏呢？它这种过分概括化具体体现在人们对自己或他人的不合理评价上，就是以某一件或某几件事来评价自己或他人的整体价值。比如遭受失败后就会认为自己"一无是处、毫无价值"，这种片面的自我否定往往导致自卑、自责等不良情绪。而这种评价一旦指向他人，就会一味地指责别人，产生怨忿、敌意等消极情绪。我们应该认识到，“金无足赤，人无完人”，每个人都有犯错误的可能性。

3. 糟糕至极的结果

这种观念认为一件不好的事情发生会导致非常可怕和糟糕的结果。比如“我没考上大学，一切都完了”“她拒绝了我，我的人生再也不会幸福了”等想法是不合理的，没有任何一件事情可以完全被一个人或一件事来决定。如果一个人坚持这种“糟糕”观，那么当他就经常会遇到“糟糕至极”的事，经常会陷入不良的情绪体验之中而一蹶不振。

因此，在日常生活、学习和工作中，当遭遇失败和挫折而情绪不佳时，要多检视一下自己的大脑，看看是否存在一些“绝对化要求”“过分概括化”和“糟糕至极”等不合理的想法，如果有，就要有意识地用合理的想法取而代之。

测一测

心理压力测试及分析①

个人所承受的压力是否适当可以通过测试来了解。“国际压力与紧张学会”的创始人之一麦克唐纳·华莱士先生研究开发了《心理身体紧张测试表》，这个测试表简便适用，个体可以通过分数解释表找到自己的位置，了解自己所承受的心理压力程度。

该测试共有50道题，如表3-2-2所示，每道题共有5个答案可供选择，请你从中选择一个最符合你近几个月情况的答案。答案没有对错之分，在同一题目上不必进行斟酌，根据看完题后的第一反应进行选择即可。

表 3-2-2　　心理身体紧张测试表

	总是	经常	有时	很少	从未
1. 我受背痛之苦	4	3	2	1	0
2. 我的睡眠不定，且睡不安稳	4	3	2	1	0
3. 我有头痛	4	3	2	1	0
4. 我颚部疼痛	4	3	2	1	0
5. 若需等候，我会不安	4	3	2	1	0
6. 我的后颈感到疼痛	4	3	2	1	0

① 广东教育学院教育系:《现代学校心理》，中山大学出版社2001年版，第237～239页。

续表

	总是	经常	有时	很少	从未
7. 我比多数人更易精神紧张	4	3	2	1	0
8. 我很难入睡	4	3	2	1	0
9. 我的头感觉紧或痛	4	3	2	1	0
10. 我的胃有病	4	3	2	1	0
11. 我对自己没有信心	4	3	2	1	0
12. 我对自己说话	4	3	2	1	0
13. 我忧虑财务问题	4	3	2	1	0
14. 与人见面我会窘怯	4	3	2	1	0
15. 我怕发生可怕的事	4	3	2	1	0
16. 白天我觉得累	4	3	2	1	0
17. 下午我感到喉咙痛,但不是得了感冒	4	3	2	1	0
18. 我心情不安,无法静坐	4	3	2	1	0
19. 我感到口干	4	3	2	1	0
20. 我心脏有病	4	3	2	1	0
21. 我觉得自己不是很有用	4	3	2	1	0
22. 我吸烟	4	3	2	1	0
23. 我肚子不舒服	4	3	2	1	0
24. 我觉得不快乐	4	3	2	1	0
25. 我流汗	4	3	2	1	0
26. 我喝酒	4	3	2	1	0
27. 我很不自觉	4	3	2	1	0
28. 我觉得自己被四分五裂	4	3	2	1	0
29. 我的眼睛又酸又累	4	3	2	1	0
30. 我的腿或脚抽筋	4	3	2	1	0
31. 我的心跳过速	4	3	2	1	0

续表

	总是	经常	有时	很少	从未
32. 我怕结识人	4	3	2	1	0
33. 我手脚冰冷	4	3	2	1	0
34. 我患便秘	4	3	2	1	0
35. 我未经医师批示使用各种药物	4	3	2	1	0
36. 我发现自己很容易哭	4	3	2	1	0
37. 我消化不良	4	3	2	1	0
38. 我咬指甲	4	3	2	1	0
39. 我耳中有嗡嗡声	4	3	2	1	0
40. 我小便频密	4	3	2	1	0
41. 我有胃溃疡	4	3	2	1	0
42. 我有皮肤方面的病	4	3	2	1	0
43. 我的咽喉很紧	4	3	2	1	0
44. 我有十二指肠溃疡	4	3	2	1	0
45. 我担心我的工作	4	3	2	1	0
46. 我口腔溃疡	4	3	2	1	0
47. 我为琐事忧虑	4	3	2	1	0
48. 我呼吸浅促	4	3	2	1	0
49. 我觉得脸部紧迫	4	3	2	1	0
50. 我发现很难做决定	4	3	2	1	0

计分方法：

以上各题目，选择的哪个数字项，就用该数字计分。将分数相加，总分________。

得分解释：

(1)93 分及以上：表示你确实有极度的压力，正在伤害你的健康。你需要专业心理医生治疗。

(2)82～92 分：表示你自己正经历太多的压力。压力正在损害你的健康，而且导致你的人际关系发生问题。你的行为会伤害自己，也可能会影响其他人。因此，对你来说，学习如何减除自己的压力是非常重要的。你需要花很多时间做练习，学习控制压力，也可以寻求专业帮助。

(3)71～81分：显示你的压力中等，可能正开始对健康不利。你可以仔细反省自己对压力如何做出反应，并学习在压力出现时，控制自己的肌肉紧张，以消除生理激活反应。请教老师会对你有帮助，要不然就选用合适的肌肉放松练习。

(4)60～70分：显示你生活中的兴奋与压力的量也许是相当适中的。偶尔会有一段时间压力太大，但你也许有能力去享受压力，并且很快回到平静的状态。因此，现状对你的健康并不会造成威胁，做一些松弛的练习仍是有益的。

(5)49～59分：表示你能够控制自己的压力反应，你是一个相当放松的人。也许你对于所遇到的各种压力，并没有将它们解释为威胁，所以你很容易与人相处，可以毫无顾忌地担任各项工作，也没有失去自信。

(6)38～48分：表示你对所遭遇的压力很不易为其所动，甚至是不当一回事，好像并没有发生过一样。这对你的健康不会有什么负面影响，但你的生活缺乏适度的兴奋，因此趣味也就有限。

(7)27～37分：表示你的生活是相当沉闷的，即使刺激或有趣的事发生了，你也很少做出反应。你必须参与更多的社会活动或娱乐活动，以增加你的压力激活反应。

(8)16～26分：意味着你在生活中所经历的压力经验不够，或是你并没有正确地分析自己，你最好更主动些，在工作、社交、娱乐等活动上多寻求些刺激。做松弛练习对你没什么用，但找一些辅导也许会有帮助。

读一读

如何消除自卑①

[美]爱尔默·托马斯

我15岁时，常常因忧虑、恐惧和一些自我意识所困扰。比起同年龄的少年，我长得实在太高了，而且瘦得像竹竿。我有6.2英尺(1.89 m)高，体重却

---

① 转引自[美]戴尔·卡耐基:《人性的弱点》，袁玲译，中国发展出版社2008年版，第349页。

只有118磅(53.52 kg)。除了身体比别人高之外,我在棒球比赛或赛跑各方面都不如人。他们常取笑我,封我一个“马脸”的外号。我的自我意识极重,不喜欢见任何人,又因为住在农庄里,离公路很远,也碰不到几个陌生人。我们的农庄离公路还有半英里(0.80 km)远,平常我只见到父母及兄弟姐妹。

如果任凭烦恼与恐惧占据我的心灵,我恐怕一辈子也无法翻身。一天24小时,我随时为自己的身材自怜,别的什么事也不能想。我的尴尬与惧怕实在难以用文字形容。我的母亲了解我的感受,她曾当过学校教师,因此告诉我:“儿子,你得去接受教育,既然你的体能状况如此,你只有靠智力谋生。”

可是父母无力送我上大学,我必须自己想办法。我利用冬季捉到一些貂、浣熊、鼬鼠类的小动物,春天来时出售得了4美元(1美元的为6.74人民币),再买回两头猪,养大后,第二年秋季卖得40美元,以这笔钱,我到印第安纳州去上师范学校。住宿费一周1.4美元,房租每周0.5美元。我穿的破旧衬衫是我妈妈做的(为了不显脏,她有意用咖啡色的布),我的外套是我父亲以前的,他的旧外套、旧皮鞋都不适合我用,皮鞋旁边有条松紧带,已经完全失去了弹性,我穿着走路时,鞋子会随时滑落。我没有脸去和其他同学打交道,只有成天在房间里温习功课。我内心深处最大的愿望是,有一天我能在服装店买件合身而体面的衣服。

不久以后发生的几件事帮助我克服了自卑感。其中有一件事带给了我勇气、希望和自信,改变了我今后的人生。这些事情的经过是这样的:

第一件,入学后八周,我通过了一项考试,得到一份三级证书,可以到乡下的公立学校授课。虽然证书的有效期只有半年,但这是我有生以来,除了我母亲以外,第一次证明别人对我有信心;第二件,一个乡下学校以月薪40美元的工资聘请我去教书,这更证明了别人对我的信心;第三件,领到第一张支票,我就到服装店买了一套合身的服装。现在即使有人给我100万,我的兴奋程度也不及当时穿上第一套新衣服时的一半。

第四件,这是我生命中的转折点,战胜尴尬与自卑的最大胜利发生在一年一度举行的集会上。我母亲敦促我参加集会上的演讲比赛,对我来说那当然是天方夜谭,我连单独跟一个人说话的勇气都没有,更何况是面对很多人。可是我母亲对我的信心仍然不可动摇,她对我的未来寄予远大的理想,把一生的期望寄托在我身上。她鼓励我去参加比赛,我抽中的题目可以说是最不适合我发表意见的,题目是《美国的美术与人文艺术》。坦白说,我在做准备时还搞不清楚人文艺术是什么,不过反正观众也不懂什么是人文艺术,我想倒也没什么大不了的。我把演说内容都记熟了,而且对着树木与牛群演练了上百遍。

为了母亲的缘故，我渴望自己表现出色，因此在演讲中我真情流露。完全出乎意料，我竟然得了冠军。我太吃惊了，群众开始欢呼。一些以前取笑我的男孩们跑来拍我的背说："我早知道你能办到！"我母亲紧紧地拥抱着我。当我回顾我的人生，那次演说得奖确实是我一生的转折点。当地一家报纸以头版文章刊登我的故事，而且看好我的未来。赢得演说，使我在本地得到了肯定，更重要的是它使我信心倍增。如果没有那次成功的经验，我也不可能成为国会议员，因为它提升了我的勇气，开拓了我的视野，并让我认识到了自己拥有的一些从不敢想象的才能。其中最重要的还有一点，那次获胜为我赢得了一年的师范学院奖学金。

我变得十分渴求得到更多的知识，因此以后的几年中，我的时间完全用于教学与研究两个方面。为了筹足上大学的学费，我夏季到麦田、玉米田里干活，并参加道路工程建设。

1896 年，我虽然只有 19 岁，却已做过 28 场演说，鼓励人们投票选举威廉·詹亨斯·布莱恩为美国总统。为布莱恩的助选演说令人振奋，也促使我进入了政界。上大学后我主修法律的公众演说。1899 年，我代表学校与一所大学进行辩论，主题是《国会议员是否应开放全民投票》，因为我以前曾是演说冠军，因此被选为学校年刊及校报的主编。

大学毕业后，我到俄克拉荷马州开了一家律师事务所，接办了一些涉及印第安保留区的法律问题。我在州议会中工作了 13 年，并在下议院工作了 4 年。在我 50 岁那年，我终于实现了一生的抱负——成为俄克拉荷马州的国会议员，并在 1927 年 3 月 4 日就任。自从 1907 年 11 月 16 日，俄克拉荷马与印第安保留区合为一州，我常受到民主党的提名肯定，先是提名为州议员，后来成为国会议员。

我讲述这个故事，绝非为了吹嘘自己的成就，没有人会对我的成就感兴趣。我只是希望它能带给那些贫困子弟一些新生的勇气与信心，也许他们正像我小时候穿着父亲的旧衣旧鞋时一样苦恼、害羞与自卑。

那些天生缺陷或处于贫穷处境的人更容易感到羞怯与自卑，要看到自己光明的一面，并做出一番成绩，这样就可以克服你的自卑与忧虑。

第四章　人际交往

【学习目标】

1. 了解人际交往的意义、原则和人际关系的几种状态，学会有效沟通、建立人际信任。

2. 了解竞争与合作的重要性，学会善用人际资源，在团体中互助成长。

【案例】

基本情况：小苏来自南方山区农村，是一个斯文、瘦弱的男生，在家排行最小，全家都很疼爱他。小苏自认性格内向、不善言语、不会处事，所以很少与同学交往。但他聪明、踏实，学习成绩一向很好，所以顺利考上一所北方的大学。可是自从上大学之后，他就感到许多事情总是不顺心，尤其是不会与人交往。他的普通话口音较重，有的同学开玩笑模仿，他觉得这是同学在嘲笑他、看不起他，很生气，为此还跟同学发生过几次不小的冲突。有时候与同学争论问题，他也总觉得其他人故意与他作对，凡是他的意见都会遭到讽刺和反对。有时候小苏觉得与别人的冲突当中，自己也有责任，但又觉得自己如果主动道歉，就等于是示弱，会让人更加看不起，所以即使发现自己错了，也会硬挺着。

由于几次冲突和打击，大二的时候小苏就不怎么和班上同学来往了，集体活动也很少参加，与同学感情淡漠、隔阂加深。因为不会与人交往，也不怎么认识其他班、其他系的同学，小苏每天独来独往，除了上课、吃饭就是睡觉。其实他心里特别羡慕那些交友广泛的同学，觉得大家都那么喜欢他们，有自己的知心朋友，他们周围总有那么多笑声，自己永远也不会变成他们那个样子，只能像个蜗牛一样成天躲在自己的壳里。于是，孤独感深深烙在小苏的心头，情绪也很容易烦躁，经常失眠。

分析：案例中的小苏因为性格原因，自我封闭，疑心太重，要面子，导致了较严重的人际交往问题。大学生在人际交往中要真诚、宽容待人，懂得换位思考、尊重他人，不能以自我为中心。要对人有基本的信任，避免追求完美，要扩大交往的圈子，建立自己的人际资源和支持网络，与同学、朋友互助合作、相互支持，才能体会到人际交往的快乐、温暖和友善。

【理论知识点】

心理学家哈洛等人曾经以恒河猴做过一个著名的“社交剥夺”实验。将猴子关在一个不锈钢的笼子里，其喂养工作全部自动化，隔绝猴子与其他猴或人的沟通。结果显示，与有正常沟通机会的猴子相比，缺乏沟通经验的猴子明显缺乏安全感，不能与同类进行正常的交往；将他们与正常喂养的猴子放在一起时，他们总是蜷缩在笼子的一角，表现出极大的惊恐，甚至本能的一些行为表现也受到严重的影响。

动物尚且如此，更何况是生活在“社会”中的人！

一、人际交往的含义

人际交往包括两方面的含义。从动态的角度讲，它是指人与人之间的信息沟通和物质交换；从静态的角度讲，它是指人与人之间通过动态的相互作用形成起来的情感联系，即人际关系。

人是有意识、有情感的动物，只要彼此之间有直接的交往，都会导致不同性质的人际关系产生。人际交往是人与人之间最基本的交往，人际关系是人与人之间最普遍的联系。

二、人际交往的基本要素

（一）人际吸引

人际吸引是人与人之间的相互接纳和喜欢。被人接纳和喜爱，是每个人都渴望做到的。人际吸引的主要因素包括熟悉、相似、互补、仪表和人格特征等方面。

1. 熟悉

日常生活中，人们会喜欢与自己有直接交往的人，并在其中选择交往或合作的伙伴。因为熟悉能够使人们更容易辨认事物，对事物产生积极的体验。比如，对于经常在图书馆碰见的同学，尽管你不知道他们的名字和其他情况，你也对他们比对其他陌生人有更多的喜欢和接纳。

2. 相似

“物以类聚，人以群分”，共同的态度、信仰、价值观、兴趣，共同的语言、出生地、教育水平，共同的文化、职业、社会阶层、经济收入，甚至共同的身体特征比如身高、体重等，都能增加人们的相互吸引。“志同道合”的人相处能更加融洽，更加相互认同和喜欢。

3. 互补

独立性强的人喜欢和依赖性强的人在一起，脾气急躁的人喜欢和性格温和的人相处。因为人都有自我完善的趋向，互补使双方的关系更为协调，各得其所。在恋爱的大学生中，“相似”在初期更有吸引力，“互补”则能使恋爱关系长期、稳定。

4. 仪表

个人的长相、穿着、仪态、风度等非常明显地影响人际吸引，尤其是第一次见面的时候，由于第一印象的作用，仪表因素占重要的地位。爱美是人的天性，无论哪一种文化背景中，美貌都是一种财富，在人际交往中是重要的加分项。容貌越美，越惹人喜欢。

5. 人格特征

随着交往的深入，仪表的作用减小，人格特征的吸引力增加，尤其是开朗的性格和才能。人们都喜欢与开朗的人交往，但是对于有才能的人往往持一种复杂的态度。表面上看，一个人能力越高越会受欢迎，但实际上，最有才能的成员往往不是最被喜爱的人。因为超凡的才能会让人感到一种压力，人们就只好敬而远之了。

（二）人际沟通

人际沟通就是人们运用语言或非语言相互间交流信息、沟通情感的过程。人的自我概念是在与他人的沟通过程中逐步发展起来的，人只有通过沟通，体验到他人的存在，并将自己与他人比较，才可能形成对自己的概念。

人际沟通主要通过语言和非语言两种形式。

1. 语言

口头语言是日常生活中应用最广且收效最快的沟通形式，在“说”和“听”构成的语言情境里，说者和听者都能积极地思考，使信息和情感的交流尽可能准确和高效；书面语言表现为信函、QQ、微信、微博等形式的交流，由“写”和“读”构成的语言沟通，不受时空条件的限制，能更准确、方便、详尽、丰富地表达叙述者的意见和情感，并可广泛地流传和保存，使人的交际范围得到进一步的扩展。

2.非语言形式

非语言形式的人际沟通，主要以目光、眼神、面部表情、姿势与动作、身体空间距离等身体语言实现。心理学研究发现，在两个人面对面的沟通中，55%以上的信息交流是通过身体语言实现的，一分钟的会面远比一个小时的电话沟通让你更准确地了解一个人，摆手、张开双臂、身体前倾、耸肩、跷二郎腿等身体语言，能简洁、高速地传递有价值的情绪情感信息。

三、人际交往的原则

1.真诚原则

美国心理学家安德森列出了550个描写人的形容词，他让大学生们指出最喜欢和最不喜欢的品质。结果表明，排在最前面、受喜爱程度最高的5项人格特质是诚恳、诚实、理解、忠心、可信，排在最后面、受喜爱程度最低的5项人格特质是说谎、做作、不诚实、不真实、不可信，这些品质都与真诚有关。毫无疑问，真诚受人欢迎，不真诚则令人厌恶。

2.交互原则

在生活中，人们都希望被别人接纳和喜欢，因此在社会交往中就会更注意表现自己、吸引别人的注意。这种以自我为中心的倾向，恰恰是人际交往困难的根本原因之一。心理学家发现，人际关系的基础是相互重视、相互支持，“爱人者，人恒爱之；敬人者，人恒敬之”，人际交往中的喜欢与厌恶、接近与疏远是相互的。

3.功利原则

人际交往中虽然交换的是情感、信息等非物质品，但也遵循一个原则，即“值得”，人们都希望在交往中“得”大于或至少等于“失”，不然就难以保持心理平衡。人际交往中有一个“人情增减规律”，重情感的人重情谊、轻物质，交往中他们总感觉欠别人的情分，所以做出回报时往往超出对方的期望。这种过程的循环往复就形成了增值交换，双方都感觉得大于失，都愿意去维护和保持关系；相反，重物质的人用物质价值来衡量交往中的得失，他们总感觉吃亏，这类人与别人的交往就是减值交换，关系很快就会终止。

4.自我价值保护原则

生活中我们会看到越是优秀越难有朋友，不是他不好，而是别人在他面前感觉不到自己“好”，他的优秀时刻提醒着你“不行”，体会到的是自我否定，所以就选择远离；还有一种现象是“避免失败”，因为成功或失败的经验是人们确认自己能力的必要途径，获得成功则获得自我胜任感，失败则会导致自我否定。所以，为了保持自我价值，干脆就不去做对自己有挑战的事，以避免失败的结局和自我价值的否定。

5. 情境控制原则

当人们进入一个新的情境时，都会出现一定的焦虑和不适应。比如刚加入一个新团体时会比较紧张和拘谨，大学新生刚入校的第一学期容易出现适应问题，等等，都是由于对新情境不能做到掌控。直到熟悉了周围的环境，了解了经常发生联系的人之后，才感到比较轻松，真正适应。情景控制原则的深层含义，是人需要通过对所处情境的控制，实现在情境中的自我自由。①

四、竞争与合作

在现代社会，竞争与合作是一种普遍的现象。在追求成功的社会中生存，人们既需要竞争，也需要合作。

1. 竞争

竞争是每个参与者不惜牺牲他人利益，力求胜过或压倒对方，以期最大限度地获得个人利益的行为。竞争在主观上激发动机，发挥潜力，使人奋发进取，客观上促进社会进步，提高劳动生产率，具有积极作用。但也容易造成竞争双方过多的比较，抬高自己，贬低对手，甚至是忌妒和仇视，主观上造成不团结，阻碍友好关系的发展，客观上使有限的资源难以发挥最佳效益，具有消极作用。

2. 合作

合作是指至少两个人在工作、休闲或社会关系中通过相互帮助、共同活动，以追求共享的目标，享受合作的成果，或增进友谊的行为。在合作条件下，人们彼此之间表现为亲密友好的关系，协调一致，友好积极，相互帮助，相互鼓励、相互支持。有效合作的必备条件是目标、利益共同，相互依存，共同活动。

3. 竞争与合作的关系

现实生活中竞争与合作并存，合作能有力地协调人际关系，提高工作效率，竞争也能显著提高工作效率。例如，在篮球对抗赛中，队与队之间是竞争关系，而每个篮球队内各成员之间则是合作关系。每个队员都想为全队多做贡献，投篮命中率高的队自然是优胜者，而投篮手则需要其他成员的密切配

① 参见张厚粲：《大学心理学》，北京师范大学出版社 2002 年版，第 316～321 页。

合。所以说，竞争与合作相互依赖，缺一不可。

但事实上，人们更倾向于竞争，许多人宁可竞争而不愿意合作。米纳斯的“鼓励合作实验”中，即使合作可以稳得最高分，大多数被试还是宁愿竞争而不合作，因为对多数人来说他们不是为了多得分，而是要战胜其他人。有研究表明，大学生更崇尚竞争。

只有正确对待竞争与合作，才能实现双赢。没有合作，竞争就缺乏潜力；没有竞争，合作则缺乏动力。竞争与合作是相辅相成、密不可分的。如果过分强调竞争，就会破坏集体精神和集体道德，同时会使失败者产生挫折感、失败感与自卑感，令成功者骄傲自大；竞争中可以包含合作，相互分享各种资源，使合作成为提高竞争力的手段。人们通过合作，取长补短，既可以发挥个人优势，又弥补了个人缺陷，这是在竞争中获胜的前提。所以，在合作中竞争，在竞争中合作，这是提高个体核心竞争力的关键。①

五、大学生常见的人际交往问题及应对

（一）人际冲突

由于每个人的经历不同，需要、情感、目标、生活习惯、理想和价值观等也不同，因此，人际交往中不可避免会产生冲突。人际冲突一方面会给交往双方带来消极情绪，尤其是当冲突升级为对抗和攻击行为时，会伤害身心健康，导致关系的破裂；同时人际冲突也有建设性的积极作用，冲突使双方的问题暴露出来进而得以解决，冲突使双方能宣泄消极情绪，进而避免可能导致的不良后果。

处理人际冲突，就事论事，就不会给人际关系带来太大危害。心理学家经过研究和实践，提出了解决冲突的有效步骤：①相信一切冲突都可以理性地解决；②客观了解冲突的原因；③具体地描述冲突；④向别人核对自己有关冲突的观念或想法是否客观；⑤提出可能解决冲突的办法；⑥对提出的办法逐一评价，以对双方都最为有益为原则，筛选出最佳的解决途径；⑦尝试使用选出的最佳办法；⑧评估使用最佳办法的实际效果，并给予修正。

（二）常见问题

1. 自我中心

有的人凡事只考虑自己的感受，认为别人都是为了满足他的需要而存在，很难理解和体谅别人的感受。他们时时注意自己的表现，注意吸引别人的注

---

① 参见张厚粲：《大学心理学》，北京师范大学出版社 2002 年版，第 323 页。

意，处处期待别人先接纳自己、喜欢自己，听不进别人的意见，见不得别人说自己不好，只关心自己的利益得失，甚至贬低、嘲笑别人。

2. 自我封闭

有的人因为个性、外貌、生活习惯、家庭背景等原因，会形成不同程度的封闭心理，阻碍了正常人际关系的建立。通常自我封闭是由自卑心理造成的，也有一些人自视过高，不屑于与其他同学交往，也会造成自我封闭。

3. 缺乏信任

有的人话说一半、意藏三分，甚至表面一套、背后一套，大家都不愿跟这样的人交往。这类人觉得人与人之间很难有真情，这种心理源于信任感的缺乏。由于对身边人缺乏信任，所以在与人的互动和交往中，容易将他人的行为向负面的方向理解，并回应以敌对或伤害的行为。

4. 社交回避

这类人害怕与人交往，与人交往时十分害羞。有的源于完美心理，过分在意自我形象与他人评价，生怕自己出现差错而让别人轻视自己；有的源于自卑心理，认为自己不如别人，与人的任何互动都会感觉低人一等，所以尽可能减少或不参加社交而进行自我保护；有的源于恐惧心理，与人交往时会感到紧张、害怕，无法融入与别人的交谈中，手足无措、语无伦次，甚至会逃离现场。当长期持续的社交回避影响了正常生活时，就需要寻求专业的治疗和帮助。

【训练实施】

单元一：人际支持与沟通

目标：在人际交往中进一步了解自己，体验人与人之间相互信任与支持的重要性，学会发现自己和他人的优点，掌握人际沟通的技巧。其内容与操作如表 4-1-1 所示。

表 4-1-1　　关于如何实现人际支持与沟通的训练

活动名称	基本设置	操作步骤
1. 萍水相逢	**目的**：打破同学们之间的陌生感，与身边的人建立连接。 **准备**：最好在户外，如在室内则留出一个大的活动场地；凳子或马扎若干，数量比学生数量少1个。没有凳子或马扎，用书包等代替也可。 **时长**：约 15 分钟。	(1)全体成员围成一个大圈，手拉手，与两边的伙伴打个招呼，充分体会大家在一起的感觉，然后松开手。 (2)领导者讲述游戏玩法：①每个人都记住自己身上明显的外部特征，比如戴眼镜、穿长裤、黑色运动鞋、白色上衣等；②当领导者说“西伯利亚的大风刮来了，刮到了具有×××特征的同学那里”，具有这些特征的同学就要马上从座位上站起，开始按逆时针方向沿着圈外迅速跑动，当领导者说“大风停”的时候，跑动者迅速找一个空凳子坐下；③因为凳子数量少 1 个，所以会有一个跑动者找不到座位，这时他就先站着，等待与下一轮的同学一起跑动，无论他是否具有他们的那个特征；④在跑动的过程中，如有同学故意慢跑或者贴着空凳子不懂者，视为违规被淘汰或罚做俯卧撑。 (3)游戏开始，一轮一轮的“刮大风”，直到每一名成员都进行了跑动，已不再是开始时的位置。最后一轮跑动结束后，如果挨着的两个人互相熟悉或认识，领导者可以微调一下，让他们尽可能不认识或不熟悉为好。 (4)大家都坐下，两人一组，分别握手认识，互相做自我介绍。介绍的内容包括：姓名、身份(学院、年级、专业、职务等)、性格特点、兴趣爱好，以及个人愿意让对方了解的有关自我的资料等个人资料。每人约 2 分钟。当对方自我介绍时，倾听者要全身心投入，通过语言或非语言的观察，尽可能多地了解对方。
2. 对对碰	**目的**：扩大交往圈，认识更多的人。 **准备**：户外最好，如在室内则留出一个大的活动场地。 **时长**：约 5 分钟。	(1)刚才 2 人一组自我介绍之后，每两个组合并，形成 4 人一组，他者介绍。 (2)每位成员将自己刚才 2 人组中认识的朋友向另外两位新朋友介绍，每人 2～3 分钟。

续表

活动名称	基本设置	操作步骤
3. 天使与国王(上)	**目的**:培养人际交往中的观察能力,提升成员的自信,增进感情,建立协作关系。 **准备**:纸条若干(与全体成员人数相当),小盒子若干(与小组数量相当)。 **时长**:约10分钟。	(1)全体成员分成几组,每组8～10人。发给每组一张纸条,每人将自己的姓名写在纸条上,叠好,放在小盒子里。盒盖上标有“天使之翼”字样。 (2)每个成员在盒子里随即拿出一张纸条,如果打开看到的是自己的名字,请放回。当抽中一个其他成员的名字,注意请不要揭晓,更不要做出泄露天机的表情和动作。 (3)在接下来“人际交往”主题的训练活动中,所有成员都要扮演一个“爱心天使”,默默守护自己抽签抽到的那位同学,他就是你的“国王”。领导者可以启发成员如何去做好爱心天使,比如积极关注那位同学,多给他鼓励和帮助,多观察他,看他在团体活动中的变化与成长,在活动中表达对他的关心等。 (4)注意:爱心天使一定要自始至终不能暴露自己的身份,要默默地、不为他人知地去守护着自己的“国王”。
4. 那些花儿	**目的**:评估成员的人际关系网络,寻找社会支持资源。 **准备**:每人一张“那些花儿”练习(4-1-1)纸。 **时长**:约50分钟。	(1)请成员各自填写练习纸,评估自己的人际关系网络,分析在不同情境下支持性及干扰性的人际关系来源。 (2)全面发掘自己的社会支持资源。 (3)团体内分享。
5. 戴高帽	**目的**:学习发现并欣赏他人的优点,促进成员相互肯定,增强自信心。 **准备**:几张报纸(与小组数量相当)、回形针若干、胶水几瓶。 **时长**:约20分钟。	(1)全体成员分成几组,每组8～10人。发给每组一张报纸,组员合作将其折成一顶高帽子。 (2)每个小组围坐一圈,请一位成员坐或站在圆圈的正中,其他人轮流说出他的优点和自己所欣赏他之处(比如身高、相貌、气质、性格、为人处世……)然后被称赞的成员说出哪些优点是自己以前察觉的,哪些是不知道的。每个成员都到中央戴一次高帽,每人两分钟。 (3)练习结束时,大家彼此心情心情都很愉快,相互接纳性增高。 规则: ①必须说优点,态度要真诚,努力去发现他人的长处,不能毫无根据地吹捧,这样反而会伤害别人。向头戴帽子的成员表达你最诚挚的称赞,请一定要用类似这样的语句来表达:“我最欣赏你……”“我觉得你最大的优点就是……” ②参加者要注意体验被人称赞时的感受如何,怎样用心去发现他人的长处,怎样做一个乐于欣赏他人的人。

续表

活动名称	基本设置	操作步骤
6. 你来比划我来猜	**目的**：体验身体语言在人际交往和人际沟通中的重要性。 **准备**：四字词语或五字内短句若干，能保证在游戏的使用中不重复。将这些词句随机放在课件里，一页一个词句。 **时长**：约 15 分钟。	(1)每个小组派出两名代表，一人比划一人猜，每组限时 2 分钟。 (2)猜词过程中，比划的人不能说出词或短句中包含的任何字，不能描述某个字的读音、写法，否则该词句作废；猜的人背对屏幕，不可以回头看屏幕，否则该词句作废；台下的学生不能提醒，否则该词句作废。 (3)猜不出可以喊"过"，但每组只能喊"过"1 次。 (4)以 2 分钟内猜中词句的数量决定最终胜负。
7. 头脑风暴	**目的**：探索和寻找人际交往中的策略和技巧。 **准备**：自备纸笔。 **时长**：约 20 分钟。	(1)"你认为人际交往中最重要的是什么?"每人写出 1～2 点，并举例说明。 (2)小组内交流分享。分享时推选一名成员进行记录，结束后大家一起归类、总结出本组成员的人际交往技巧。 (3)每组派一名代表，面向全体成员交流分享本组的人际交往技巧。 (4)领导者总结，人际交往中的基本技巧大致包括"良好的第一印象""换位思考""理解""共情""肯定/赞美/认同""宽容/包容""倾听"等。
8. 有效沟通三部曲	**目的**：掌握有效沟通的方法和步骤，学会理性处理人际冲突。 **准备**：大学生校园人际冲突故事 1 个；"有效沟通三部曲"练习(见练习 4-1-2)若干。 **时长**：约 40 分钟。	(1)领导者讲述：人际冲突发生后，进行有效沟通的三个要素。总的宗旨是"就事论事"，①"发生了什么"，客观描述发生的事实；②"我的感受是什么"，坦诚说出自己对于这件事的感受；③"我的希望"，真诚说出对自己和对对方的希望，以后再有类似的事情，希望自己和对方能怎么做? (2)每人各准备一张"有效沟通三部曲"练习。 (3)领导者讲述"丽丽和娜娜的宿舍"故事(见练习 4-1-2)。 (4)每两人一组，分别扮演丽丽和娜娜，根据有效沟通的三个要素进行"有效沟通"练习。然后互换角色，再进行一次。 (5)找几个成员面向全体分享一下感受和收获。 (6)领导者总结。

练习 4-1-1

那些花儿

表 4-1-2　　　　那些花儿

姓名：　　　　　　　　　　　　　　　　日期：

角色（或人名或团体名称）	支持程度	干扰程度	在什么目标或情况下	支持的形式（实物/信息/情感）
例 1：妈妈	5	5	当我想走出消极情绪时	情感
例 2：导师	7	1	在我完成作业和论文的时候	信息、实物、情感
例 3：舍友	2	7	当我想去上自习的时候	情感

注："支持程度"7 点评分：1＝最不支持，7＝最支持
　　"干扰程度"7 点评分：1＝最不干扰，7＝最干扰

练习 4-1-2

有效沟通三部曲

丽丽和娜娜的宿舍故事

10 号女生公寓 306 室发生了一件令人很不愉快的事情。今天是丽丽值日，她早上接了一个用人单位的面试通知电话，在电话中双方都询问了一些具体的信息。洗刷完毕后丽丽发现时间不够了，没来得及收拾宿舍卫生，急匆匆地赶往教室上课。午饭后丽丽回到宿舍，看到舍长娜娜一脸怒气地把一张纸条拿给她。原来上午社区中心进行宿舍卫生大检查，纸条上一个大大的"C"告诉了 306 室全体成员今天的检查结果。306 室本学期正向"校级文明宿舍"冲击，一个"C"终结了这个冲击过程。不等丽丽开口，娜娜愤怒地指责她的不负责任、没有集体感。面对娜娜的指责，丽丽原本的歉意化作自卫性的反击，于是一场唇枪舌战开始了……

丽丽和娜娜的有效沟通

1."发生了……",客观描述发生的事实：

2."我感到……",坦诚说出自己对于这件事的感受：

3."我希望……",真诚说出对自己和对对方的希望,以后再有类似的事情,希望自己和对方能怎么做：

知识链接——"身体会说话"

1.人际关系的六种状态

人际关系是人际交往的静态方面,也是一种社会心理现象。它是人们在群体交往的过程中,由于相互认识和相互影响而形成的一种心理关系。它反映着在群体活动中,人们相互之间的情感距离和相互吸引与相互排斥的心理状态。人际关系的状态从无关到关系密切,要经过一系列的变化过程,并且心理学家按照人际关系总情感的投入和融合的相对程度,将人际关系分为六种,包括零接触、注意、表面接触、轻度卷入、中度卷入、深度卷入。在日常生活中,我们也可以通过观察交往双方的身体距离,来判断两个人的人际关系处于哪种状态。下图4-1-1以图解的方式,对人际关系的各种状态及其相互作用水平的递增关系做了直观的描述。

表 4-1-1　　　　人际关系状态及其相互作用水平图解

人际关系状态		图解	相互作用水平
零接触			低 ↓ 高
注意	单向注意		
	双向注意		
表面接触		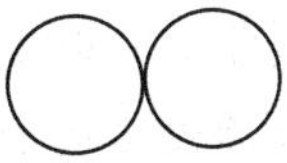	
轻度卷入		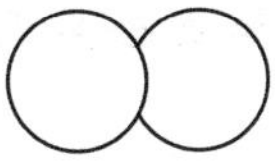	
中度卷入		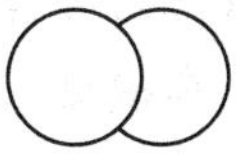	
深度卷入		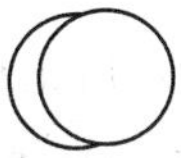	

图中的圆圈分别代表人际关系涉及的双方。需要说明的是：第一，这只是最简单的两人之间的人际关系，实际生活中还会有三人、多人之间的人际关系出现，但是其基本的状态及作用水平只有这几种。第二，并不存在人际关系双方心理世界完全重合的情况。无论两个人的关系多么密切，情感多么融洽，也无论人们主观上怎样感受彼此之间的完全拥有，关系的卷入者都不可能在心理上取得完全的一致。两个人是两个世界，是两种理解生活的基点，两种情感的基点，两种利益的基点。即便是双胞胎的姐妹或兄弟，不管他们之间的关系多么好，行动多么一致，也不管他们所谓的心灵感应能够达到多大的程度，总还是两个人，而不是一个人。大学生会有很多的好朋友，有的是形影不离，或者还是热恋中的恋人，两个人甚至感到在很多事情上“心有灵犀一点通”，能够达到这种默契当然是好事，但是一定要记住，每一个人都是一个独立的个体，不能因为关系的亲疏远近而迷失了自己。试想一下，如果两个人在关系中追求百分之百的一致或者已经达到完全一致，彼此之间没有什么独立性和私密性可言，那两个人都会因为这样的关系而透不过气来，深感窒息，这样的心理零距离反而是相当具有破坏性的，两人的关系也不会长久。所以，最好的关系

就是我们既互相融合，又彼此独立，感恩彼此之间的默契与相同，尊重彼此之间的距离与差异。[①]

2.影响人际关系的动作或姿势

(1)整个人都坐在椅子里，身体后仰，头仰靠在椅背上。(他仿佛在说："你说话好累哦！")

(2)身子不停地转来转去或不停地变换站立的姿势。(他仿佛在说："你什么时候可以结束啊？")

(3)双手交叉抱在胸前，脚无节奏地敲着地面。(他仿佛在说："我不想再听你说下去了！")

(4)两脚交叉或脚翘起来，并不时地来回摇晃抖动。(抖动的腿脚会分散说话者的注意力，让他觉得你没专心听他说话。)

(5)不停地看表或开始收拾桌面上的东西。(这是最明显的哑语逐客令——"你该走了！")

(6)手里一直在转笔。(他仿佛在说："真是有些无聊。")

(7)打哈欠、皱眉、叹气、伸懒腰、低头。(他仿佛在说："我对你所说的不感兴趣。")

(8)做自己的事。(这是人们比较容易忽视的，会给对方一种感觉，认为你没有听他讲，他会有被冷落而索然无味的感受，以致无心再说下去。)

(9)手指不停地敲打桌面或椅子扶手。(有种催促的味道："还不结束呀？")

(10)眼睛左顾右盼，张望窗外。(他仿佛在说："你不要再说了。")[②]

测一测

人际关系综合诊断量表[③]

下面的测试对于大学生了解自己与同学、朋友的关系，了解自己在与他人相处过程中存在哪些行为困扰，具有一定的意义。测试共有28个问题，每个问题做"是"或"非"的回答。请在回答"是"的问题后面的括号中打"√"，在回

① 参见林崇德、申继亮：《大学生心理健康读本》，教育科学出版社2005年版，第99～100页。

② 参见夏莹、梁杰：《大学生心理健康》，北京师范大学出版社2018年版，第153页。

③ 郑日昌：《大学生心理诊断》，山东教育出版社1999年版，第339～344页。

答“否”的问题后面的括号中打“×”。答案没有对错之分，请你根据自己的实际情况认真完成。打完后参看后面的计分方法及测试结果解释。

1. 关于自己的烦恼有口难言(　　)

2. 和生人见面感觉不自然(　　)

3. 过分地羡慕和妒忌别人(　　)

4. 与异性交往太少(　　)

5. 对连续不断的会谈感到困难(　　)

6. 在社交场合感到紧张(　　)

7. 时常伤害别人(　　)

8. 与异性来往感觉不自然(　　)

9. 与一大群朋友在一起，常感到孤寂或失落(　　)

10. 极易受窘(　　)

11. 与别人不能和睦相处(　　)

12. 不知道与异性相处如何适可而止(　　)

13. 当不熟悉的人对自己倾诉他的生平遭遇以求同情时，自己常感到不自在(　　)

14. 担心别人对自己有什么坏印象(　　)

15. 总是尽力让别人赏识自己(　　)

16. 暗自思慕异性(　　)

17. 时常避免表达自己的感受(　　)

18. 对自己的仪表(容貌)缺乏信心(　　)

19. 讨厌某人或被某人所讨厌(　　)

20. 瞧不起异性(　　)

21. 不能专注地倾听(　　)

22. 自己的烦恼无人可倾诉(　　)

23. 受别人排斥与冷漠(　　)

24. 被异性瞧不起(　　)

25. 不能广泛地听取各种意见、看法(　　)

26. 自己常因受伤害而暗自伤心(　　)

27. 常被别人谈论、愚弄(　　)

28. 与异性交往不知如何更好相处(　　)

计分方法:

1. 打"√"的得1分,打"×"的得0分;总分为所有项目得分总和。

2. 计分情况:总分__________

"交谈"维度题目1,5,9,13,17,21,25。分数小计__________

"交际"维度题目2,6,10,14,18,22,26。分数小计__________

"待人接物"维度题目3,7,11,15,19,23,27。分数小计__________

"异性交往"维度题目4,8,12,16,20,24,28。分数小计__________

得分解释:

每个维度的小计分数,分别表示你在"交谈""交际""待人接物""异性交往"等各个方面的困扰程度,分数越高说明困扰越大,有待提高的空间越大。

总分代表你在人际交往综合水平上的困扰程度,分数越高说明困扰越大,有待提高的空间越大。

(1)如果总分在0~8分,那么说明你在与朋友相处上的困扰较少。你善于交谈,性格比较开朗,主动关心别人,对周围的朋友都比较好,愿意和他们在一起,他们也都喜欢你,你们相处得不错。而且,你能够从与朋友相处中得到乐趣,你的生活是比较充实而且丰富多彩的,你与异性朋友也相处得比较好。一句话,你不存在或较少存在交友方面的困扰,你善于与朋友相处,人缘很好,获得许多的好感与赞同。

(2)如果总分在9~14分,那么说明你与朋友相处存在一定程度的困扰。你的人缘很一般,换句话说,你和朋友的关系并不牢固,时好时坏,经常处在一种起伏波动之中。

(3)如果总分在15~28分,那就表明你与朋友存在比较严重的困扰。分数在20分以上,则表明你的人际关系困扰程度很严重,而且在心理上出现较为明显的障碍,你可能不善于交谈,也可能是一个性格孤僻的人,不开朗,或者有明显的自高自大、讨人嫌的行为。

单元二:竞争与合作

目标:形成团体凝聚力和信任感,学会合作,启发学生借助团体的力量,合理利用各种资源,在竞争中合作,在合作中共赢。其具体内容和操作如表4-2-1所示。

表 4-2-1　　　　　　　　关于实现竞争与合作的训练

活动名称	基本设置	操作步骤
1. 无家可归	**目的**：体会团体对个人的重要性，增强团体凝聚力；主动改变自己的行为，乐于助人或善于求助，在融入团体的过程中体验团体的支持和力量；体会合作共赢。 **准备**：户外最好，如在室内则留出一个大的活动场地。 **时长**：约 15 分钟。	（1）全体成员手拉手围成一个大圈，充分体会大家在一起的感觉。双臂都展开，使圆圈尽可能最大，然后放开手。 （2）领导者说“马兰花儿开”，全体成员问“开几瓣”，领着者说“三瓣”，成员就必须按照数字“三”快速地随机组成三人组，手拉手围成一个小圈儿，组成一个新的“家”。没有办法组成三人之家的同学就流浪在一个个“家庭”之外。接着继续进行下一轮游戏，领导者继续说“马兰花儿开”，全体成员问“开几瓣”，领着者说“n 瓣”，成员就必须按照这个数字“n”快速地随机组成 n 人组，手拉手围成一个小圈儿，组成一个新的“家”。没有办法按标准组成新“家”的同学就流浪在一个个“家庭”之外…… （3）在做游戏的过程中，会出现花瓣多、花瓣少而不符合标准，但大家都不愿打破原有的小集体的情况；也会出现一些学生孤孤单单流浪在外的情况。这时领导者启发大家：为了让每朵花都能符合标准，应该怎么做？怎么能让流浪在外的成员也能有个家？流浪在外的成员怎样让自己也能开花。 （4）通过启发，引导大家体验竞争与合作。花瓣多的，是否有人愿意牺牲自己而成全集体？花瓣少的，是否能主动联合其他也少花瓣的，与其两个都不符标准则不如先组成一个符合标准的，即牺牲本朵花成全另一朵？有“家”的人能否主动伸出友爱之手、欢迎无家可归的同学加入自己的“家”？无“家”可归流浪在外的同学能否主动积极求助、推销自己，给自己找到一个可以归依的“家”。 （5）领导者带领大家交流分享，体会团队的力量与温暖，体会合作共赢。
2. 你的故事	**目的**：学会“诉说”和“倾听”，体验团队成员之间的接纳与支持。 **时长**：约 20 分钟。	（1）全体成员分成几组，每组 8～10 人。 （2）每一组中产生一名志愿者，由他用 5 分钟的时间，在小组内向组员们讲述一个自己生命中的重要故事。讲述前可以让志愿者思考、准备半分钟。 （3）志愿者讲述完自己的重要故事后，其他成员每人都分享一下，在这个故事中自己听到了什么、最打动最触动自己或印象最深刻的是什么。 （4）最后，志愿者说一说听组员们分享之后的感受，此时此刻关于这个生命故事他有了什么新的体验。

续表

活动名称	基本设置	操作步骤
3.信任之旅	**目的**:让成员通过助人与受助的体验,增强对他人的信任与接纳,建立与团队成员的亲密感。 **准备**:眼罩若干(与全体成员数量的一半相当);领导者事先选择好盲行路线,最好道路有一定阻碍性困难,如上楼、下楼、拐弯、室内外结合等。 **时长**:约 60 分钟。	(1)让团体成员围成内外两个圈,内圈做"盲人",外圈做"拐棍"来帮助盲人,两人一组("盲人"不知"拐棍"是谁)。 (2)"盲人"先在室内独自一人走一走,先体验盲人的感觉。 (3)然后"盲人"在"拐棍"的搀扶下,沿着领导者选定的路线,进行练习。期间,"拐棍"不能讲话,只能用手势、动作帮助"盲人"。体验这种感觉。 (4)走完一趟路线,回到原点后,两人坐下来交流当"盲人"和"拐棍"的感觉。 (5)互换角色,再来一遍盲行练习("盲人"和"拐棍"的组合可以改变),结束后,再互相交流。 (6)交流讨论集中在以下几个方面:对于"盲人",你看不见后是什么感觉?使你想起什么?你对你的伙伴的帮助是否满意?为什么?你对自己或他人有什么新发现?对于"拐棍",你怎样理解你的伙伴?你是怎样想方设法帮助他的?这使你想起什么?
4.心有千千结	**目的**:团体合作,靠集体的力量解决困难,体会团队支持对个人的意义和重要性。 **准备**:户外最好,如在室内则留出一个大的活动场地。 **时长**:约 15 分钟。	(1)全体成员分成几组,每组 8～10 人。 (2)每组成员手拉手成一个圈,看清楚自己的左手边和右手边分别是谁,确认后松手,在本小组圈内自由走动。 (3)成员自由走动一会儿后,领导者叫停,成员定格,位置不动,伸手拉刚才拉过的那两个人的左手和右手,从而形成结或扣。成员不能松手,但可以钻、跨、绕。 (4)要求成员设法解决问题,恢复到第一次拉手时的圆圈状态。练习需要成员有耐心,互相配合,齐心协力。 (5)请成员分享恢复圆圈过程中排除困难、解决问题时的感受。 (6)成员常常会主动谈出两点感受:①对团体互助的感受,体会和确认团体合作的重要性;②一旦因为自己的粗心,记错了左右手拉的伙伴,而导致团队任务的失败,会很自责。这说明团队中每一个成员、每一个细节都至关重要。 注:进行该活动时要注意安全。

续表

活动名称	基本设置	操作步骤
5.同舟共济	**目的**:集思广益,团体合作,创新思维,努力尝试,增进团体凝聚力和成员感情。 **准备**:报纸若干。 **时长**:约15分钟。	(1)全体成员分成几组,每组8~10人。 (2)每个小组发放一张报纸,可视为大海中的一条船。 (3)练习开始时,每组将报纸铺在地上,代表汪洋中的一条船,现在需要团体成员同时站在船上,一个也不能少,必须同生死共命运随后让成员们想方设法,使全体成员同时登上船。行动之前团体可以充分讨论,拿出最佳方案。常常会出现成员同心协力、集思广益,采用人拉人、人背人、叠罗汉等各种方法,体现团队的合作。 (4)当任务完成后,领导者可以要求将面积减半,继续练习,完成后可以继续将面积减半。随着难度的增加,成员的努力也会越来越加强,团体的凝聚力空前提高。 (5)练习的过程中,成员会忽略性别、年龄等因素,劝阻一条心,练习的结果常常出乎成员们的想象。成员创造性地发挥全组智慧,也充分体会团结合作的力量。 (6)同时,各组之间的竞争氛围也特别浓,谁都不想输过其他组。 注:进行该活动时要注意安全。
6.红黑大战	**目的**:模拟现实学习生活中的竞争状态,体会竞争的过程,探讨竞争与合作的关系,启发成员借用团队的力量合理利用各种学习资源。 **准备**:扑克牌一副;在黑板上画好表格(见练习4-2-1)。 **时长**:约50分钟。	(1)将全体成员分成A、B、C、D四个组。 (2)每组各发红黑两张牌,每次只能出一张,具体出法要征得组内成员一致同意。 (3)每次四组同时亮牌,如果全红,各得100分;三红一黑,红各得100分,黑各减300分;一红三黑,红得300分,黑各减100分;两红两黑,红各得200分,黑各减200分;全黑,各减100分。 (4)红黑大战的目标是让小组争取最大盈利。 (5)小组讨论:竞争中需要合作吗?什么是双赢?我们怎么通过合作在竞争中获得双赢? (6)每个小组派一名代表在全班进行交流分享。 (7)领导者总结:竞争的目的是发展自己,而不是打败对手;只有相互信任、相互合作,才有可能取得双赢;不谋全局,不足以谋一隅;在合作中失去诚信就等于断送合作的可能;协同竞争,即通过与你的伙伴甚至竞争对手合作,共同创造新的价值,以迅速取得竞争优势。

续表

活动名称	基本设置	操作步骤
7. 天使与国王(下)	**目的**：温暖团体气氛，增强团体的信任和凝聚力，体验成员之间亲密的感情。 **时长**：约 20 分钟。	(1)领导者："前一阶段，每位成员都领取了秘密的任务，成为了某个成员的'守护天使'，在历次活动中鼓励他、帮助他、关心他。现在你一定很熟悉他，甚至知道他的口头语，能模仿他的习惯动作。当然你也成了某个人的国王，你感受到他的关照了吗？现在，揭晓的时刻就要到了！" (2)各小组围成圆圈坐好。可以先选出年龄最小的人或最瘦小的一个女生，让成员们猜想谁是他/她的天使，说出理由。然后天使挥动着翅膀飞出来，介绍这位尊贵"国王"最打动自己的一件事。感谢过后，天使留下，全体成员继续猜想他是谁的"国王"，谁是他的天使，说出理由。然后天使挥动着翅膀飞出来，介绍这位尊贵"国王"最打动自己的一件事。 (3)依此类推，依照这样的程序进行，直至小组内的"天使"全部揭晓。 (4)领导者在每个小组内找 1～2 名成员，面向全体分享感受。
8. 总结	领导者对"人际交往"主题进行总结。	

练习 4-2-1

红黑大战

表 4-2-2　　红黑大战

	第 1 局	第 2 局	第 3 局	第 4 局	第 5 局	第 6 局	合计
A 组							
B 组							
C 组							
D 组							

游戏规则：

①如果全红，各得 100 分

②三红一黑，红各得 100 分，黑各减 300 分

③一红三黑，红各得 300 分，黑各减 100 分

④两红两黑，红各得 200 分，黑各减 200 分

⑤全黑，各减 100 分

知识链接——“人际交往中的心理效应”

1. 首因效应

在与人第一次交往时，要想下次还能继续与对方交往，就必须给对方留下良好的第一印象。很显然，如果对方在这次交往中形成“这人不可靠”的印象，那么以后很难再和你进行深入的交往，即便你以后有别的行为证明你的真诚，也很难改变你在对方心中的形象，这就是“先入为主”的效果。第一印象产生的作用在社会心理学中称为“首因效应”，即人们在对他人形成印象的过程中，往往根据最先接触到的某些信息形成印象，这种最新的信息对人形成印象具有强烈影响。

心理学研究发现，与一个人初次会面时，第一印象在 45 秒内就能形成。首因效应对人际交往的影响主要表现在以下两个方面。一是它使人际认知具有表面性：第一印象常常是对一个人表面特征的认知，是根据对方的外貌、表情、姿态、谈吐等做出初步的判断与评价，从而容易导致以貌取人，使认知表面化。二是它使人际认知具有片面性：由于先入为主，第一印象鲜明而强烈，对后来获得的信息的理解起到强烈的定向作用，造成对他人认知的主观片面性，从而影响以后的交往。因此，虽然这些第一印象并非总是正确的，却决定着以后双方交往的进程。如果一个人在初次见面时给人留下良好的印象，那么人们就愿意和他接近，彼此也能较快地相互了解，并会影响人们对他以后一系列行为和表现的解释。反之，对于一个初次见面就引起对方反感的人，即使由于各种原因难以避免与之接触，人们也会对之冷淡，在极端的情况下，甚至会在心理和实际行为中与之产生对抗状态。

当然，第一印象也并非完全不能改变。如果你给别人留下的印象不那么良好，也不要自暴自弃，你可以通过长期的交往让对方更加了解你。请记住，真诚才是人际交往最重要的原则！那么，怎样才能给对方留下良好的第一印象呢？社会心理学家艾根提出了与陌生人相见时的 SOLER 技术：S，坐或站要面对别人；O，姿势要自然、开放；L，身体要微微前倾；E，目光接触；R，放松。这一模式传达出来的信息是：“我很尊重你，对你很有兴趣；我的内心是接纳你的，请随意。”如果能掌握这个技术，那么就很容易给别人留下好的第一印象。美国著名成功学家卡耐基在其著作《怎样赢得朋友，怎样影响别人》一书中，也总结出给人留下良好第一印象的六种途径，大家不妨试着照做：①真诚地对别人感兴趣；②微笑；③多提别人的名字；④做一个耐心的倾听者，鼓励别人谈他们自己；⑤谈符合别人兴趣的话题；⑥以真诚的方式让别人感到他很重要。

2.近因效应

与首因效应相对应，人际交往中，在总的印象形成上，新近获得的信息比原来获得的信息会影响更大，这种现象被称为“近因效应”。

与陌生人交往时，人们往往关注首因效应，而与熟人交往时，近因效应起很大的作用。当熟人在行为上表现出某种新异性时，会影响或改变我们对他的原有看法。例如，你对某位同学一向有好感，但最近他做了一件不好的事情，你就彻底改变了对他的看法，产生了“我过去真是看走眼了”的想法。又如，你一向不喜欢的人最近做了一件让你感动的事，你可能会想“我以前都错怪他了”。其实，人总是在不断发展成长。认识一个人，凭借他的某个表现就对他做出定性的评价是不合理的。因此，我们在与他人交往时，不仅要注意给对方留下良好的第一印象，也要注意在平时给对方留下一个值得信赖的印象，更要给对方留下一个真诚笃实的印象。

3.晕轮效应

晕轮效应也称为“光环效应”，是指在人际交往中我们往往会将他人的某个突出品质泛化到其他特性上，从而忽视这个人其他真正的特点和品质。社会心理学家戴恩等人做过这样一个实验，他们给人们呈现了相貌漂亮、相貌一般、相貌丑陋三类人的照片，然后让人们评价这些人的婚姻状况、职业状况、社会和职业幸福感等。结果发现，在这些与相貌无关的特征上，相貌漂亮的人几乎都得到了较高的评价。仅仅因为长得漂亮就被认为具有所有积极、肯定的品质，这就是晕轮效应。在多数情况下，晕轮效应常使人出现“以偏概全”“爱屋及乌”的错误认知。“晕轮”虽然美丽，但在人际交往中我们更需要透过现象看到本质，冷静、客观地面对和选择交往对象。

4.投射效应

投射效应是指在人际交往中，把自己具有的某些不讨人喜欢、不为人接受的观念、性格、态度或欲望转移到别人身上，认为别人也是这样的。“以小人之心度君子之腹”就是一种典型的投射效应。大学生群体也有很多类似的表现，例如，疑心比较重的同学可能并没认识到自己不相信他人，反而可能经常怀疑他人不相信自己。如果我们经常用自己的态度、价值观和想法推测他人，甚至将这些观点强加于他人，就很容易引发人际交往问题。

5.登门槛效应

“登门槛”原意是指推销员只要能把脚踏入别人家的大门，最后就能成功地让别人买他的东西。在人际交往中，我们总感觉一些人是“得寸进尺”型的。为什么这些人的要求总能不断得到满足呢？其实，这些人在人际交往中就运用了登门槛效应。这种效应指的是，在提出一个较大的要求之前先提出一个小的要求，从而增大了他人接受较大要求的可能性。为什么会这样呢？社会心理学家通过实验发现，当我们直接向他人提出一个较大的要求时，对方一般无法接受，而当这些要求是逐步被提出的时候，对方往往容易接受。这是因为人们都喜欢在他人面前保持良好的形象，不喜欢被看作喜怒无常的人，因此，在接受他人的一个个逐渐升级的小要求时，也就在无形中接受了他人的大要求。

6. 刻板印象

刻板印象是我们在交往中对某类人形成的比较固定、概括、笼统的看法，主要表现为在人际交往中主观、机械地将交往对象归于某一类，不管他是否呈现出这类人的特征，都认为他是这类人的代表，而把对这类人的评价强加于他。例如，有人认为农村来的同学都比较朴实，城市来的同学都比较娇气，因此，他可能就会经常戴着“娇气”的“有色眼镜”去看待城市来的同学。这种先入为主的成见虽然有时会利于我们快速地对陌生人做出判断，但是也常使人以点带面、固定化地看人，从而忽视了人与人之间的差异性，容易使我们产生偏见与歧视，阻碍了我们与他人进行细致、真诚的交流。①

测一测

第一印象测验(女性)②

请根据你的实际情况，从下面各题所给备选答案中选出最符合你的一项。

1. 你的分头发方式是哪一种？

A. 中间分开　　B. 向左或向右分开　　C. 没有分开

2. 你的声音最接近于下列哪一种？

A. 高亢而尖锐的声音　　B. 嗓门大而响亮的声音

C. 温和而低沉的声音　　D. 普通

3. 看到照片上自己的模样时，心里有何感想？

A. 这张照片照得不错　　B. 完全不像自己

C. 一般，可以凑合　　D. 总是令人感到讨厌

4. 与人说话时，你眼睛盯住对方何处？

A. 嘴巴　　B. 眼睛　　C. 脸部　　D. 经常看其他地方

---

① 参见俞国良：《大学生心理健康》，北京师范大学出版社 2018 年版，第 122～123 页。

② 郑洪利：《大学生心理健康》，上海大学出版社 2010 年版，第 20～22 页。

5. 座椅子时，你采用哪种姿势？请你在附近的椅子上坐下，实际确认一下。

A. 两腿叉开地坐着　　B. 二郎腿　　C. 脚跟拢齐地坐着

6. 笑的时候，鼻子和嘴唇之间显露出横向皱纹吗？

A. 出现一根横长的皱纹　　B. 出现短皱纹　　C. 没有产生皱纹

7. 你左手指甲现在怎样？

A. 指甲长而且很脏　　B. 修剪得短而整齐　　C. 指甲修长而美丽

8. 在一直很拥挤的电车和公共汽车内，被人攥住过手或者碰到过讨厌的事情吗？

A. 经常碰到　　B. 1～2 次　　C. 没有

9. 有过被老师和长辈认为心眼坏而生气的事情吗？

A. 没有　　B. 仅 1～2 次　　C. 常有

10. 有过被初次相见的小伙子约会和打招呼的事情吗？

A. 2 次及以上　　B. 1 次　　C. 根本没有过

11. 请用镜子照一下你的牙齿，你的牙齿怎么样？

A. 蛀牙或牙齿脏而发黄　　B. 雪白而美丽　　C. 牙齿排列不太整齐

12. 与人说话时，你手的动作如何？

A. 几乎不用手势　　B. 喜欢打手势　　C. 常用手捂住嘴巴

计分方法：

表 4-2-3　　测试计分方法

题号＼答案	A	B	C	D	
1	1	3	5	0	
2	1	5	1	5	
3	5	1	3	1	
4	1	5	3	1	
5	5	3	1	0	
6	5	3	1	0	
7	1	3	5	0	
8	5	3	1	0	

续表

题号＼答案	A	B	C	D	
9	5	3	1	0	
10	5	3	1	0	
11	1	3	5	0	
12	3	5	1	0	

得分解释：

(1)12～25分：难以接近的封闭型形象。也许这是因为你总觉得给人以亲近的形象过多会不好而造成的。不知你是否有过无意之间面带怒容之时，被他人误认为冷若冰霜、令人惧怕。

(2)26～39分：第一印象淡薄的一般形象。你不会给人留下坏印象，但你能够给人造成强烈印象的特征也不多。由于只留下不显眼的、一般的女性形象，冲淡了人们对你的第一印象，所以你必须抓住一点特征，充分显露你的风采神态。

(3)40～53分：惹人喜爱，平易近人的形象。你平易近人，给人以强烈的第一印象。和你见过面的人，都感到你很受欢迎，无论是谁，心理上都想和你接近。你的第一印象中带有许多人都喜欢的因素。

(4)54～60分：个性强，令人难以忘却的形象。你给人留下的第一印象非常强烈，有时令人难以忘怀。你具有一种魅力，使初次见面的人也会感到像是故友重逢的亲切感。但是，有时往往让人误解，经常有不是你喜爱的人向你表达爱意。

第一印象测验(男性)[①]

请根据你的实际情况，从下面各题所给备选答案中选出最符合你的一项。

1. 你和对方第一次会面时的表情是：

A. 自然大方，热情诚恳　B. 大大咧咧，漫不经心　C. 心情紧张，羞怯拘泥

2. 在见面的最初几分钟里，你能很快发现你和对方的共同点或感兴趣的话题吗？

① 郑洪利：《大学生心理健康》，上海大学出版社2010年版，第22～25页。

A. 既快又准　　B. 一直未发现　　C. 很久才发现

3. 你和对方谈话时坐的姿势是：

A. 双膝并拢　　B. 两腿叉开　　C. 二郎腿

4. 你与对方谈话时，两眼总是盯在：

A. 对方的眼睛　　B. 另外的人或物　　C. 低着头摸自己的纽扣

5. 你和对方谈话的话题是：

A. 双方都感兴趣的　　B. 对方感兴趣的　　C. 自己感兴趣的

6. 你和对方谈话时间的分配是：

A. 对等　　B. 对方多于自己　　C. 自己多于对方

7. 你谈话的声音：

A. 很低，对方难以听清　　B. 温和而低沉　　C. 大嗓门，高亢热情

8. 当你与对方谈话时的手势动作：

A. 偶尔用　　B. 不用　　C. 不时地用

9. 你与对方谈话的话音速度是：

A. 连珠炮　　B. 慢慢腾腾，上句不接下句　　C. 节奏适度，吐字清楚

10. 当对方谈及你不感兴趣的话题时，你：

A. 打断对方谈话　　B. 表现沉默或不耐烦　　C. 认真听下去，从中发现兴趣

11. 经过初次见面交谈，你能从对方的言行、知识、能力等方面作出积极的、赞扬性的评价吗？

A. 不能　　B. 不确定　　C. 能

12. 你和对方握手分别时，下次见面的时间、地点是由：

A. 对方提出　　B. 双方谁也没提出　　C. 自己提出

计分方法：

表 4-2-4　　测试计分方法

题号＼答案	A	B	C
1	5	1	3
2	5	1	3
3	5	1	5
4	5	1	3

续表

题号 \ 答案	A	B	C
5	3	5	1
6	3	5	1
7	3	5	1
8	3	5	1
9	3	5	1
10	1	3	5
11	1	3	5
12	1	3	5

得分解释：

(1)47～60 分：第一印象良好。你温文尔雅，举止有度，给人留下了很好的第一印象。和你接触过的人都感到你和蔼可亲，即使那些异国他乡的人对你也会有一见如故的喜悦。你要注意的是，防止你不爱的女子对你一见钟情。

(2)23～46 分：第一印象一般。你的第一印象有浓有淡，也有令人喜悦的因素，所以你不会给对方留下不好的印象。但是，你对人的吸引力也不强。在情场上，初次见面你就被对方爱上的情形不多，你要努力显露自己的形象，使第一印象得到改善。

(3)2～22 分：第一印象不佳。也许，你没有故意给对方留下不佳印象，但你的行动举止却容易使对方产生误解。这是因为你不懂得与人交往也是一种艺术。改进的办法是和对方交换一下位置，"己所不欲，勿施于人"。

读一读

沃尔玛与宝洁的合作共赢

1962 年，沃尔玛第一家折扣店开张，随后短短 40 年里，沃尔玛凭借"天天低价"的价格策略，迅速扩张，成为世界第一大连锁店。在发展初期，沃尔玛在你死我活的激烈竞争环境中，为了获得自身利益最大化和立足的筹码，不断压低进货折扣，致力于通过采购及人力成本的降低，最大限度地挖掘利润，使利润上升。1970～1980 年的短短 10 年内，利润由 160 万美元攀升至 4 120 万美元，增长了 25 倍之多。

早在 1962 年成立之初，全球最大的日化用品制造商宝洁被沃尔玛选为供应商，并与之开始合作，但双方仅仅是纯粹的买卖关系，各自以自身利益最大化为目标，导致不愉快乃至冲突不断发生。沃尔玛为了实现自己的低价策略，企图通过大订单和不平等的送货条件等方式降低进货价，并延长货款支付周期，甚至将宝洁产品摆在角落里威胁宝洁降价。但宝洁公司不但不妥协，还要求沃尔玛提高销售价格并将宝洁的产品摆放在位置更好的货架。

1962～1978 年期间，宝洁和沃尔玛都企图主导供应链，实现自身利益最大化。沃尔玛采用强势的价格策略，竭尽所能压低进货价格，并声称，任何一个企业都必须接受它的价格政策。宝洁也不能例外，其态度更是强硬，一直凭借强大的营销实力，企图严格控制下游的经销商和零售商，包括沃尔玛，迫使他们贯彻宝洁制定的营销战略和规定。沃尔玛和宝洁自身长期的优越感导致了双方之间交流障碍和关系恶化，沃尔玛以清退下架的做法威胁宝洁，宝洁也以停止供货进行反击，双方口水战以及笔墨官司更使得他们的争斗进入白热化阶段。然而，双方的冷战导致双方关系和利益都在交战中受到了重创。一方面宝洁产品的销售在国内受到了很大影响；另一方面沃尔玛经常被曝出"压榨供应商""恶性竞争"的丑闻。1987 年 7 月，宝洁公司副总经理路·普立特切特决定改变双方尴尬境地，于是通过朋友的关系以旅游的形式与沃尔玛的老板山姆·沃尔顿进行会晤。双方基本达成了意向性的合作框架，形成了一致的企业未来发展的设想，并明确了下一步双方管理人员进行具体磋商的方案。这次会晤为宝洁和沃尔玛缓解旧的恶劣关系、开创新的合作关系揭开了序幕。

1987 年下半年，宝洁和沃尔玛开始了新合作关系的历程。双方组成由财务、流通、生产和其他各职能部门组成的约 70 人的专门合作团队，沃尔玛公司借助先进的信息技术实行信息共享，对整个业务活动进行全方位的协作管理。

1989 年，沃尔玛针对宝洁公司的纸尿裤产品构筑了及时(just ln time，JIT)型的自动订发货系统，双方企业通过电子数据交换(electronic datainter change，EDI)和卫星通讯、制造商管理库存(manufacture management lnventory，MMI)系统、电子资金结算(electronic funds transfer，EFT)系统等信息手段做到了连续自动补货、电子结算，大大缩短了商品流通的时间和传统财物结算的繁琐程序，取得了合作关系的实质性突破。沃尔玛与宝洁公司的第一次深入合作，对双方都产生了显著的绩效。沃尔玛店铺中宝洁公司的纸尿裤商品周转率提高了 70%；宝洁公司的纸尿裤销售额也提高了 50%，达到了

30 亿美元。宝洁公司在国内市场销售中 11％的销售额都是通过沃尔玛实现的，第二年这个数据上升到了 20％(即 156 亿美元中的 20％)。这次合作巨大的成功为沃尔玛和宝洁全面控制成本、推进深层合作打下了良好的基础。

80 年代后，沃尔玛全面改善与供应商的关系，从“一味地压价”转变为“帮助供应商降低成本”，凭借先进的管理和技术，帮助供应商降低成本并提高质量，实现了真正的合作共赢。沃尔玛通过改善与供应商的关系，也取得了质的飞跃，销售额从 1987 年初的 160 亿美元提高到 1992 年的 438 亿美元，利润从 62 800 万美元增加到将近 20 亿美元。1992 年，沃尔玛创始人山姆·沃尔顿被《财富》杂志评为美国第一富豪；1993 年，沃尔玛销售额达到 673.4 亿美元，成为美国第一大零售商。

1995 年，宝洁和沃尔玛合力启动了协同式供应链库存管理协同计划、预测与补货(collaborative planning、forecasting and replenishment，CPFR)流程，构成了一个持续提高的循环。流程实施的结果是双方的经营成本和库存水平都大大降低，沃尔玛订单满足率从 87％提高到 98％，新增销售收入 800 万美元。沃尔玛分店中的宝洁产品利润增长了 48％，存货接近于零。

1996 年后，宝洁和沃尔玛将合作领域从单纯的物流层面进行了扩展，涉及信息管理系统、客户关系管理、供应链预测与合作体系、零售商联系平台以及人员培训等多个方面，他们的密切合作大大降低了整条供应链的运营成本，提高了对顾客需求的反应速度，更好地保持了顾客的忠诚度，为双方带来了丰厚的回报。2001～2003 年，沃尔玛连续三年在《财富》杂志公布的世界 500 强企业排名中位居榜首。根据贝恩公司的一项研究，2003 年，宝洁 514 亿美元的销售额中的 8％来自沃尔玛；沃尔玛 2 560 亿美元销售额，有 3.5％归功于宝洁。

第五章　理想信念

【学习目标】

1. 了解理想信念的内涵，认识追求远大理想、树立崇高信念的必要性和重要意义。

2. 掌握探索理想信念的方法。

3. 学会通过实践行动将理想转化为现实。

【案例】

基本情况：2013 年，某大学 2009 级毕业生小刘在论坛里发了一个名为《同学，我大四了》的帖子，被网友称为“悔过励志帖”。小刘感叹现在“被生活追得厉害”，“不敢在家待着了，每时每刻都有一种紧迫感，每一刻的无所作为都感觉是种犯罪”。“我发现好多事我是有想过的，但我却没有去做，为什么？因为这个人懦弱、懒惰、平庸，而且甘于平庸！”在帖子中透漏自己对现在的生活不甘心，但是当下又没有去做些什么，“为自己的无所作为而悔恨，我为自己的浪费时间而痛苦，我当哭，大哭，泪如雨下、泪水磅礴地哭，这些时间再也不会有了，它们跑了，在我至关重要的年华里跑了，我追悔莫及”。作者回首自己的大学 4 年，感叹投入精力“充其量不过 40%”：每天上网时间少则 4 个小时，多则 10 个小时；考试永远是画画重点，在高呼“60 分万岁”中与奖学金无缘。作者借自己求职受挫，写帖子以警醒后来人，不要等毕业时再后悔。

分析：小刘在“不知不觉”中度过了 4 年的大学生活，面临毕业产生了浓浓的悔恨与不甘，在“悔过励志贴”也可以看出 4 年的大学生活像生活在一团迷雾中，没有方向，唯有彷徨与虚度。分析背后的原因可以发现，小刘的大学生活里缺乏了理想信念的指引，缺乏了清晰的目标规划与实践。其实这样的问题何止发生在小刘一个人身上，有的同学每天按时上下课，过着宿舍、食堂、教室三点一线的生活，回顾大学四年觉得并没有收获什么；还有同学与手机、网游为伴，肆意遨游于虚拟的网络世界，导致多门课程不及格，甚至不能按时毕业……暨南大学舆情研究中心曾就“当代广州大学生生活与思想现状”作过详细的问卷调查，其中，接受调查的广州高校在读本科生中共有191份有效样本，就“读大学的原因”“大学第一印象”“专业选择首要因素”等问题制作问卷调查并进行分析。结果显示，在未来规划方面，73.3%的同学表示只有粗略的想法，并无非常明确的目标。

他们缺乏了什么？他们缺乏了理想，缺乏了对生活的追求，缺乏了脚踏实地的努力。理想指引人生方向，信念决定事业成败，没有理想信念，就会导致精神上的缺钙。理想信念是人的精神世界的核心，是人精神上的“钙”。追求远大理想，坚定崇高信念，是大学生健康成长、成就事业、开创未来的精神支柱和前进动力。茅经典在痛苦与挣扎中，以远大的理想为指引，以坚定的信念为支撑，以艰苦训练为基石，将梦想变为现实。

作为大学生，树立远大理想，坚定伟大信念，脚踏实地，刻苦拼搏，终将成为时代的弄潮儿，实现自身价值。

【理论知识点】

有两位年届70岁的老太太，因为对于未来有着不同的信念而有了不同的人生。

一位认为到了这个年纪可算是人生的尽头，于是便开始料理后事，什么都不做不想，就等着生命走到尽头；而另一位却认为一个人能做什么事不在于年龄的大小，而在于是怎么样的想法，70岁也可以是个新的开始。

于是后者给自己定下了更高的目标，她在70岁的高龄开始学习登山的技巧，在随后的25年里她一直冒险攀登世界各地的高山。当她95岁的时候，她登上了日本的富士山，打破了攀登此山年龄最高的人的纪录。她就是鼎鼎有名的胡达·克鲁克斯老太太。在胡达·克鲁克斯老太太70岁的时候，她还依然保持乐观的心态和坚定的信念，开始了对于她人生更进一步的追求，于是70岁成就了她后来95岁时的未来。

人生到底是喜剧收场还是悲剧落幕，是丰富多彩的还是无声无息的，就全在于这个人到底有着什么样的信念。不是环境，也不是遭遇能够决定一个人的一生，而是看他对于这一切赋予什么样的意义，也就是说他是用什么样的认知来面对人生，这种认知就是信念。它不仅会决定他的现在，也决定他的未来。

一、理想信念的概念

理想信念是把理想和信念有机地融合在一起而形成的一个新概念。理想信念既重视对未来理想的追求，又注重对现实生活中秉持信念的执着。理想信念是理想中的最高层次和信念中的最高价值形式的有机统一。理想信念中的理想是理想追求中的最高目标、最高层次；理想信念中的信念是指人们把理想追求中的最高目标作为最高价值，高度信服和信仰。理想重在标志人与奋斗目标之间的关系，主要是指向未来的，为人们的行动指明方向；而信念重在标志人对事物、观念的看法和态度，主要是对现在的，为人们的行动提供精神支持。

根据理想信念的形成机制和本质内涵，我们可以从以下五个方面分析其构成要素：需求与动机、理想与目标、能力与素质、规划与实施、成就与影响。其理想状态是：理性的自我需要和动机、远大的人生理想和目标、科学的人生规划与实施、良好的学业水平和职业素养、一定的成就感和社会影响力。在具体的培育工作中，我们将理想确立与目标定向、人生规划设计与实施作为培养理想信念构成要素的核心关键点。

二、理想信念的起源

人类区别于其他生物最重要的一点就是人有想象力，能够在脑海中勾勒出自己从未见过或现实不存在的事物，并相信它。每个人脑海中都有想做的事，想去的地方，想爱的人……这些想象构成了对未来的期望，也构成了每个人的理想信念。这些想做的事，想去的地方都源于人们的需求与动机。心理学家马斯洛认为人类价值体系存在两类不同的需要，一类是沿生物谱系上升方向逐渐变弱的本能或冲动，称为“低级需要”和“生理需要”。第一类是随生物进化而逐渐显现的潜能或需要，称为“高级需要”。人都潜藏着五种不同层次的需要，但在不同的时期表现出来的各种需要的迫切程度是不同的。人的最迫切的需要才是激励人行动的主要原因和动力。人的需要是从外部得来的满足逐渐向内在得到的满足转化。

低层次的需要基本得到满足以后，它的激励作用就会降低，其优势地位将不再保持下去，高层次的需要会取代它成为推动行为的主要原因。有的需要一旦满足，便不能成为激发人们行为的起因，于是被其他需要取而代之。

高层次的需要比低层次的需要具有更大的价值，热情是由高层次的需要激发。人的最高需要即自我实现就是以最有效和最完整的方式表现他自己的潜力，唯此才能使人得到高峰体验。

人的五种基本需要在一般人身上往往是无意识的。对于个体来说，无意识的动机比有意识的动机更重要。对于有丰富经验的人，通过适当的技巧，可以把无意识的需要转变为有意识的需要。

马斯洛还认为：在人自我实现的创造性过程中，产生出一种所谓的“高峰体验”的情感，这个时候是人处于最激荡人心的时刻，是人存在的最高、最完美、最和谐的状态，这时的人具有一种欣喜若狂、如醉如痴、销魂的感觉。

试验证明，当人待在漂亮的房间里面就显得比在简陋的房间里更富有生气，更活泼，更健康；一个善良、真诚、美好的人比其他人更能体会到存在于外界中的真善美。当人们在外界发现了更高价值时，就可能同时在自己的内心中产生或加强这种价值。总之，较好的人和处于较好环境的人更容易产生高峰体验。

三、理想信念的确立

远大的人生理想和目标确立的前提是清晰的自我认识与定位，在此基础上结合整体社会环境作出最佳的选择。帕森斯在生涯规划领域提出了著名的特质因素理论，认为每个人都有自己独特的人格模式，每种人格模式的个人都有其相适应的发展方向。所谓“特质”，就是指个人的人格特征，包括能力倾向、兴趣、价值观和人格等，这些都可以通过心理测量工具来加以评量。所谓“因素”，则是指在工作上要取得成功所必须具备的条件或资格，这可以通过对工作的分析而了解。在此基础上，我们可以把理想信念的确立分为以下几步：

(1)自我评估。自我评估包括自己的兴趣、特长、性格、学识、技能、智商、情商、思维方法、道德水准以及社会中的自我等。

(2)机会的评估。制定理想信念时，要分析环境条件的特点，环境的发展变化情况，自己与环境的关系，自己在这个环境中的地位以及环境对自己有利的条件与不利的条件，等等。

(3)理想信念的选择。理想信念的选择合理与否，应考虑以下几点：性格与理想信念的匹配；兴趣与理想信念的匹配；特长与理想信念的匹配；内外环境与理想信念相适应。

(4)设定具体目标。在理想信念指引下确定个人发展目标。目标的设定是以自己的最佳才能、最优性格、最大兴趣、最有利的环境等信息为依据。

(5)制订行动计划与措施。行动是指落实目标的具体措施，包括工作、训练、教育等方面。

(6)评估与回馈。要使行动规划行之有效，就要对规划进行评估与修订。内容包括：理想信念的重新选择；人生目标的修正，实施措施与计划的变更；等等。

四、理想信念的发展阶段

孔子曰:“吾十有五而志于学,三十而立,四十而不惑,五十而知天命,六十而耳顺,七十而从心所欲不逾矩。”每个人的理想信念也会呈现出阶段性特征,萨帕提出的职业发展理论,将职业发展时期分为五个不同的阶段,分别是成长阶段、探索阶段、确立阶段、维持阶段和下降阶段,对于理解理想信念的发展阶段具有重要的参考价值。

一是成长阶段(青少年时期)。个人在这一阶段,自我概念发展成熟起来。初期时,个人欲望和空想起支配作用,其后对社会现实产生注意和兴趣,个人的能力与趣味则是次要的。个体的理想信念以幻想、兴趣为中心,对自己所期望的理想进行选择与评价。

二是探索阶段(青春期)。个人在学校生活与闲暇活动中研究自我,并进行理想信念上的探索。探索阶段是人生道路上非常重要的转变时期,逐步对自身的兴趣、能力以及理想信念进行考虑。

三是确立阶段(青年期)。进入社会以后的人发现真正适合于自己的领域,并努力在理想信念的指引下,不断实践,到逐步稳定。

四是维持阶段(中年期)。劳动者在工作中已经取得了一定的成绩,想在维持现状的基础上提升自己的社会地位。

五是成就阶段(老年阶段)。个体接近生命的尾声,但同时回忆往昔,对理想信念获得整体性评价,感受成就或遗憾。

五、实现理想信念的能力

斯维夫特说过,动物明白自己的特性,熊不会试着飞翔,驽马在跳过高高的栅栏时会犹豫,狗看到又深又宽的沟渠会离去。但是人是唯一一种不知趣的动物,受到愚蠢与自负天性的左右,对力不能及的事情大声地嘶吼——坚持下去!

进行能力的自我分析,可以了解自己能做什么,适合做什么。从职业需要的角度看,能力一般可分为九种,表 5-1 是每种能力的特点以及与之相应的职业。

表 5-1　　能力类型与职业匹配表

能力类型	特　　点	适合职业
语言能力	对词语及含义的理解和使用能力，对词、句子、段落、篇章的理解能力，以及善于清楚而正确地表达自己的观点和向别人介绍各种信息的能力	适合选择教师、律师、营业员、咨询员、播音员、秘书、翻译、推销员等职业
数理能力	迅速而准确地运算以及在快速准确地进行计算的同时，能进行推理、解决应用问题的能力	适合选择自然科学研究人员、银行信贷工作人员、会计、统计员、审计人员、保险公司工作人员、工程设计技术人员等职业
空间判断能力	对立体图形以及平面图形与立体图形之间关系的理解能力	适合选择技术人员、设计人员、汽车驾驶员、房屋施工及维修服务人员、电器维修人员、勘探绘图人员等职业
察觉细节能力	对物体或图形的有关细节具有正确的知觉能力。对于图形的明暗、线的宽度和长度做出视觉的区别和比较，看出其细微的差异	适合选择自然科学研究人员、编辑、播音员、摄影师、银行信贷工作人员、会计人员、统计人员、审计人员等职业
书写能力	对词、印刷物、账目、表格等材料的细微部位具有正确知觉能力，善于发现错别字和正确地校对数字的能力	适合选择业务类公务员、中小学教师、编辑、图书管理员、会计、统计员、审计人员、保险公司工作人员、咨询工作者等职业
运动协调能力	眼、手、脚、身体迅速协调地做出精确的动作和运动反应，手能跟随着眼所看到的东西迅速运动，进行正确控制的能力	适合选择运动员、教练员、演员、导游、理发美容师、各类手工操作人员等职业
动手能力	手、手指、手腕能迅速而准确地活动和操作小物体，在拿取、放置、调换、翻转物体时手能做出精巧运动和手腕的自由运动的能力	适合选择运动员、舞蹈家、教练员、护士、药剂师、画家、兽医、制造工作者等职业
社会交往能力	善于进行人与人之间的相互交往、相互联系、相互帮助、相互作用和影响，从而协调工作或建立良好的人际关系的能力	适合选择教师、编辑、秘书、警察、律师、审判员、采购员、供销员等职业
组织管理能力	擅长组织安排各种活动以及协调参加活动中的人际关系能力	适合选择调度员、供销员、售货员、外贸工作人员、教练员、导演、编辑、教师、秘书等职业

六、大学生常见理想信念问题

当前大学生的理想信念主流是积极健康的，但也存在着一些问题和不良倾向。每个个体在社会上生存发展，追求物质享受是正常的意识选择，也符合生存规律。但是过分追求物质享受，会使个体意志消沉，不懂得奉献。新时代大学生是社会发展的新生力量，他们应该在追求物质生活的同时，加强精神价值的培养，不断为社会的发展贡献力量。在调查中，新时代大学生在追求个人物质时存在的问题如下：

第一，盲目追求物质享受，缺乏精神追求。新时代大学生多数生活在幸福的家庭，他们大多数都没有体验过艰苦的生活条件，也没有为生活烦恼过，久而久之，如此的生活状态造成了一些大学生的享乐主义思想，缺乏对精神价值的追求。

第二，缺乏奉献精神。古有“大禹治水，三过家门而不入”，表现出的是一种为国家建设无私奉献的精神。奉献精神既是中华民族的传统美德，又是当今社会的时代风范。在大学校园，唱响奉献之歌，无疑是凝练大学精神、提高大学生素质，培育合格人才的重要举措。有些大学生知行不统一，在对奉献精神的认同与行为上出现双重标准。大学生认同奉献精神，但在某些行动上却不能以身作则，对他人要求具有奉献精神，对自身却没有要求。当个人利益与他人、集体、国家利益相冲突时，不能摆正心态，不讲奉献精神，将个人利益置于集体、国家利益之上。有些大学生片面理解市场经济下的等价交换原则、按劳取酬原则，在现实中，过于计较个人得失、利弊，工作上拈轻怕重，一切以经济利益为标准，忽略奉献精神，忽视社会实践活动、公益活动、义务劳动；在勤工俭学活动中，追求经济利益，在工作面前讨价还价，斤斤计较，不愿意从事工资低、较苦、较脏的工作。

第三，自我实用主义意识强。社会的发展是需要个人与集体的团结合作、互相配合，只有处理好个人利益与集体利益的关系，懂得取舍，才能达到双赢的结果。大学生理想信念更多表现出务实和理性的姿态，侧重于个人理想实现途径的多样化。但在个人理想与社会理想的问题上，某些大学生过于注重个人利益，这就使得他们往往倾向于夸大个人与社会之间的对立和冲突，而对个人理想和社会理想之间相互依存、密切联系的认识相对不足。

第四，实现理想信念的定力不足。一些大学生的理想信念还不够坚定，缺少持之以恒的决心和毅力。具体表现为三点：理想与现实脱节，目标不够细化；易受外部影响，缺少定力和行动力；过多强调外因，抗挫折能力较弱，不够自信。

【训练实施】

单元一：理想确立与目标定向训练

目标：让大学生探索自我、家庭、社会需求来确定个人理想与目标。其具体内容与操作如表 5-1-1 所示：

表 5-1-1　　理想确立与目标定向训练

活动名称	基本设置	操作步骤
1. 个人志趣分析	**目的**：通过选择“个人兴趣清单”对感兴趣内容进行排序，明晰自己的兴趣点及兴趣排位。 **准备**：“个人兴趣清单”练习(5-1-1)纸。 **时长**：约 40 分钟。	(1)给每位同学发一张“个人兴趣清单”，仔细阅读下面各题，在符合自己情况的数字上画“○”。“1”为从不重视，“2”为不太重视，“3”为一般重视，“4”为比较重视，“5”为最重视。每一条只能选择一个数字，请认真填写。 (2)写一写：请在所有个人兴趣清单里找出你认为自己排在前五项的兴趣（请按内容填写），填写在相应的表格里。 (3)说一说：小组内分享，了解组员们各自不同的“兴趣清单”，互相开拓思路。
2. 家庭需求分析	**目的**：通过了解家庭成员对我的期望，认清对自身理想信念选择的影响因素。 **准备**：“家庭需求分析”练习(5-1-2)纸。 **时长**：约 20 分钟。	(1)想一想：每个人除了作为一个独立的个体，同时也是家庭的一员。家庭对个人理想信念的确定有重要影响。请大家想一想：你的父母对你的期待是什么，家庭中其他重要成员对你又有什么期待？ (2)写一写：将上述内容写在练习纸上。 (3)说一说：小组内分享，分享家庭对自己确定理想信念的影响。
3. 我的职业家庭树	**目的**：通过了解家庭成员的职业和职业选择依据，认清对自身理想信念选择的依据。 **准备**：“我的职业家庭树”练习(5-1-3)纸。 **时长**：约 20 分钟。	(1)想一想：你知道你的家族成员都从事些什么工作吗？你对他们的工作有什么看法呢？让我们借对职业家庭树的探索来帮助你了解你对你职业的期待以及你的自我价值追求与家族职业有哪些关联。首先，请你将家庭中的亲属及他的职业填写在图中的家庭树上。 (2)写一写：根据提示完成问答。 (3)说一说：小组内分享，分享通过调查了解家庭职业选择，发现的自己确定理想信念的影响因素。
4. 社会需求分析	**目的**：全面认识自己当下的环境，进一步明确自己的理想信念。 **准备**：“社会需求分析”练习(5-1-4)纸。 **时长**：约 20 分钟。	(1)想一想：每个人都会收到社会环境的影响，如何充分将自己的理想信念与社会需求结合在一起呢？当今国家的大政方针中有哪些与你的个人理想信念密切相关，社会发展趋势会对你产生什么影响，你所学的专业发展趋势如何？ (2)写一写：将上述内容写在练习纸上。 (3)说一说：小组内分享，分享社会对自己确定理想信念的影响。

续表

活动名称	基本设置	操作步骤
5. 我的五样	**目的**：在困难抉择中坚定兴趣与价值选择。 **准备**：冥想音乐、A4纸、彩色笔、小刀。 **时长**：约 30 分钟。	(1)冥想 3 分钟。 (2)现在，请将兴趣清单中的前五样再看一遍，再想一想是不是将这五样作为最重要的五样，写在一张 A4 纸上。 (3)第一次：突然有一天，你的生活中出了意外，生命中最宝贵的五样东西保不住了，你要舍弃一样。请你拿起笔，把五样之中的某一样抹去。抹去意味着永远失去，意味着永远不能再拥有，那就不能轻轻一笔，你要用笔将这样东西缓缓地，但是毫不留情地涂掉，或者用小刀子将它刻掉。总之，你再也看不到它，同时，它在你的生命中，也将不复存在。 (4)第二次：现在你的五样只剩下了四样。此刻，你的生活中又发生了重大变故，来得更凶猛急迫，你保不住你的四样了，必须再放弃一样，请选择。如果说第一次要你放弃的时候，你多少还有些漫不经心的话，这一回，你要郑重行事了。请三思而后行。 (5)第三次：也许你已经猜到了，不错，在生命进程中，你又遇到了险恶挑战。这一次，你必须又要放弃一样宝贵的东西了。不管你有多少怨言和不情愿，请你遵照游戏规则，用你的笔把三样当中的某一样涂黑再次提醒，不是轻轻勾去，而是将它义无反顾地完整地从你的视野中除掉。现在白纸上，还有两个选项和三个黑斑或黑洞。只有你知道，黑斑或黑洞里曾经有什么。也许你不想继续了，也许你要怪我太残忍。但我想对大家说，请坚持下去。纸上已经发生了根本的变化——划掉了三样，保留下了两样。请听好，事情还没有完，我们还要继续。 (6)第四次：是的，你的生活滑到了前所未有的低谷。我们来做最后的、最艰难的选择，你只能留下一样，其余全部放弃。现在你的纸上只剩下了一样东西，这是你最宝贵的东西。你涂掉了四样，他们同样是你宝贵的东西。
6. 生命的拷问	**目的**：在生命有限的条件下思考兴趣与价值。 **准备**：A4 纸若干。 **时长**：约 30 分钟。	(1)每两人一张白纸，顺着长的方向，对折撕开，一人一半。 (2)将手中的纸中间对折一下，然后再对折一下，然后再对折一下，打开后一共是 8 格。 (3)按照中国人的平均寿命，2020 年平均 79.2 岁，我们按 80 来算。这 8 格就作为生命的 80 岁的长度。现在请将你生命中已经度过的岁月撕掉。 (4)人的一生中有三分之一的时间在睡眠中度过，大家在剩余中再撕去三分之一。 (5)首先大家沉静一下，去感受生命的长度。 (6)请大家看看在生命剩余的光阴里，你要为兴趣清单中的五样做些什么，要为最重的那一样做些什么？ (7)小组讨论和课堂分享。

练习 5-1-1

个人兴趣清单

仔细阅读下面各题，在符合自己情况的数字上画“○”。“1”为从不重视，“2”为不太重视，“3”为一般重视，“4”为比较重视，“5”为最重视。每条只能选择一个数字，请认真填写。

表 5-1-2　　个人兴趣清单

项　目	从不重视	不太重视	一般重视	比较重视	最重视
1. 有一个美满幸福的家庭	1	2	3	4	5
2. 赚大钱	1	2	3	4	5
3. 长寿而无大病痛	1	2	3	4	5
4. 继续进修学习	1	2	3	4	5
5. 有一些知心朋友	1	2	3	4	5
6. 从事适合自己又可发挥专长的职业	1	2	3	4	5
7. 拥有一栋舒适而又漂亮的房子	1	2	3	4	5
8. 考公务员有稳定的职位	1	2	3	4	5
9. 有充裕的金钱与休闲	1	2	3	4	5
10. 谈一次完美的恋爱	1	2	3	4	5
11. 和喜欢的人长久相处永不分离	1	2	3	4	5
12. 担任公司的主管	1	2	3	4	5
13. 到处旅游吸收新知识	1	2	3	4	5
14. 成立慈善机构，帮助他人	1	2	3	4	5
15. 享受结交朋友的乐趣	1	2	3	4	5
16. 工作有挑战性而不单调	1	2	3	4	5
17. 成为有名的人	1	2	3	4	5
18. 随心所欲地布置自己的环境	1	2	3	4	5
19. 无拘无束地生活	1	2	3	4	5
20. 担任社会声望高的职位	1	2	3	4	5

请在所有个人兴趣清单里找出你认为自己排在前五项的兴趣(请按内容填写)：

a. ______________________________

b. ______________________________

c. ______________________________

d. ____________________

e. ____________________

练习 5-1-2

家庭需求分析

1. 父亲对我的期望：	2. 母亲对我的期望：	3. 其他家庭成员对我的期望：

练习 5-1-3

我的职业家庭树

我是____________

填好了吗？完成后，请对照下面列出来的问题把答案写在空格中。

(1)我家族中最多人从事的职业是：____________________

(2)我想要从事这种职业吗？为什么？________________

(3)爸爸如何形容他的职业？爸爸平时会提到哪些职业，他是怎么说的？

____

(4)妈妈如何形容她的职业？妈妈平时会提到哪些职业，她是怎么说的？

____

妈妈的想法对我的影响是：________________

(5)家族中还有谁对职业的想法对我影响深刻？他们怎么说？

____

(6)家族中对彼此职业感到满意或羡慕的是什么？例如，堂哥是医生，社会地位高，收入高……

家族彼此羡慕的职业是：________________

对他们的想法，我觉得：________________

(7)我觉得家人对我未来选择职业的影响是：________________

(8)家人对各职业的评价往往表现了他们的好恶。例如，千万不要当技术工人，太苦太累；最好是当教师，受人尊敬，假期还多等。我的家人最常提到的有关职业的事情是：________________

对我的影响是：________________

(9)哪些职业是我绝对不考虑的？________________

原因是：________________

(10)哪些职业是我有考虑的？________________

原因是：________________

(11)选择职业时，我还考虑哪些条件？________________

练习 5-1-4

社会需求分析

1. 国家大政方针：	2. 社会发展趋势：	3. 专业发展趋势：

知识链接——"马斯洛:自我实现者的14个特质"①

马斯洛估计,自我实现者大约占人口的1%或2%。马斯洛认为,这些人运作的功能层次,与一般人或正常者的运作层次完全不同。自我实现者很容易满足他们所有的需要,但他们特别关心较高层次的需要。马斯洛甚至很大胆地说,自我实现者的生活方式较不美国化。他并不是说,自我实现的人是偏激分子或极端分子,而是说自我实现者超越了任何特定文化的限制。他们的人性充分地发展。马斯洛研究了若干自我实现者以后,发现他们具有以下的共同特点。知道这些自我实现者所具有的特点,可以提供我们一个使自己尽善尽美的架构。我们每个人或多或少都具有马斯洛所提到的特质,因此可以将马斯洛的模型视为完美个体的画像。

1. 他们对现实和环境的认知能力较强,并且较能与它们安然相处。
2. 他们较能接受自己、他人及自然。
3. 他们的内心生活、思想、行为都比较自然、率真。
4. 他们遇事比较以问题为中心,而不以自我为中心。
5. 他们较能够且喜欢独处。
6. 他们比较独立自主。
7. 他们比较能够接受与欣赏新奇的事物或经验。
8. 他们较常经历神秘或高峰经验。
9. 他们较能建立久远的人际关系,而对其中的少数人培养深厚的感情。
10. 他们具有较强的民主性格特质。
11. 他们能够清楚地分辨出手段与目的的不同。
12. 他们有着不带敌意而又富于哲理的幽默。
13. 他们比较具有创造性。
14. 他们较能超越各种对立性而达到统整状态。

测一测

六个神奇的岛屿

如果有机会让你到以下6个岛屿旅游,不用考虑费用等问题,你最想去的是哪个?可以按照喜欢程度排出顺序。

① 俞国良主编:《大学生心理健康》,北京师范大学出版社2019年版,第48~50页。

A 岛——“美丽浪漫岛”

这个岛上到处是美术馆、音乐厅，弥漫着浓厚的艺术文化气息。岛民们保留着传统的舞蹈、音乐与绘画。许多文艺界人士都喜欢来到这里开沙龙派对寻求灵感。

C 岛——“现代井然岛”

处处耸立着的现代建筑，标志着这是一个进步的、都市形态的岛屿，岛上的户政管理、地政管理及金融管理都十分完善。岛民们个性冷静保守，处事有条不紊，善于组织规划。

E 岛——“显赫富庶岛”

该岛经济高度发展，处处高级饭店、俱乐部、高尔夫球场。岛民性格热情豪爽，善于企业经营和贸易活动。岛上往来者多是企业家、经理人、政治家、律师等。这些商界名流与上等阶层人士在岛上享受着高品质生活。

I 岛——“深思冥想岛”

这个岛平畴绿野，人少僻静，适合夜观星象。岛上有很多天文馆、科技博物馆、科学图书馆。岛民们最喜欢猫在自己的小房子里，天天钻研学问，沉思冥想，探究真知。哲学家、科学家和心理学家们在这里约会，讨论学术，交流思想。

R 岛——“自然原始岛”

这是个自然生态优良的绿色之岛。岛上不仅保留有热带雨林等原始生态系统，而且建立了相当规模的植物园、动物园、水族馆。岛民以手工制造见长，他们自己种植花果，栽培蔬菜，修缮房屋，打造器物，制作工具。

S 岛——“温暖友善岛”

这个岛的岛民们都性情温和，乐于助人，人际关系十分友善。大家互助合作，重视教育后代。每个社区都能自成一个密切互动的服务网络，处处充满着人文关怀气息。

约翰·霍兰德于 1959 年提出了具有广泛社会影响的职业兴趣理论，认为人的人格类型、兴趣与职业密切相关，兴趣是人们活动的巨大动力，凡是具有职业兴趣的职业，都可以提高人们的积极性，促使人们积极、愉快地从事该职业，且职业兴趣与人格之间存在很高的相关性。霍兰德认为人格可分为现实型、研究型、艺术型、社会型、企业型和常规型六种类型，大家可以根据选择岛屿查看自己对应的职业类型。

A—艺术型(Artistic)：如艺术、文学工作。但是在平常不是指从事艺术工作，而是指工作中倾向于将事情做得漂亮、有情调、锦上添花，追求完美。

C 岛——事务型(Conventional):如秘书、办公室人员、记事员、会计、行政助理、图书馆管理员、出纳员、打字员、投资分析员。

E 岛——企业型(Enterprising):如项目经理、销售,营销管理、政府官员、企业领导、法官、律师。

I 岛——研究型(Investigative):如科学研究人员、教师、工程师、电脑编程人员、医生、系统分析员。

R 岛——实用型(Realistic):如技术性职业(计算机硬件人员、摄影师、制图员、机械装配工),技能性职业(木匠、厨师、技工、修理工)。

S 岛——社会型(Social):如教育工作者(教师、教育行政人员),社会工作者(咨询人员、公关人员)。

单元二 人生规划设计与实施

目标:让大学生探索、设计和执行生涯规划方案,坚定理想信念,并通过实践将理想转化为现实。其具体内容与操作如表 5-2-1 所示。

表 5-2-1 关于实现人生规划设计与实施的训练

活动名称	基本设置	操作步骤
1. 生涯冥想	**目的:**通过想象“我10年后生活的一天”对未来的生活进行畅想,将理想信念蓝图化。 **准备:**“我 10 年后生活的一天”练习(5-2-1)纸。 **时长:**约 30 分钟。	(1)想一想:你期望 10 年后你一天的生活会是什么样子的呢?你在从事什么样的工作?你的家庭状态是什么?你居住的环境是什么样子的? (2)写一写:请将上述内容写在练习纸上。 (3)说一说:小组内分享,了解组员们各自不同的“生涯冥想”,互相开拓思路。
2. 写给未来的我	**目的:**通过给自己写信,将现在和未来链接起来。 **准备:**“写给 5 年后的我”“写给 10 年后的我”练习(5-2-2)纸。 **时长:**约 30 分钟。	(1)请大家写一封给 5 年后自己的信。你想对 5 年后的自己说什么? (2)请大家再写一封给 10 年后自己的信。小组讨论分享。

续表

活动名称	基本设置	操作步骤
3. 个人SWOT分析及人生定位	**目的**：通过进行自我SWOT分析，深入了解自身的优势与劣势、机会与挑战，做出科学决策。 **准备**："个人SWOT分析表"练习(5-2-3)纸。 **时长**：约20分钟。	(1)想一想：S(strengths)是优势，W(weaknesses)是劣势，O(opportunities)是机会，T(threats)是威胁。而决策应该是个体"能够做的"(即组织的强项和弱项)和"可能做的"(即环境的机会和威胁)之间的有机结合。认真思考自己四个维度中的内容具体是什么。 (2)写一写：将上述内容写在练习纸上。 (3)说一说：小组内分享，分享经过个人SWOT分析后自己确立的理想信念。
4. 制定与实施个人生涯规划书	**目的**：通过制定和实施个人生涯规划书，将理想信念落到实处。 **准备**："个人生涯规划书"练习(5-2-4)纸。 **时长**：约40分钟。	(1)想一想：一个人的理想信念要想转化为现实，必定要通过实践，同学们可以通过生涯规划的设计与实施来实现这一目标，请大家按照《个人生涯规划书》的提示认真思考。 (2)写一写：将上述内容写在练习纸上。 (3)说一说：小组内分享，分享自己填写个人生涯规划书的感受。
5. 庖丁解牛之我的目标	**目的**：通过练习学会应用逐级承接分解法(DOAM法)实施目标的管理与分解。 **准备**："庖丁解牛之我的目标"练习(5-2-5)纸。 **时长**：约40分钟。	(1)想一想：请大家拿出一个具体的目标作为例子进行目标分解与管理的练习。 (2)写一写：根据提示，将上述思考内容写在练习纸上。 (3)说一说：小组内分享，分享自己应用逐级承接分解法(DOAM法)的感受。

练习 5-2-1

生涯冥想

我10年后生活的一天

1. 我10年后从事的工作是________________。
2. 我从事的工作主要内容是________________。
3. 我的工作场所在________________。
4. 工作的场所周围的环境________________。

5. 工作的场所周边的人群________________________。

6. 我的婚姻状况 □已婚 □未婚 □其他________________________。

7. 家中成员有子女________________人。

8. 居住的场所在________________________。

9. 居住的场所周围的环境________________________。

10. 居住的场所周围的人群________________________。

11. 我如何去实现它呢? ________________________。

练习 5-2-2

写给自己的信

5 年后的________:

你好!

____

____

____

____

____

____

____

____

10 年后的________:

你好!

____

____

____

____

____

____

____

____

____

____

练习 5-2-3

个人 SWOT 分析表

表 5-2-2　　　　**个人 SWOT 分析表**

外部因素 / 内部因素	机会(O)	威胁(T)
优势(S)	S—O 计划	S—T 计划
劣势(W)	W—O 计划	W—T 计划
决策	1. ________ 2. ________ 3. ________ 4. ________	

SWOT 分析法，即态势分析，就是将与研究对象密切相关的各种主要内部优势、劣势和外部的机会和威胁等，通过调查列举出来，并依照矩阵形式排列，然后用系统分析的思想，把各种因素相互匹配起来加以分析，从中得出一系列相应的结论，而结论通常带有一定的决策性。

S(strengths)是优势，W(weaknesses)是劣势，O(opportunities)是机会，T(threats)是威胁。而决策应该是个体“能够做的”(即组织的强项和弱项)和“可能做的”(即环境的机会和威胁)之间的有机结合。

SWOT 分析与决策示例

1. 优势(S)

(1)做事比较认真和踏实,脚踏实地,不喜欢投机。

(2)积极向上,面对问题也不会选择逃避,乐观地看待生活中应对的困难和挫折,遇到不能独立解决的问题,也能虚心向人请教。

(3)独立自主,有极强的责任心,自己的任务会用心完成,尽力追求完美。

(4)能主动关心人,善于换位思考,愿为他人着想,乐于与人相处,对人真诚友善,对身边遇到困难的人也热心相助。

(5)有一定的书面表达能力,逻辑思维和条理性较强,行事有逻辑,有层次,有条理。

(6)身体素质良好,喜欢参加各类运动,心态健康,热爱生活。

(7)勤俭节约,不铺张浪费,不与他人攀比。

(8)讲文明,懂礼貌,尊老爱幼,待人接物得体大方。

2. 劣势(W)

(1)有点认生,应对不熟悉的人比较拘谨,偏内向,只和熟悉的人放得比较开,在人多的场合显得不够热情大方。

(2)对专业知识的学习程度还不够扎实,对所学的知识资料理解不透,知识面较窄。

(3)社会经验匮乏,没有专业相关的工作和实习经验,需要学习的东西还很多。

(4)做事较为死板,创新能力不足。

(5)学习缺乏明确的目标和合理的规划,而且学习不够主动,耐力不足。

(6)英语水平不高,还未通过大学英语六级考试有待提高。

(7)有时心直口快,容易不经意间伤害到他人,对计划之外的事物容易感到焦躁厌烦。

3. 机会(O)

(1)学校提供了优秀的师资、良好的学习环境、丰富的学习资源。

(2)学校和学院提供了丰富多彩的文体活动和学科竞赛,有充分展示自我的机会。

(3)信息时代发达,有丰富的资源和信息。

(4)现在正处于大一下学期,有充足的时间和机会去改正和弥补自己的不足与缺点。

(5)现阶段意识到了自己要调整的方向，敢于正视自己的问题。

4. 威胁——(T)

(1)所学专业人数众多，未来就业人数庞大，竞争激烈，就业形势严峻。

(2)企业对人才的质量要求提升，对毕业生的各项综合能力更加重视。

(3)社会环境十分复杂，自身可能要应对各种各样的诱惑，以防迷失自我。

(4)父母学历水平不高，有些问题不能获取足够的指导。

5. 决策与规划

(1)积极争取学习和进步的机会，加强锻炼，提升自身的专业水平，争取实习机会，增强工作和实践能力。

(2)尽量把自己的专业知识短板补齐，建立起合理的知识结构；尽量广泛地涉猎学科基本知识。

(3)寻找机会参加学校、学院组织的各类活动，并在其中积极表现自己，提升自己解决问题的能力、与人相处的能力，改善过于内向的性格。

练习 5-2-4

个人生涯规划书

表 5-2-3　　个人生涯规划书

姓名	性别	年龄	所学专业	所在班级	家庭所在地
个性特征测试结果(我喜欢做什么？测一测)					
兴趣类型					
性格特征					
能力倾向					
个性特征自我描述(我是谁?)					
适合我的职业定向(我适合做什么?)					
例如，同学对我的评价：你最适合当律师(综合了解他们认为你适合什么职位)					
同学评价					
老师评价					
朋友评价					
父母评价					
其他评价					

续表

职业长期目标定位和定位的 SWOT 分析结果（我能做什么？）				
SWOT / 目标类型	S（优势）	W（劣势）	O（机会）	T（威胁）
目标行业				
目标产业				
目标职位				
目标岗位				
任职条件				
职业生涯发展规划阶段分解目标（我的职业价值观是什么？）				
1.学习目标	近期	中期	长期	
学历				
职业资格证				
我的职业锚				
2.收入目标	起薪	职业发展中期收入	最终目标	
职业收入				
其他				
3.家庭目标	恋爱时间段	结婚时间段	住房	养老
4.职务目标	初职岗位	晋升岗位	职务总目标	
5.职称目标	初级职称	中级职称	高级职称	专家
6.健康目标	健康途径	保健途径	医疗途径	应急措施
职业生涯发展道路（如何实现我的职业理想？）				
职业道路选择				
理由 1				
理由 2				
理由 3				
路径选择（例如）	升学—就业—出国—创业—入伍—自由职业			

续表

<table>
<tr><td>路径 A</td><td colspan="6"></td></tr>
<tr><td>路径 B(备用)</td><td colspan="6"></td></tr>
<tr><td>路径 C(急用)</td><td colspan="6"></td></tr>
<tr><td>职业生涯保健期
(列出时间周期)</td><td colspan="6"></td></tr>
<tr><td colspan="7">在校期间学习生涯规划(现在的我从何做起?)</td></tr>
<tr><td colspan="2">目标</td><td colspan="2">列出重点必修课</td><td colspan="2">列出相关选修课</td><td>列出学习方式</td></tr>
<tr><td rowspan="3">1.课程目标</td><td>年级</td><td colspan="2"></td><td colspan="2"></td><td></td></tr>
<tr><td>年级</td><td colspan="2"></td><td colspan="2"></td><td></td></tr>
<tr><td>年级</td><td colspan="2"></td><td colspan="2"></td><td></td></tr>
<tr><td rowspan="2">2.职业资格目标</td><td colspan="2">列出证书名称</td><td colspan="2">列出培训计划</td><td colspan="2">考证期限</td></tr>
<tr><td colspan="2">(1)
(2)
(3)</td><td colspan="2">(1)
(2)
(3)</td><td colspan="2">第____________学期
第____________学期
第____________学期</td></tr>
<tr><td rowspan="2">3.职业素质目标</td><td colspan="2">课外学生社团选择</td><td colspan="2">参加竞赛项目选择</td><td colspan="2">假期社会实践内容选择</td></tr>
<tr><td colspan="2">(1)
(2)</td><td colspan="2">(1)
(2)
(3)
(4)</td><td colspan="2">第一次
第二次
第三次
第四次
第五次
第六次</td></tr>
<tr><td>4.心理健康目标</td><td colspan="6"></td></tr>
<tr><td>5.身体健康目标</td><td colspan="6"></td></tr>
<tr><td>6.特长发展目标</td><td colspan="6"></td></tr>
<tr><td colspan="7">毕业后的行动计划(实现目标的措施)</td></tr>
<tr><td colspan="7">1.实现近期职业目标的主要措施:</td></tr>
<tr><td colspan="7">2.实现中期职业目标的主要措施:</td></tr>
<tr><td colspan="7">3.实现长期职业目标的主要措施:</td></tr>
</table>

知识链接——“德鲁克:目标管理”

1954年,德鲁克提出了一个具有划时代意义的概念——“目标管理”(management by objectives,MBO)。它是德鲁克所发明的最重要、最有影响的概念,并已成为当代管理学的重要组成部分。目标管理的主要贡献之一就是它使得我们能用自我控制的管理,来代替由别人统治的管理。

德鲁克目标管理基本思想:企业的任务必须转化为目标,企业管理人员必须通过这些目标对下级进行领导并以此来保证企业总目标的实现;目标管理是一种程序,使一个组织中的上下各级管理人员会同起来制定共同的目标,确定彼此的成果责任,并以此项责任来作为指导业务和衡量各自贡献的准则;每个企业管理人员或工人的分目标就是企业总目标对他的要求,同时也是这个企业管理人员或工人对企业总目标的贡献;管理人员和工人靠目标来管理,以所要达到的目标为依据,进行自我管理、自我控制,而不是由他的上级来指挥和控制;企业管理人员对下级进行考核和奖惩也是依据这些分目标。目标管理有三个基本原则:

1. SMART原则

SMART原则是为了利于员工更加明确高效地工作,更是为了管理者将来对员工实施绩效考核提供了考核目标和考核标准,使考核更加科学化、规范化,更能保证考核的公正、公开与公平。

S代表具体(specific),指绩效考核要切中特定的工作指标,不能笼统,要用具体的语言清楚地说明要达成的行为标准。明确的目标几乎是所有成功团队的一致特点。很多团队不成功的重要原因之一就因为目标定得模棱两可,或没有将目标有效地传达给相关成员。目标设置要有项目、衡量标准、达成措施、完成期限以及资源要求,使考核人能够很清晰地看到部门或科室月计划要做哪些事情,计划完成到什么样的程度。

M代表可度量(measurable),指绩效指标是数量化或者行为化的,验证这些绩效指标的数据或者信息是可以获得的;衡量性就是指目标应该是明确的,而不是模糊的。应该有一组明确的数据,作为衡量是否达成目标的依据。如果制定的目标没有办法衡量,就无法判断这个目标是否实现。比如领导有一天问“这个目标离实现大概有多远”团队成员的回答是“我们早实现了”。这就是领导和下属对团队目标所产生的一种分歧。原因就在于没有给他一个定量的可以衡量的数据。但并不是所有的目标都可以衡量,有时也会有例外,比如说大方向性质的目标就难以衡量。目标的衡量标准遵循“能量化的质化,不能量化的感化”原则，使制定人与考核人有一个统一的、标准的、清晰的可度量的标尺，杜绝在目标设置中使用形容词等概念模糊、无法衡量的描述。对于目标的可衡量性，应该首先从数量、质量、成本、时间、上级或客户的满意程度五个方面来进行；如果仍不能进行衡量，其次可考虑将目标细化，细化成分目标后再从以上五个方面衡量；如果仍不能衡量，还可以将工作流程化，通过流程化使目标可衡量。

A 代表可实现(attainable)，指绩效指标在付出努力的情况下可以实现，避免设立过高或过低的目标。目标是要能够被执行人所接受的，如果上司利用一些行政手段，利用权力性的影响力一厢情愿地把自己所制定的目标强压给下属，下属典型的反应是一种心理和行为上的抗拒：我可以接受，但是否完成这个目标，有没有最终的把握，这个可不好说。一旦有一天这个目标真完成不了的时候，下属有一百个理由可以推卸责任：你看我早就说了，这个目标肯定完成不了，但你坚持要压给我。目标设置要坚持员工参与、上下左右沟通，使拟定的工作目标在组织及个人之间达成一致。既要使工作内容饱满，也要具有可达性。可以制定出跳起来“摘桃”的目标，不能制定出跳起来“摘星星”的目标。

R 代表相关性(relevant)，指绩效指标与工作的其他目标是相关联的，绩效指标与本职工作是相关联的，目标的相关性是指实现此目标与其他目标的关联情况。如果实现了这个目标，但与其他的目标完全不相关，或者相关度很低，那这个目标即使被达到了，意义也不是很大。

T 代表有时限(time-bound)，注重完成绩效指标的特定期限。目标特性的时限性就是指目标是有时间限制的。例如，我将在××年 5 月 31 日之前完成某事。5 月 31 日就是一个确定的时间限制。没有时间限制的目标没有办法考核，或带来考核的不公。上下级之间对目标轻重缓急的认识程度不同，上司着急，但下面不知道。到头来上司可能暴跳如雷，而下属觉得委屈。这种没有明确的时间限定的方式也会带来考核的不公正，伤害工作关系，伤害下属的工作热情。目标设置要具有时间限制，根据工作任务的权重、事情的轻重缓急，拟定出完成目标项目的时间要求，定期检查项目的完成进度，及时掌握项目进展的变化情况，以方便对下属进行及时的工作指导。

2. 方向统一原则

由总目标分解成各子目标过程中，必须确保各目标的一致性。

3. 进度统一原则

各分解目标是紧密相关的，必须过程同步，一步步靠近总目标。

目标管理的要点是，总体目标要层层分解，最终到达个人；个人分目标就是企业总目标对他的要求，同时也是这个企业管理人员或工人对企业总目标的贡献；只有分解到个人，才能高效地完成总体目标。

练习 5-2-5

庖丁解牛之我的目标

我的目标是：____

表 5-2-4　　逐级承接分解法(DOAM 法)分析

序号	行动方向(D)	目标(O)	行动计划(A)	衡量标准(M)	所需资源	备注

逐级承接分解法(DOAM 法)包括以下几个方面：

1. 行动方向(D)

清晰刻画战略意图或战略任务；下一级的行动方向(D)是上一级的行动计划(A)。

2. 目标(O)

目标是行动方向在××年期望成功状态的表述；下一级目标(O)是上一级对应行动计划(A)的衡量标准(M)。

3. 行动计划(A)

行动计划是实现目标(O)的行动分解，要具体。各行动计划之间不重叠、不交叉。行动计划要有所侧重、有所忽略。

4. 衡量标准(M)

衡量标准是针对每项行动的具体衡量标准，必须可量化、可考核。

知识链接——“空心病”[①]

2016 年 11 月，北大心理咨询中心副主任徐凯文在参加第九届新东方家庭教育高峰论坛时做了主题演讲：《时代空心病与焦虑经济学》。他认为“空心病”看起来像是抑郁症，表现为情绪低落，兴趣减退，快感缺乏，如果到精神科医院的话，一定会被诊为抑郁症，但是问题是，所有药物都对它无效。从症状上来讲，它可能是符合抑郁症诊断的。但是和典型抑郁症不同的是，所有这些症状表现并不非常严重和突出，所以外表上看起来可能跟其他同学或其他大多数人并没有差别。

他们会有强烈的孤独感和无意义感。这种孤独感来自于好像跟这个世界和周围的人并没有真正的联系，所有的联系都变得非常虚幻；更重要的是他们不知道为什么要活着，他们也不知道活着的价值和意义是什么。他们取得了非常优秀的成绩和成就，这些成就似乎是一种瘾，一种毒品。他们似乎很多时间都是为了获得成就感而努力地生活、学习和工作。但是当他发现所有那些东西都得到的时候，内心还是空荡荡，就有了强烈的无意义感。

这些人通常人际关系是良好的，他们非常在意别人对自己的看法，需要维系在他人眼里良好的自我形象，需要成为一个好孩子、好学生、好丈夫、好妻子。但似乎所有这一切都是为了别人而做的，因此做得非常辛苦，也非常疲惫不堪。

空心病对生物治疗不敏感，甚至无效。我们有很多个案，在国内最好的精神专科医院治疗，用了所有的药物，甚至用了电休克治疗，一次、两次、三次，但是都没有效果，也就是说看起来生物因素并不是导致他们问题的主要因素。

他们有强烈的自杀意念，这种自杀意念并不是因为现实中的困难、痛苦和挫折，用他们的话来讲就是“我不是那么想要去死，但是我不知道我为什么还要活着。我完全不知道我活着的价值意义是什么，每天的生活行尸走肉，如果是这样，还不如早点结束”。所以他们倾向于以不用那么痛苦和惨烈的方式来结束自己，比如烧炭、自缢、服药。

通常这些来访者出现这样的问题已经不是一两天。可能从初中、高中，甚至更早就开始有这样的迷茫，可能他之前已经有过尝试自杀的行为。

最后，传统心理治疗疗效不佳。他们的问题大概不是通过改变负性认知

① 徐凯文：《时代空心病与焦虑经济学》，2016 年第九届新东方家庭教育高峰论坛主题演讲。

就可以解决的，甚至不是去研究他们原生家庭的问题，和早期创伤可以解决的——你会发现他们和父母的关系不错，虽然也有这样那样的冲突，但是总的来说不是那种典型父母离异、早期依恋、早期寄养的问题。

测一测

由于每个人在家庭环境、教育环境、兴趣爱好、能力结构、社会经历以及人格特征等方面不尽相同，因此最适合从事的工作也不一样。择业的抉择为何如此困难？因为这一抉择涉及人的多种心理因素：是否喜欢某职业与职业兴趣有关；是否有能力做好某一工作与职业能力有关；某职业和自己的个性是否相符与职业人格有关。然而，许多人对自己这几方面的特点并不十分了解，工作后，或者力不从心，或者毫无兴趣，或者与同事水火不容。结果既做不好工作，又浪费人才。这套"职业价值观自测量表"正是为了使你更好地了解自己而设计的。

职业价值观自测量表

请根据自己的实际情况或想法，在题目后面圈出相应的那一个字母。A为"非常重要"，计5分；B为"比较重要"，计4分；C为"一般"，计3分；D为"较不重要"，计2分；E为"很不重要"，计1分。

1. 你的工作必须经常解决新的问题。 A B C D
2. 你的工作能为社会福利带来看得见的效果。 A B C D
3. 你的工作奖金很高。 A B C D
4. 你的工作内容经常变换。 A B C D
5. 你能在你的工作范围内自由发挥。 A B C D
6. 工作能使你的同学、朋友非常羡慕你。 A B C D
7. 工作带有艺术性。 A B C D
8. 你的工作能使人感觉到你是团体中的一分子。 A B C D
9. 不论你怎么干，你总能和大多数人一样晋级和涨工资。 A B C D
10. 你的工作使你有可能经常变换工作地点、场所或方式。 A B C D
11. 在工作中你能接触到各种不同的人。 A B C D
12. 你的工作上下班时间比较随便、自由。 A B C D
13. 你的工作使你不断获得成功的感觉。 A B C D
14. 你的工作赋予你高于别人的权力。 A B C D
15. 在工作中，你能试行一些自己的新想法。 A B C D

16. 在工作中你不会因为身体或能力等因素，被人瞧不起。 A B C D

17. 你能从工作的成果中，知道自己做得不错。 A B C D

18. 你的工作经常要外出，参加各种集会和活动。 A B C D

19. 只要你干上这份工作，就不再被调到其他意想不到的单位和工种上去。 A B C D

20. 你的工作能使世界更美丽。 A B C D

21. 在你的工作中，不会有人常来打扰你。 A B C D

22. 只要努力，你的工资会高于其他同年龄的人，升职或涨工资的可能性比干其他工作大得多。 A B C D

23. 你的工作是一项对智力的挑战。 A B C D

24. 你的工作要求你把一些事务管理得井井有条。 A B C D

25. 你的工作单位有舒适的休息室、更衣室、浴室及其他设备。

A B C D

26. 你的工作让你有可能结识各行各业的知名人物。 A B C D

27. 在你的工作中，能和同事建立良好的关系。 A B C D

28. 在别人眼中，你的工作是很重要的。 A B C D

29. 在工作中你经常接触到新鲜的事物。 A B C D

30. 你的工作使你能常常帮助别人。 A B C D

31. 你在工作单位中，有可能经常变换工作。 A B C D

32. 你的作风使你被别人尊重。 A B C D

33. 同事和领导人品较好，相处比较随便。 A B C D

34. 你的工作会使许多人认识你。 A B C D

35. 你的工作场所有适度的灯光，安静、清洁，甚至有恒温、恒湿等优越的条件。 A B C D

36. 在工作中，你为他人服务，使他人感到很满意，你自己也很高兴。

A B C D

37. 你的工作需要计划和组织别人的工作。 A B C D

38. 你的工作需要敏锐的思考。 A B C D

39. 你的工作可以使你获得较多的额外收入，比如：常发实物、常购买打折扣的商品，常发商品的提货券，有机会购买进口货等。 A B C D

40. 在工作中你是不受别人差遣的。 A B C D

41. 你的工作结果应该是一种艺术而不是一般的产品。 A B C D

42. 在工作中不必担心会因为所做的事情领导不满意而受到训斥或经济

惩罚。 A B C D

43. 在你的工作中能和领导有融洽的关系。 A B C D

44. 你可以看见你努力工作的成果。 A B C D

45. 在工作中常常要你提出许多新的想法。 A B C D

46. 由于你的工作，经常有许多人来感谢你。 A B C D

47. 你的工作成果常常能得到上级、同事或社会的肯定。 A B C D

48. 在工作中，你可能做一个负责人，虽然可能只领导很少几个人，你信奉“宁做兵头，不做将尾”的俗语。 A B C D

49. 你从事的那种工作，经常在报刊、电视中被提到，因而在人们的心目中很有地位。 A B C D

50. 你的工作有数量可观的夜班费、加班费、保健费或营养费等。 A B C D

51. 你的工作比较轻松，精神上也不紧张。 A B C D

52. 你的工作需要和影视、戏剧、音乐、美术、文学等艺术打交道。 A B C D

评分与评价：上面的52道题分别代表13项工作价值观。请根据下面每一项前面的题号汇总其得分，然后依次列出得分最高和最低的3项，以分析你的工作价值观。

(1)利他主义(　　)。说明：工作的目的和价值在于直接为大众的幸福和利益尽一份力。题号：2,30,36,46。

(2)美感(　　)。说明：工作的目的和价值在于能不断地追求美的东西，得到美的享受。题号：7,20,41,52。

(3)智力刺激(　　)。说明：工作的目的和价值在于不断进行智力的操作，动脑思考、学习以及探索新事物，解决新问题。题号：1,23,38,45。

(4)成就感(　　)。说明：工作的目的和价值在于不断创新，取得成就，不断得到领导与同事的赞扬或不断实现自己想要做的事。题号：13,17,44,47。

(5)独立性(　　)。说明：工作的目的和价值在于能充分发挥自己的独立性和主动性，按自己的方式、步调或想法去做，不受他人的干扰。题号：5,15,21,40。

(6)社会地位(　　)。说明：工作的目的和价值在于所从事的工作在人们心目中有较高的社会地位，从而使自己得到他人的重视与尊重。题号：6,23,32,49。

(7)管理(　　)。说明：工作的目的和价值在于获得对他人或某事物的管理支配权，能指挥或调遣一定范围内的人或事。题号：14，24，37，48。

(8)经济报酬(　　)。说明：工作的目的和价值在于获得优厚的报酬，使自己有足够的财力去获得自己想要的东西，使生活过得较为富足。题号：3，22，39，50。

(9)社会交际(　　)。说明：工作的目的和价值在于能和各种人交往，建立比较广泛的社会联系和关系，甚至能和知名人物结识。题号：11，18，26，34。

(10)安全感(　　)。说明：不管自己能力怎样，希望在工作中有一个安稳的局面，不会因为奖金、工资，来调动工作，不想因为领导训斥经常提心吊胆、心烦意乱。题号：9，16，19，42。

(11)舒适(　　)。说明：希望能将工作作为一种消遣、休息或享受的形式，追求比较舒适、轻松、自由、优越的工作条件和环境。题号：12，25，35，51。

(12)人际关系(　　)。说明：希望一起工作的大多数同事和领导人品较好，相处在一起感到愉快、自然，认为这就是很有价值的事，是一种极大的满足。题号：8，27，33，43。

(13)变异性(　　)。说明：希望工作的内容经常变换，使工作和生活显得丰富多彩，不单调枯燥。题号：4，10，29，31。

读一读

青年在选择职业时的考虑①

自然本身给动物规定了它应该遵循的活动范围，动物也就安分地在这个范围内活动，不试图越出这个范围，甚至不考虑有其他什么范围的存在。神也给人指定了共同的目标——使人类和他自己趋于高尚。但是，神要人自己去寻找可以达到这个目标的手段；神让人在社会上选择一个最适合于他、最能使他和社会都得到提高的地位。

能有这样的选择是人比其他生物远为优越的地方，但是这同时也是可能毁灭人的一生、破坏他的一切计划并使他陷于不幸的行为。因此，认真地考虑这种选择——这无疑是开始走上生活道路而又不愿拿自己最重要的事业去碰运气的青年的首要责任。

每个人眼前都有一个目标，这个目标至少在他本人看来是伟大的，而且如果最深刻的信念，即内心深处的声音认为这个目标是伟大的，那它实际上也是

① 《马克思恩格斯论教育》，人民教育出版社1958年版，第45～49页。

伟大的。

但是，这声音很容易被淹没。我们认为是灵感的东西可能须臾而生，同样可能须臾而逝。也许，我们的幻想油然而生，我们的感情激动起来，我们的眼前浮想联翩，我们狂热地追求我们以为是神本身给我们指出的目标。但是，我们梦寐以求的东西很快就使我们厌恶——于是我们的整个存在也就毁灭了。

因此，我们应当认真考虑：所选择的职业是不是真正使我们受到鼓舞？我们的内心是不是同意？我们受到的鼓舞是不是一种迷误？我们认为是神的召唤的东西是不是一种自欺？但是，不找出鼓舞的来源本身，我们怎么能认清这些呢？

伟大的东西是光辉的，光辉则引起虚荣心，而虚荣心容易给人鼓舞或者是一种我们觉得是鼓舞的东西；但是，被名利弄得鬼迷心窍的人，理智已无法支配他，于是他一头栽进那不可抗拒的欲念驱使他去的地方；他已经不再自己选择他在社会上的地位，而听任偶然机会和幻想去决定它。

我们的使命绝不是求得一个最足以炫耀的职业，因为它不是那种使我们长期从事而始终不会感到厌倦、始终不会松动、始终不会情绪低落的职业，相反，我们很快就会觉得，我们的愿望没有得到满足，我们理想没有实现，我们就将怨天尤人。

但是，不只是虚荣心能够引起对这种或那种职业突然的热情。也许，我们自己也会用幻想把这种职业美化，把它美化成人生所能提供的至高无上的东西。我们没有仔细分析它，没有衡量它的全部分量，即它让我们承担的重大责任。我们只是从远处观察它，然而从远处观察是靠不住的。

在这里，我们自己的理智不能给我们充当顾问，因为它既不是依靠经验，也不是依靠深入的观察，而是被感情欺骗，受幻想蒙蔽。然而，我们的目光应该投向哪里呢？在我们丧失理智的地方，谁来支持我们呢？

是我们的父母，他们走过了漫长的生活道路，饱尝了人世的辛酸——我们的心这样提醒我们。

如果我们通过冷静的研究，认清所选择的职业的全部分量，了解它的困难以后，我们仍然对它充满热情，我们仍然爱它，觉得自己适合它，那时我们就应该选择它，那时我们既不会受热情的欺骗，也不会仓促从事。

但是，我们并不能总是能够选择我们自认为适合的职业，我们在社会上的关系，还在我们有能力对它们起决定性影响以前就已经在某种程度上开始确立了。

我们的体质常常威胁我们，可是任何人也不敢藐视它的权利。

诚然，我们能够超越体质的限制，但这么一来，我们也就垮得更快。在这种情况下，我们就是冒险把大厦筑在松软的废墟上，我们的一生也就变成一场精神原则和肉体原则之间的不幸的斗争。但是，一个不能克服自身相互斗争的因素的人，又怎能抗拒生活的猛烈冲击，怎能安静地从事活动呢？只有从安静中才能产生伟大壮丽的事业，安静是唯一生长出成熟果实的土壤。

尽管我们由于体质不适合我们的职业，不能持久地工作，而且工作起来也很少乐趣，但是，为了恪尽职守而牺牲自己幸福的思想激励着我们不顾体弱去努力工作。如果我们选择了力不能胜任的职业，那么我们决不能把它做好，我们很快就会自愧无能，并对自己说，我们是无用的人，是不能完成自己使命的社会成员。由此产生的必然结果就是妄自菲薄。还有比这更痛苦的感情吗？还有比这更难于靠外界的赐予来补偿的感情吗？妄自菲薄是一条毒蛇，它永远啮噬着我们心灵，吮吸着其中滋润生命的血液，注入厌世和绝望的毒液。

如果我们错误地估计了自己的能力，以为能够胜任经过周密考虑而选定的职业，那么这种错误将使我们受到惩罚。即使不受到外界指责，我们也会感到比外界指责更为可怕的痛苦。

如果我们把这一切都考虑过了，如果我们生活的条件容许我们选择任何一种职业，那么我们就可以选择一种能使我们最有尊严的职业；选择一种建立在我们深信其正确的思想上的职业，选择一种能给我们提供广阔场所来为人类进行活动、接近共同目标（对于这个目标来说，一切职业只不过是手段），即完美境地的职业。

尊严就是最能使人高尚起来，使他的活动和他的一切努力具有崇高品质的东西，就是使他无可非议，受到众人钦佩并高出于众人之上的东西。

但是，能给人以尊严的只有这样的职业。在从事这种职业时，我们不是作为奴隶般的工具，而是在自己的领域内独立地进行创造。这种职业不需要有不体面的行动（哪怕只是表面上不体面的行动），甚至最优秀的人物也会怀着崇高的自豪感去从事它。最合乎这些要求的职业，并不一定是最高的职业，但总是最可取的职业。

但是，正如有失尊严的职业会贬低我们一样，那种建立在我们后来认为是错误的思想上的职业也一定使我们感到压抑。

这里，我们除了自我欺骗，别无解救办法，而以自我欺骗来解救又是多么糟糕！

那些不是干预生活本身，而是从事抽象真理研究的职业，对于还没有坚定的原则和牢固、不可动摇的信念的青年是最危险的。同时，如果这些职业在我们心里深深地扎下了根，如果我们能够为它们的支配思想牺牲生命、竭尽全力，这些职业看来似乎还是最高尚的。

这些职业能够使才能适合的人幸福，但也必定使那些不经考虑、凭一时冲动就仓促从事的人毁灭。

相反，重视作为我们职业的基础的思想，会使我们在社会上占有较高的地位，提高我们本身的尊严，使我们的行为不可动摇。

一个选择了自己所珍视的职业的人，一想到他可能不称职时就会战战兢兢——这种人单是因为他在社会上所居地位是高尚的，他也就会使自己的行为保持高尚。

在选择职业时，我们应该遵循的主要原则是人类的幸福和我们自身的完美。不应认为这两种利益是敌对的，互相冲突的，一种利益是必须消灭另一种的。人类的天性本来就是这样的：人们只有为同时代人的完美，为他们的幸福而工作，才能使自己也达到完美。

如果一个人只为自己劳动，他也许能够成为著名的学者、大哲人、卓越诗人，然而他永远不能成为完美无疵的伟大人物。

历史承认那些为共同目标劳动因而自己变得高尚的人是伟大人物；经验赞美那些为大多数人带来幸福的人是最幸福的人；宗教本身也教诲我们，人人敬仰的理想人物，就曾为人类牺牲了自己——有谁敢否定这类教诲呢？

如果我们选择了最能为人类福利而劳动的职业，那么，重担就不能把我们压倒，因为这是为大家而献身。那时我们所感到的就不是可怜的、有限的、自私的乐趣，我们的幸福将属于千百万人，我们的事业将默默地、但是永恒发挥作用地存在下去，面对我们的骨灰，高尚的人们将洒下热泪。

第六章　责任担当

【学习目标】

1. 增强对责任担当的认识与了解。
2. 通过练习掌握责任担当的自我训练方法。
3. 通过实践增强个人责任担当的能力。

【案例】

基本情况：在某大学，两名女生在宿舍里打了起来，究竟是什么原因呢？小吕因为小柳早上使用台灯时光线太亮，照到了自己，影响自己睡觉，于是提醒小柳把台灯调暗。小柳没有照做，二人发生了口角，情急之下就打了起来。两人其实积怨已久，小吕是宿舍长，并安排了宿舍值日，小柳经常找理由不做，舍友反复提醒她也不愿完成自己的任务，有时甚至拖到凌晨 12 点，说："已经到了第二天了，该下一位同学值日了。"宿舍同学都渐渐对她产生了不满。

分析：小吕和小柳为何会积怨已久，甚至发生肢体冲突？我们可以看到他们在公共的生活空间里，因为有人没有承担起自己相应的责任，而给其他人的生活带来了不便，多次沟通无果埋下了怨愤的种子。当然肢体冲突并不是解决问题的合理办法，需要引导学生承担起自己的责任，营造和谐友爱的宿舍氛围。2015 年，中国青年报社会调查中心通过问卷网对 1 355 名大学生进行的调查显示，70.5%的受访学生曾为寝室矛盾而感到烦恼，67.6%的受访学生曾想调换寝室。导致寝室矛盾的主因是生活习惯不同，室友间缺乏沟通，性格不合。当几位大学生共同生活在宿舍这一公共空间里时，就有了舍友的角色，也有了与舍友相对应的责任。每个人要承担起照顾好自己的责任，要承担起面向宿舍这一公共生活空间的责任，而每个人承担自己的生活责任是建立和谐宿舍关系的前提和基础。宿舍生活看似是一件小事，却可以折射出每个人的责任担当意识。

【理论知识点】

党的十九大报告指出："青年兴则国家兴，青年强则国家强。青年一代有理想、有本领、有担当，国家就有前途，民族就有希望。"当今社会各种各样的文化思潮涌入青年大学生的生活，面对诸如"佛系""啃老""娱乐至上"等各种社会现象，处于世界观、人生观和价值观形成关键阶段的大学生们要如何培养自己的责任担当意识，又如何把自己的责任担当与国家民族复兴紧密结合起来便十分重要。

一、责任担当的概念

责任担当属于道德哲学中的一个范畴，是基于角色与任务的功能性概念，是指个体作为社会关系中的一员，对社会行为规范的体验与实践，以及对相应行为后果的承担。这个概念包含三个方面：一是个体应当履行的义务，即应该做的事；二是个体要对自己行为的实施承担后果，即在责任面前不回避，不推诿；三是指对责任主体行为的评价。大学生是未来社会的中坚力量，社会发展的栋梁，他们的责任担当水平，在某种程度上将直接影响未来几十年内社会主导责任担当的价值取向。大学阶段是大学生的思想趋于成熟和稳定的关键时期，他们的世界观、价值观、人生观都还没有定型，具有可塑性。所以，大学阶段是塑造和培育大学生责任担当的重要阶段。

责任担当的构成要素可以概括为四个方面：责任担当认识、责任担当情感、责任担当意志和责任担当行动。责任担当认识是对责任担当行为的感知与了解，主要表现为对责任担当知识的理解与掌握，是构成责任担当的基础因素。责任担当情感主要是对责任担当行为的思考与感觉，主要表现为对责任担当的认同与维护，是构成责任担当的动力因素。责任担当意志是自觉地确定责任担当行为的目的，并根据目的调节支配自身的行动，克服困难，去实现预定目标的心理倾向。其主要表现为责任担当过程中的稳定性和一致性，是构成责任担当的维持因素。责任担当行动是对责任担当的做法与实践，主要表现为具体的实践过程，是构成责任担当的落实因素。

责任认同①是责任担当内化的重要环节。认同，简单而言，就是认可、同意、接受的意思，是一种满足个人归属感的心理机制，是个体潜意识地对某一对象的认可、模仿过程。从心理学上讲，认同是一个过程，是一个将外在的理

---

① 参见李建华：《情感认同与价值观认同》，《光明日报》2018年5月28日。

念、标准内化于心、外化于行的社会心理过程。而价值认同，是人们对某类价值观念的认可，并形成产生相应行为的过程。价值认同是情感认同的基本内容，而情感认同又是实现价值认同的关键，二者常常合二为一，没有情感认同，就没有真正的价值认同。

从微观层面来看，情感是人性的重要组成部分，情感的存在与个体的人的存在密切相关，一个人的情感结构决定了一个人的存在范畴；而从宏观层面来看，情感与人类社会的发展息息相关，情感是推动社会变革的重要力量，更是人类社会结构和社会文化生成的承担者。

二、责任担当的发展阶段①

心理学家皮亚杰通过对儿童早期责任感的研究，揭示了责任担当发展的他律向自律发展的阶段特点。他认为“儿童责任感最早期的形式实质上是他律的性质”，有以下几个显著特征：首先，责任本质上是受外界支配的，任何服从于规则或成人的行为都是好的，而无论成人命令的具体内容是什么，规则的内容是什么，对于儿童来讲，它就是权威，是必须遵从的，所以“好”就被严格定义为“服从”。其次，他律性的责任感要求尊重规则的词句，而不是它的精神。再次，对行为的评价，不是根据激起行为的动机，而是根据行为是否严格地符合现有的规则。儿童的早期责任感是建立在一定的权威、规则和外力强迫之上的，表现出被动性、服从性的特点。

而高级阶段的责任意识是自律性质的，体现的是一种内在的约束力量，表现出主动性和自觉性的特征，是责任主体自觉自愿的行为，责任主体的行为没有受到权威逼迫或规范制约，而是完全出于自己的“内心法则”。作为他律阶段的责任意识，无论责任主体怎样尽职去完成和达到它，它终究是一种外在于责任主体的“异己”力量。自律的责任意识则是外在的责任、道德规范与个体需要的统一，社会所赋予的责任和道德原则与个体的道德需要在统一协调的基础之上形成个体内在的道德需要，从而形成深刻的道德责任意识。由他律到自律的转化过程，是责任主体将社会所赋予的责任或道德规范内化于心、外化于行的过程。经过这样一个发展转化过程，社会责任意识才真正形成。

三、常见的责任担当问题

整体来说，当前大学生责任担当意识的主流是积极向上的。他们对祖国、

① 参见[瑞士]让·皮亚杰：《儿童的道德判断》，傅统先、陆有铨译，山东教育出版社1984年版，第124～125页。

民族、社会和亲人深怀热爱，生活乐观自信，敢于承担责任；他们重视自我价值，张扬个性，对事业、人生有较深刻的理解。但也有部分学生的责任担当行为不同程度上具有实用性、利己性和矛盾性。

当代大学生作为社会的精英群体，是国家的栋梁、民族的希望，责任担当意识应是每个当代大学生必须具备的重要素质。大学生的责任担当意识是大学生做任何事情的出发点，是各种责任感的生命线、核心和灵魂。然而，在当今社会现实环境中，受到各种因素的影响，导致目前一些大学生的责任担当意识弱化，责任感不强，尽责态度不够端正，责任能力有待进一步提高，行为失范的现象时有发生。因此，加强大学生的责任教育，为构建和谐社会培养更多有责任心的高素质人才，是应当引起高度关注和亟待解决的问题。

1. 责任担当问题的表现

如果大学生注重自我发展，轻视社会需要，责任教育面临的挑战之一就是以自我为重心的个人主义。当代大学生普遍比较注重自己利益和价值的实现，在做出人生重大决定时往往是出于自身的某种需要，而对“自己决定”与“社会与国家需要”之间的相关性没有明确的认识，整体体现出对社会需要和责任相对漠视的态度。很多大学生以自我为中心，加之对社会现实认识不清，因而很难形成准确的自我判断，自我定位的错误容易造成责任教育的效果不佳。

如果大学生受功利主义思想影响，过分注重金钱利益，责任教育面临的挑战之二就是以金钱为重心的拜金主义。社会对于金钱的追求是市场经济的必然结果，金钱不是万能的，随着社会转型的加剧，功利主义等不良社会思潮的泛滥，很多大学生往往将自己的“自我实现”演变成一种纯粹的个人利益追求，过度的个人利益追求又转变为一种普遍的利己主义，从这样的现象我们不难看出，对金钱的过分推崇使其很难关注金钱之外的自身事务和社会事务，也很难具有更高的自我追求和价值追求，进而造成行为上的失范。

如果大学生责任主体意识缺失，责任教育面临的挑战之三就是大学生普遍的责任主体意识淡漠。很多大学生往往对自由过度追求和向往，社会的高强压力使他们很难有更多精力去关注到自身之外的人或物，甚至有很多大学生对国家大事和日常新闻极少关注。长此以往，自然而然就会对自身责任缺乏使命感，很难在追求自我价值的同时完成其他价值的实现。由于他们普遍忽视了自己需要在社会中担负一定的社会角色这一问题，没有树立应有的责任意识，缺乏承担责任行为的动力，因而更不可能自觉自愿、积极主动地履行责任。

2. 责任担当问题产生的原因

一是学校教育。长期以来，中小学教育大都采用应试教育模式，对学生德育教育重视力度不够。虽然这些年基础教育阶段越来越重视素质教育，但德育教育的形式多为“标语”和“口号”，教育效果并不显著。基础教育阶段还没有建立有效的、系统的责任担当教育体制。而在大学教育中，主要是关注学科建设本身，对于责任教育的理论研究和培养体系、考核标准都缺乏深入研究。培养内容多侧重于完善和完美的人，用太过完美的标准来要求学生，割裂了个体和集体的关系，忽视了理想与现实的差距，不利于实际生活中学生责任感的培养。

在已有的责任担当教育中，也存在着重认识，少情感、行为教育的现象，这就形成了学生成为了责任担当的理论家，而非实践者的现实现象。

二是家庭教育。回顾个人成长教育过程，家庭教育在学前占据的客观比例会更高，而进入学龄期后，学校教育占据了更重要的部分。在当下整体教育环境下，在学龄期相当长的时间内，家庭教育事实性地成为了学校教育的辅助，面向个体的学校教育知识的获得以及其他技能的获得，而对于责任担当等道德人格的培养存在忽视的现象。

三是社会环境。社会转型主要是指体制转型、社会结构变动和社会形态变迁。我国当代社会正处于转型时期。中国是具有五千年悠久历史的文明古国，传统的道德文化形成了特有的价值体系，形成了“以天下为己任”的社会责任伦理。但随着信息技术高速发展和社会矛盾尖锐化所带来的社会经济制度的转型，经济结构、利益分配和价值观念的多元化，使得人们的道德观念发生了很大的变化，多种价值标准和道德标准发生碰撞和融合，社会中各种道德失范现象严重，这些可能会错误引导大学生的责任担当意识与行为，使得他们不再以传统标准来规范自己的行为。同时，当今社会虚拟网络文化的发展在给大学生带来便利快捷的同时，一系列负面影响也接踵而至。

读一读

习近平给北京大学援鄂医疗队全体“90后”党员的回信①

北京大学援鄂医疗队全体“90后”党员：

来信收悉。在新冠肺炎疫情防控斗争中，你们青年人同在一线英勇奋战的广大疫情防控人员一道，不畏艰险、冲锋在前、舍生忘死，彰显了青春的蓬勃力量，交出了合格答卷。广大青年用行动证明，新时代的中国青年是好样的，

① 《习近平给北京大学援鄂医疗队全体“90后”党员的回信》，新华网，http://www.xinhuanet.com/politics/2020-03/16/C_1125719125.htm，(2020-03-16)〔2020-9-30〕。

是堪当大任的！我向你们、向奋斗在疫情防控各条战线上的广大青年，致以诚挚的问候！

青年一代有理想、有本领、有担当，国家就有前途，民族就有希望。希望你们努力在为人民服务中茁壮成长，在艰苦奋斗中砥砺意志品质，在实践中增长工作本领，继续在救死扶伤的岗位上拼搏奋战，带动广大青年不惧风雨、勇挑重担，让青春在党和人民最需要的地方绽放绚丽之花。

习近平

2020 年 3 月 15 日

“90 后”党员吴文芳：勇进“红区”，白袍为甲奋战 72 天①

作出决定只用了十几秒，但之后的 72 天，吴文芳在武汉经历了生死考验。

1 月 24 日，除夕，北大人民医院呼吸与危重症医学科主管护师吴文芳上的是夜班。按原计划，她会在第二天出现在家里的团圆饭桌上，但在去高铁站的路上，她看到了国家医疗队驰援湖北的征集令。

只考虑了十几秒，她就给护士长发消息：“我是党员，我要去！”然后退票，拉上行李箱回了医院。

当天晚上，她翻来覆去睡不着，提前准备好的行李箱被她装上又打开，如此反复了好几次，生怕遗漏了什么。大年初二，经过简短的培训和动员仪式，她就随队出发了。当晚 6 时许，她作为国家医疗队第一批援鄂队员抵达武汉。

封城后的武汉湿漉漉的，空气中弥漫着消毒水的气味。街上空无一人，连车都很少见。然而，救治患者刻不容缓，吴文芳成了第一批进入隔离病房的援鄂医疗队员。

她和同事们被派往华中科技大学同济医院中法新城院区。刚进隔离病房时，尽管有防护服、口罩、手套的层层防护，她也不敢大口呼吸。戴上护目镜、眼罩，眼前总是容易一片雾水，视线几乎完全被遮挡住。

护士要做的事情太多了。照顾患者，打针发药，从一日三餐到大小便都要管。有时，吴文芳拎着两个水壶去病房，在路上都会喘得不行，必须停下来休息好一会儿。

由于第一批进“红区”，他们没有多少经验可参考，物资也一度供应不足。刚到武汉的前两周，许多人都睡不好觉，焦虑、紧张、恐惧的情绪萦绕着几乎每

---

① 《给习总书记写信的 90 后党员吴文芳：勇进“红区”白袍为甲奋战 72 天》，中国青年网，http://news.youth.cn/sz/202005/t202005/t20200502-12312684.htm，(2020-05-02)〔2020-09-30〕。

个人。

患者给了这群年轻医护人员很大的勇气和鼓励。吴文芳清楚地记得，她照护的 23 床是一个老爷爷，80 多岁了，开口的第一句话总是叫人“老师”，最后一句话总是不忘“谢谢”，有时医护人员帮他拿东西，他总说“我自己来”。她说：“这个白发苍苍的老爷爷对我们的这种敬意，让我们特别感动。”

有一天，吴文芳照常去病房发早餐，一打开门就看到 16 床的年轻人坐在床尾吃早餐。看到护士进来，患者赶紧手忙脚乱地抓起一个口罩捂在嘴上，但嘴里的食物还塞得满满当当。画面有些滑稽，但每每想起这一幕，她都眼眶湿润。

还有一个 24 岁的年轻人，出院后听说康复期患者的血浆能救人，就通过电话、微信不停咨询。在出院后隔离即将期满时，又发来微信：“我在网上看到同济中法医院还在接收转运新冠肺炎重症患者，但我要去江岸区的医院复查，如果我在那边献血，你们能收到吗，能用得上吗？”

“这样的点点滴滴，让我们觉得付出特别值得。”吴文芳说，“有了患者的感谢、敬意，医护人员遇到再大的困难都不怕了。”

靠着逐渐摸索，援鄂医护人员克服重重障碍，慢慢总结了对危重症患者的治疗和护理方法。吴文芳也经历了 3 个病区，在许多人的共同努力下，很多危重症患者核酸检测结果转阴性，陆续出院，恢复健康。

但新冠肺炎是个狡猾的敌人，病魔来临总是让人措手不及。有一个 80 多岁的老人，血氧饱和度一直不太高，轮班的每个医护人员都熟悉她的病情，轮流调试呼吸机，还留了尿管。有一天下班后，吴文芳突然听到同事说，这位大家最关心、最挂念的老奶奶突然就没挺过去，临走时眼角还挂着两行泪水。

因为传染病的特殊性，许多患者走得悄无声息。无论是家属还是医护人员，都很少与去世的患者正式道别。

4 月 4 日全国哀悼日，吴文芳和同事们赶回同济医院，在那里为逝去的同胞们举办了一场特殊的默哀仪式。

在武汉的 72 天，吴文芳感觉自己收获最多的是成长和历练。最有经验的护士长经历过 2003 年的重症急性呼吸综合征（SARS）疫情，“有她在我就不害怕”；最年轻的同事是 1997 年出生的护士。作为“承上启下”的主管护师，有着三年半的临床经验，她明白自己应该承担更多。

白袍为甲入荆楚。这些奋战在抗疫一线的“90 后”，并没有想过个人利益的得失。3 月 11 日，吴文芳作为北京大学 3 家附属医院援鄂医疗队的 34 名“90 后”党员之一，参与给习近平总书记写信道：“我们用实际行动证明，我们不是‘娇滴滴的一代’！我们不怕苦，不怕牺牲，争做共和国的脊梁！”

“广大青年用行动证明，新时代的中国青年是好样的，是堪当大任的！”3 月

15日，习近平总书记在给“90后”党员的回信中说。

“总书记的回信让我倍感温暖，也备受勉励！”党龄将近9年的吴文芳表示，“参与抗疫是党员义不容辞的责任，也是青春时光里难得的经历。”

1990年出生的吴文芳说，在国家和人民最需要的地方献身奋斗，是前辈们的成长路径，也是自己这一辈人交出的答卷。“90后”已不再是长辈眼中的稚嫩少年，年轻一代已逐步成长为可以勇担重任的蓬勃力量。

在抗疫一线奋战72天后，迎接吴文芳和同事们的是灿烂的春天。在武汉的最后几天，天气很暖和，同济医院中法新城院区内有很多花都开了。虽然并不认识都是什么花，但吴文芳觉得“光是看到花开就觉得心情超级好”。

离开武汉的前一天，同济医院中法新城院区的医护人员为援鄂医疗队举办了简洁的欢送仪式。一同奋战的医护人员合影后拥抱在一起，哭得泣不成声。

在去往机场的大巴车上，吴文芳看到在街道上、马路边以及住宅楼的阳台上，都挤满了居民，每个人都依依不舍地向他们挥手道别。

援鄂医疗队陆续撤离后，武汉解封重启。5月1日，吴文芳看到一条好消息，“5月2日0时起，湖北省一级响应降为二级”。而她，在青年节后，也要带着在武汉珍贵的记忆回到北京大学人民医院开始日常工作。

【训练实施】

单元一：责任担当意识

目标：让学生在体验中增加对自身责任担当意识的了解与训练。其具体内容与操作如表6-1-1所示。

表6-1-1　　关于实现责任担当意识的训练

活动名称	基本设置	操作步骤
1. 生活中的责任与担当	**目的**：通过对近期生活事件的回顾，增加对责任担当意识的了解。 **准备**：“生活中的责任与担当”练习(6-1-1)纸。 **时长**：约15分钟。	(1)想一想：每位同学回忆过去一周里发生的印象深刻的事情。在这件事情中自己的责任是什么？讲一讲任务完成的情况、执行任务过程中自己的感受。 (2)写一写：将上述内容写在练习纸上。 (3)说一说：每位同学在小组内分享自己的故事，体会责任与担当。

续表

活动名称	基本设置	操作步骤
2. 角色、任务、目标色彩盘	**目的**:通过分析自己的角色、任务与目标,增强对与之对应的责任与担当的认识。 **准备**:"责任色彩盘"练习(6-1-2)纸。 **时长**:约 15 分钟。	(1)想一想:尽可能多地想出自己现有的身份、角色,自己曾经承担过的重要的项目或者任务,自己未来的目标、期望或者理想。 (2)写一写:请将上述内容写在练习纸上。 (3)说一说:小组内分享,了解小组成员的角色、任务与目标。
3. 我的责任清单	**目的**:通过列出责任担当清单,弄清责任与担当的构成要素、训练方向。 **准备**:"我的责任清单"(练习 6-1-3)。 **时长**:约 30 分钟。	(1)想一想: ①我基于角色的责任; ②我基于任务的责任; ③我基于目标价值的责任; ④我关于责任的知识、技巧和意愿是什么? ⑤我面对责任的基本行动是什么? (2)写一写:根据表格提示完成填写。 (3)说一说:小组内分享。
4. 对不起,我错了	**目的**:通过在游戏中说"对不起,我错了"唤起责任担当意识。 **时长**:约 20 分钟。	(1)学生在比较空的场地围成一圈。 (2)学生按照体操队形站立,站 4～5 排,每排 4～5人,前排侧平举,后排前平举。 (3)主持人发出口令:主持人喊"1"时,举左手;喊"2"时,举右手;喊"3"时,抬左脚;喊"4"时,抬右脚;喊"5"时,不动。学生按要求做,主持人和不参加游戏的同学做监督者。 (4)当出错时,出错的人要走出来站到大家面前先鞠一躬,然后举起右手高声说:"对不起,我错了!"出错的同学退出,游戏重新开始,以此循环,可根据实际情况选择终止,也可直到剩下最后一个同学。 (5)集体分享感受。

练习 6-1-1

生活中的责任与担当

____

____

____

____

练习 6-1-2

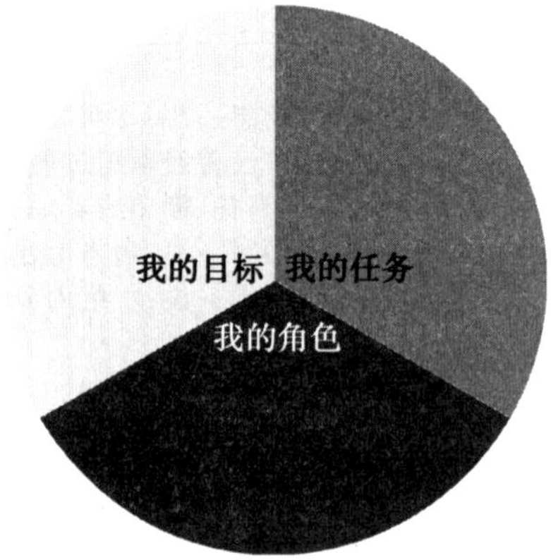

图 6-1-1 责任色彩盘

练习 6-1-3

我的责任清单

责任训练包含三个主要内容:知识、技巧与意愿。三者缺一不可。所谓知识,就是责任是什么,为什么执行责任;技巧是指如何执行责任;意愿是指想要执行责任。同时将如何执行细化为初步的计划,并对计划的执行进行记录与反馈调整,构成完成的责任清单,如表 6-1-2 所示。

表 6-1-2　　我的责任清单

责任	知识	技巧	意愿	初步计划	行动记录	自我反馈	小组反馈
1							
2							
3							

知识链接——“责任分散效应”

从前有座山，山上有座小庙，庙里有个小和尚。他每天挑水、念经、敲木鱼，给观音菩萨案桌上的净水瓶添水，夜里不让老鼠来偷东西，生活过得安稳自在。

不久，来了个高和尚。他一到庙里，就把半缸水喝光了。小和尚叫他去挑水，高和尚心想一个人去挑水太吃亏了，便要小和尚和他一起去抬水。两个人只能抬一只水桶，而且水桶必须放在扁担的中央，这样才心安理得。这样总算还有水喝。

后来，又来了个胖和尚。他也想喝水，但缸里没水。小和尚和高和尚叫他自己去挑，胖和尚挑来一担水，立刻独自喝光了。从此谁也不挑水，三个和尚就没水喝。

大家各念各的经，各敲各的木鱼，观音菩萨面前的净水瓶也没人添水了，花草枯萎了。夜里老鼠出来偷东西，谁也不管。结果老鼠猖獗，打翻烛台，燃起大火。三个和尚这才一起奋力救火，大火扑灭了，他们也醒悟了。

从此三个和尚齐心协力，水自然就更多了。

责任分散效应也称为“旁观者效应”，是指对某一件事来说，如果是个体被要求单独完成任务，责任感就会很强，会做出积极的反应。但如果是要求一个群体共同完成任务，群体中个体的责任感就会很弱，面对困难或遇到责任往往会退缩。这是因为前者需要独立承担责任，而后者期望别人多承担点儿责任。“责任分散”的实质就是人多不负责，责任不落实。

当一个人单独进行选择的时候，他必须担当起所有的责任。但当大家组成一个团队，集体讨论问题的解决方法时，责任就被扩大化了。大家都有这样的思想：如果出了问题，责任是大家的，不是我一个人的。如果一个团队中每一位成员都存在这样的想法，那么由集体做出的决定往往更为冒险，这是值得我们提高警惕的。这就是所谓的责任分散效应。

并不是在所有的团队合作中都会产生责任分散的效应，在团队凝聚力强、合作意识坚实、合作机制健全的团队中，通过团队合作会产生巨大的工作效益。

读一读

青年的责任与担当

责任，是与角色、定位相关的功能性概念。在一定的角色基础上承担相应的责任。青年是从年龄角度对个体进行的角色定位，与之相对应的责任和使命除了共有的之外，年龄还赋予了责任和使命特殊的意义。对于角色，最朴素的理解就是“我是谁”的问题。“我是谁”是一个哲学的命题，自古以来，哲学家就呼唤人们认识自己。这个问题每个人都会有自己的思考，我想可以从五个层次探讨基于角色的责任与担当。

第一，从最外层的角度来看，我们是地球上的一个生命，是一个自认为特殊甚至是傲慢的生命。很大的一部分特殊在于，我们可以改变这个星球，我们会给这个星球造成很大的破坏，但是我们又能从一定程度上去修复它。电影《美人鱼》里面有这样一句台词：“如果世界上连一滴干净的水、一口新鲜的空气都没有，挣再多的钱，都是死路一条。”它给了我们很多的警醒。我们可以看到人类对于生态环境的破坏可能是毁灭性的，而修复它需要的是我们每一个人的努力。当然还有许多问题需要我们去关注，比如自然灾害问题、贫穷问题、教育问题、战争问题等。

有的同学会说，这些问题这么大，我怎么关注，不过是抱怨一下罢了。其实不然，我们可以做很多事情，呼吁就是之一。在电视节目《挑战不可能》中，有一位盲人挑战者，她已具备了很强的生活自理能力，但她在出行的时候仍会遇到很多问题，例如不能带导盲犬坐地铁。她开始呼吁，做宣传，做验证，最终认定导盲犬是可以乘坐地铁的，这就是呼吁的力量。同样，她能做和坚持的事情，我们也可以去做。我们可以从身边的事做起，不浪费水电，不胡吃海喝，不践踏草坪。有的人可能会说，我忘记关灯了，不就是几毛钱的事吗？这其实不是钱的问题，而是资源的问题，你是不在乎钱，但浪费的却是资源。对于资源的利用，或者说消费，或者说生活态度，其实应以节约为荣，不要贪多。

第二，我们是一个中国人。过年的时候去长辈家拜年，有一位长辈已经近90岁高龄，虽说耳朵聋了，但是说话中气十足，谈起当年的生活，大赞当下的生活水平，吃喝足够，要啥有啥，还有养老补贴，非常高兴，那种自豪感无法掩饰。但和年轻人聚在一起，大多听到的是抱怨，房子、车子、孩子处处都是压力，说好时候我们都没赶上。青年人有热血，有激情，有思想，如果跑偏了方向，就只能是“愤青”。我认为真正的“愤青”是遇到问题仗义执言，毫不留情，但是会想解决问题的办法。伪“愤青”，则只会跟着抱怨，然后自己该怎样还是怎样，甚至自己也做着抱怨的事情。热爱自己的祖国和人民，为国家和社会的发展尽一份力量，才是一个中国人的责任与担当。

第三，我们是一个孩子。除了极个别的父母之外，我们的父母都是在无私地为我们奉献着，但是我们能否同样无私地对待他们呢？父母为我们做饭，为我们担心，为我们规划未来，然而有些时候我们并不领情，并期望他们能给我们更大程度的自由，“你们管好自己的生活，我管好我自己的生活，我不能只为别人生活，我要追求自己想要的生活”。其实，他们何尝不想追求自己的生活，但是他们把我们的全部都考虑在了他们的生活当中。我们也应该把他们考虑在我们的生活当中，就像去年有个很火的演讲所说的“你陪我长大，我陪你变老”。《我这么努力，只是不想让父母再四处求人》中有一些话让我印象深刻，“爸妈，就业形势不好，我找不到工作”，“我们去找人帮忙给你介绍一个”；“爸妈，房价太贵，我买不起房”，“我们去借点给你凑凑”。也许你现在的努力不足以让父母过上锦衣玉食的生活，也许你现在的成就还不足以让父母向别人炫耀，但是请不要让父母因为你的不思进取而放下尊严去四处求人，请不要让父母因为你的懦弱而在别人面前扮演更懦弱的角色。希望你人生的缺口，不需要用父母的尊严来填补。

第四，你是一个学生。学生的主要任务是学习，但是现在“喜欢学习”似乎像是一句笑话。中学时追求满分的学生，到了大学却为了60分而要看别人脸色。有一次，在大学生心理健康教育课上，一位学生做自我介绍，说“我喜欢学习”，引起了同学们的哄堂大笑。非考试周时间偌大的教室里没有几个同学，用一个词形容——门可罗雀。相反，考试周时间，图书馆门前早早就排起了长龙，甚至有的同学为了占座而发生冲突，再用一个词形容——门庭若市。这“冰火两重天”的对比，相信在很多高校里都能见到，估计同学们从自己身上，也能感受到这种“空”与“满”的体会。平时上课时，脑袋就像白纸一样，大脑皮层的褶皱都变平坦了，什么都没有；到了期末考试，知识大爆炸，存得住英文单词，写得出分子式。这反映出了同学们的学习模式，平时很少学甚至不学，考试周疯狂突击式学习，整个考试周都把自己整得很狼狈，考试成绩也不理想。这样的学习状态如何能体现一名学生的责任与担当？如果学生是一份职业，这样的表现，估计已经被公司辞退很多次了。

第五，你是你自己。青年阶段，大学时期，可以说是你人生中最美好的阶段。从生理上来讲，你发育成熟，记忆能力和抽象思维能力都达到最佳状态，应该找到一切可以让自己成长的机会与平台，充分发掘自己的潜能。你有让自己在最美的年华绽放的责任。

青年的最大需求是发展，而责任与担当是立身之本。担当不是一种负担，而是对人能力的一种考验。如果你有维护世界和平的本领，就不要宅在家里休闲娱乐；如果你可以帮别人达成心愿，那就不要仅仅停留在让自己成功上；如果你能创造更多新的东西，那就不要躺在原有的功劳簿上停止不前。担当是一种胸怀，也是一种可以升华自己的力量，只有释放这种力量，才会让人发光发热，照亮这个社会。

单元二　责任担当情感

目标：通过测试、观影和体验，增强对责任担当的情感认同。其具体内容与操作如表 6-2-1 所示。

表 6-2-1　　关于实现责任担当情感的训练

活动名称	基本设置	操作步骤
1. 责任感测试	**目的：**通过测试增加对自身责任感的了解。 **准备：**“责任感测试”练习(6-2-1)纸。 **时长：**约 10 分钟。	(1)根据测试提示填写测试问卷。 (2)说一说：在小组内分享测试结果与做测试的感受。
2. 观影动心	**目的：**通过观看影片，触发学生对优秀人物责任担当意识的情感认同。 **准备：**“感动中国十大人物王顺友影片《一个人的传邮长征》”及“观影动心”练习(6-2-2)纸。 **时长：**约 30 分钟。	(1)看一看：观看 2005 年“感动中国十大人物”王顺友的影片《一个人的传邮长征》。他一个人，一匹马，一条山路，一个又一个的邮包。20 年送邮路，他总共走了 26 万里路，相当于 21 趟长征路，绕地球赤道 6 圈。一年 365 天，他至少 330 天走在雪域高原的邮路上，每年投递报纸 8 000 多份、函件 1 500 多份，投递准确率达到 100%……这些都是一个平凡的乡邮员，通过执着与奉献，践行着一个邮递员的责任与担当。 (2)写一写：将观影感受写在练习纸上。 (3)说一说：小组内分享观影感受。
3. 我的 idol(偶像)	**目的：**通过寻找责任与担当的榜样，将责任与担当的情感认同具象化，增强学生对责任担当的情感认同。 **准备：**“我的 idol”练习(6-2-3)纸。 **时长：**约 20 分钟。	(1)想一想：找到你了解的责任担当榜样，分析他/她吸引你的点，想一个关于他/她的责任担当故事。 (2)写一写：将上述思考内容写在练习纸上。 (3)说一说：在小组内分享你的 idol 以及他/她的故事。
4. 我的责任担当故事	**目的：**通过寻找自己的责任担当故事并进行自我肯定，巩固和强化学生对责任担当的情感认同。 **准备：**“我的责任担当故事”练习(6-2-4)纸。 **时长：**30 分钟。	(1)想一想：找一个自己满意的责任担当故事，分析自己所承担的责任，重新体验其中的积极感受。 (2)写一写：将自己的责任担当故事写在练习纸上。 (3)说一说：在小组内分享，小组同学给予积极反馈。

练习 6-2-1

责任感测试

阅读以下题目，回答“是”或“否”。

1. 与人约会，你通常准时赴约吗？

2. 你认为自己可靠吗？

3. 你会因未雨绸缪而储蓄吗？

4. 发现朋友犯法，你会通知警察吗？

5. 外出旅行，找不到垃圾桶时，你会把垃圾带回家去吗？

6. 你经常运动以保持健康吗？

7. 你忌吃垃圾食物、脂肪性过高的食物和其他有害健康的食物吗？

8. 你永远将正事列为优先，再做其他休闲的事吗？

9. 收到别人的信，你总会在一两天内就回信吗？

10. “既然决定做一件事情，那么就要把它做好。”你相信这句话吗？

11. 与人相约，你从来不会耽误，即使自己生病时也不例外吗？

12. 你曾经犯过法吗？

13. 在求学时代，你经常拖延交作业吗？

14. 小时候，你经常帮忙做家务吗？

评分标准：1～12 题、15 题选“是”得 1 分，选“否”不是分；13，14 题选“是”不得分，选“否”得 1 分。

责任感测试结果：

(1)分数为 10～15 分：你是个非常有责任感的人。你行事谨慎，懂礼貌，为人可靠，并且相当诚实。

(2)分数为 3～9 分：大多数情况下，你都很有责任感，只是偶尔有些率性而为，没有考虑得很周到。

(3)分数为 2 分及以下：你的责任感意识有待提高。

练习 6-2-2

观影动心

(1)影片中最触动你的片段是：____

____

____

____

(2)这个片段给你的情感体验是：

(3)如果你是王顺友，面对“传邮长征”，你会怎么做？

(4)观看影片后想到的其他内容：

练习 6-2-3

我的 idol

(1)我的 idol 画像：

(2)idol 的魅力所在：

(3)idol 的责任担当故事：

练习 6-2-4

我的责任担当故事

(1)我的责任担当故事：________________________________

____

____

____

(2)我在事情中承担的责任：______________________________

____

____

____

(3)我承担的责任的积极情感体验：__________________________

____

____

____

知识链接——"'佛系青年'的起源与实质"①

"佛系"和佛教并没有必然的联系，而是当今青年低欲望的反映，是借助调侃方式戏谑人生的行为，折射了青年一种"不以物喜，不以己悲"的人生情怀。"佛系"一词最早出现在 2014 年日本的某杂志中，该杂志介绍了"佛系男子"，他们外表普通，内心世界却激荡无比，永远关注自己的理想追求和兴趣爱好，不太喜欢恋爱，愿意随心所欲地寻找自己的生活方式。

在中国，"佛系"在 2017 年才火爆网络。这年 4 月，出现"佛系追星"一词，核心就是"不撕"。2017 年 9 月，博主"奶骑本骑"发出一篇内容为"佛系追星，受教了，阿弥陀佛善哉善哉"的博文，转发量超过两万。2017 年 11 月 21 日，"留通社"出现《胃垮了，头秃了，离婚了，"90 后"又开始追求佛系生活了？》的文章，"佛系"开始真正进入大众视野。2017 年 12 月，"新世相"出现《第一批"90 后"已经出家了》的文章，这篇文章对"佛系"进行了深度融合，该文成功将"佛系青年"变为网络热词。在此基础上，衍生出"佛系恋爱""佛系购物""佛系员工"等词语，也有人为了对抗"佛系"，提出"儒系""道系""魔系"和"法系"等，引

① 柳丽：《佛系青年的实质、成因和发展趋向》，《北京教育》2019 年第 3 期。

发大量青年的关注。2017 年 12 月,《人民日报》对“佛系青年”进行报道,提出了“事事随大流只会迷失自我”的观点。

作为一种文化现象,“佛系青年”反映了青年脱离世俗生活、随心所欲地按照自己的方式生活的一种人生态度,代表一种“怎样都行,看淡一切”的活法,其核心是“不争不抢,不求输赢”。“佛系青年”主要以“90 后”青年为主,他们安于现状,不过度追求物质生活;喜欢随大流,盲从于外在,容易迷失理想;他们全身心投入自己在乎的事情,不关注日常生活中的小事情。以“90 后”为主的青年群体被冠以“佛系青年”的标签,实质是青年消解社会焦虑心态的一种方式,代表一种逃避性的青年亚文化。

一方面,“佛系青年”是青年消解社会焦虑心态的一种消极方式。“佛系青年”的产生,是他们应对剧增的社会压力的一种消极方式,反映了青年群体的生活景观。改革开放 40 年的社会发展,人们的物质生活逐渐丰富。鲍德里亚认为:“今天,在我们的周围,存在着一种由不断增长的物、服务和物质财富所构成的惊人的消费和丰盛现象……富裕的人们不再像过去那样受到人的包围,而是受到物的包围。”在这样一个物质丰盈的新时代,很多青年由于没有体验过物质匮乏的感觉,因而无法认知物质生活的重要性。很多人热衷于过普通人的生活,不喜欢努力奋斗,不热衷于盲目购买学区房,任由自己的孩子自然成长,长大以后过一个普通人的生活。人类社会的任何时代,都有很多看似不求上进,满足现状的“佛系”。在今天拼学历、拼技能等的时代,对于许多年轻人来说,想单凭个人努力实现“草根逆袭”,相比于 10 年前或者 20 年前,难度增大许多。房价、教育、医疗、就业等,让一些年轻人生活负担加重,心理压力增大。现在许多城市买房的压力逐年加大,有些青年或许终其一生都要做“房奴”,许多年轻人为了买房不但掏空了父母的所有积蓄,而且还要负债累累。年轻人之所以自称“佛系”,是因为他们试图看开一切,借此缓解生活压力。于是,他们不再视奋斗、拼搏为人生第一要义,而是把“佛系”作为抵抗社会压力的缓冲剂。他们坦然接受现实生活馈赠给他们的一切,不抱怨,不做无畏的挣扎,也不为各种压力而烦恼。与前几年流行的“屌丝”一样,“佛系”是沉重生活压力下弱者的一种自我保护,在“佛系”口号的遮蔽下,青年释放了焦虑心情,增强了抗压能力。

另一方面,“佛系青年”是一种逃避性的青年亚文化形态。亚文化是一种非主流文化,是特定生活方式和价值观念的具体体现,表征人类特殊的社会实践方式。青年亚文化是指青年所创立的文化样态,反映青年的利益诉求。青年亚文化是为了解决社会生活中蕴藏的矛盾,而采取的特定利益表达方法和情感宣泄方式,体现为独特的语言表达方法、多样的行为模式以及奇异的思维方式等，往往能为大多数青年所接受。在新媒体时代，青年亚文化呈现出以下特征：一是娱乐性和消费性。面对社会矛盾时，青年易于采取偏执的态度，他们希望掌握社会的主导权，以便更好地区分自我价值观同社会主流价值观的不同之处，从而尽情享受独特的精神世界。二是时代性。作为一种文化样态，青年亚文化深受社会制度影响，在不同时代背景下呈现出不同的特征。青年亚文化是从主流文化中剥离出的文化样态，会随主流文化的嬗变而变化，青年的人生观也将通过亚文化得以彰显。三是颠覆性。在社会转型期，青年群体具有较强的叛逆性，他们不满社会的传统秩序，试图通过颠覆性的言行加以对抗，对共同面临的社会问题给予强烈回应。“佛系”作为一种文化形态具有青年亚文化的特性，青年调侃式的人生基调，体现了“佛系”文化的娱乐性特征，青年对各种新生事物的好奇态度，折射了消费性特征。同时，“佛系”还表征青年亚文化的颠覆性特征，与主流文化所倡导的价值观相反，表现为青年逃避现实社会的心态。

读一读

说不害怕是假的，但职责岗位在这里[①]

2020 年 2 月 4 日晚，维保队收到检测维护病区热水器的通知。当天正是火神山医院首批新冠肺炎确诊患者入住的日子，热水供应十分重要。热水器所在的茶水间位于医院的“红区”，就是俗称的“污染区”。

“我有多年的调试经验，我去吧。”维保队的王野第一个站出来。半夜两点，他在医护人员的指导下，小心地穿戴好防护服去病区检修。

“从培训到穿防护服差不多用了一个小时，护士长反复强调注意事项，说不紧张、不害怕那是骗人的，不过一干起活儿来，我就顾不上害怕了。”王野逐一检测、调试电源……工作完毕，他在护士的帮助下脱掉防护服，冲了一个热水澡，通过一个个关口，安全返回。有了王野这些第一批走进“红区”的带头人，大家陆续打消了顾虑，越来越多的人参与到病区的维保工作中。

看着上海市第一人民医院医生进驻所负责的工区，梅文俊心里终于长舒一口气。“全国各地的医护人员远道而来支援武汉人民，一定要竭尽全力为他们提供尽可能好的医疗条件。”在雷神山医院建设初期，施工人员短时间内大量聚集，住宿一度紧张，为了给同事更好的休息环境，梅文俊休息的时候只能

① 陈凤莉、宁迪：《托起“生命方舟”的最美逆行者——记火神山、雷神山医院青年维保队》，《中国青年报》2020 年 3 月 30 日。

窝在自己的小车里，就这样过了一个星期。

雷神山医院不断收治患者，也陆续有患者治愈出院，医者仁心，筑者亦然。梅文俊作为医院的“守夜人”坚守在现场，每次有维保任务都需要做好全面防护，一进去就憋在防护服里几个小时。“现在进医院传染风险大，说不害怕是假的，但是职责岗位在这里，更何况还有医护人员冲在前面，再困难也得有人上才行。”

他们的工作热情，让病区里的患者也深受感动，维保队员冯建堂对此深有感触。有一次去维修管道，一进病房，冯建堂和维修工人就看到了一名情绪低落的患者，躺在床上背对医护人员和维保人员，任谁做思想工作都不听。冯建堂和工友立即开始维修工作。检查管道，拆卸、安装重物……他们穿着密不透风的防护服，护目镜上渐渐积满了水雾。最终，冯建堂和同事发现丢弃的饭盒等杂物堵塞了管道，他们立刻拿出工具进行疏通。工作完以后，冯建堂和同事在防护服里满身大汗，防护服外全是泥污，但他轻声细语地劝导患者：“伯伯祝您早日康复，以后有什么需要的随时叫我们。”看到别人为了自己的生命而努力，那名因为隔离和病痛情绪低落的患者渐渐平复。他缓缓坐起来，眼里泪光闪烁，给维保人员竖起大拇指，点了一个大大的赞。

单元三　责任担当行为

目标：在实践中提升学生责任担当的能力与实际体验。其具体内容与操作如表 6-3-1 所示。

表 6-3-1　关于实现责任担当行为的训练

活动名称	基本设置	操作步骤
1. 主动与被动	**目的**：学生通过体验，感受主动与被动两种行为方式的内心体验。 **准备**：“主动与被动”练习(6-3-1)纸。 **时长**：约 25 分钟。	(1)两人一组，选出甲、乙。 (2)甲讲出一件自己被迫做的事情。 (3)现在甲按照这样的顺序说：我被迫做 A，不然的话我就会 B(B 的结果一定比 A 坏)，如果 B 的话我就会 C，如果 C 的话我就会 D，一直讲到自己的感受，不再讲事件，然后随着感受再往下，一直到 Z。 (4)甲做完就到乙，按照刚才的顺序再做一遍。 (5)甲、乙请讲：我宁愿 A，也不要 Z。 (6)受害者的互动规则：你分享的事情必须是真实的事情；你必须要说服你的搭档，让他相信在这件事情中你是一个受害者。 (7)负责任的互动规则：你分享的事情必须和前面的事情一样；你必须要说服你的搭档，让他相信在这件事情中你真的是一个负责任的人。

续表

活动名称	基本设置	操作步骤
2."不是我的错"话剧表演	**目的**:通过情景模拟与训练,启动责任担当训练行为。 **准备**:"不是我的错"练习(6-3-2)纸。 **时长**:约25分钟。	(1)想一想:以学生平时的一些对话及表现来引起学生的思考。 例如:这次考试成绩不好,是因为隔壁班老师划重点了,而我们班没有划。 (2)写一写:每一个小组以"不是我的错"为主题,创作5分钟的话剧表演。 (3)练一练:小组话剧展示与感受分享。
3.护蛋天使	**目的**:通过情景模拟与训练,启动责任担当训练行为。 **准备**:"护蛋天使"练习(6-3-3)纸。 **时长**:约25分钟。	(1)让每个同学准备一个生鸡蛋。这个道具"生鸡蛋"在这里被当作一个小生命,要求同学每一节课把鸡蛋带到教室,由教师作一次标记,然后再把鸡蛋带回。教师每次作的标记都不同,同学要保护好鸡蛋,使它完好无损。 (2)教师和同学按游戏规则实施游戏,同学们每周记录一次保护鸡蛋的经验与感受。 (3)最后一节课分享活动体验。
4.天团出道	**目的**:在实际团队任务完成中体验担当责任。 **准备**:"天团出道"练习(6-3-4)纸。 **时长**:约40分钟。	(1)设置团队任务,每个团队设计一个完整的表演节目,形式不限,歌曲、舞蹈、小品都可以,能体现大学生生活,积极向上即可。 (2)撰写策划书拍摄准备节目的幕后花絮。 (3)最后一节课进行课堂表演。

练习 6-3-1

主动与被动

我的活动感受:______________________________

练习 6-3-2

不是我的错

我的活动感受：________________

练习 6-3-3

护蛋天使

表 6-3-2　护蛋天使

	保护经验	活动感受
第一周		
第二周		
第三周		
第四周		
第五周		
第六周		
第七周		
……		

练习 6-3-4

天团出道

天团节目介绍：

我的任务：

我的感受：

读一读

大学生在疫情中的价值选择和使命担当

从“躺在家里为国家做贡献”到每日被老师“催着”上报身体健康信息，从“被父母嫌弃，期盼返回学校”到面临“停课不停学”线上学习的种种“折磨”，同学们体验到疫情之下学生的生活图景和种种不易，而这不过是疫情之下平凡世界的生活百态之一。对大多数人来说，生活的变化是缓慢的。也许人生仅仅有那么一两个辉煌瞬间，甚至一生都可能在平淡无奇中度过，而新型肺炎疫情如同一颗巨型炸弹，在每个人的平静生活中掀起惊涛骇浪，没有谁能独善其身。这是一场疫情防控阻击战，每个人都需要思考自己的内心，自己与他人、自己与这个世界的距离和关系。疫情中的生活百态锤炼着我们的心智，也将引领同学们去看清悲与欢、善与恶、宏大与渺小中的价值选择和使命担当。

感受疫情之下的悲与欢

“痛失亲人撕心裂肺的哭声”，“护士与女儿隔空拥抱的温情不舍”，“医生和党员主动请缨赴一线的生死状”,“湖北老乡下不了高速的囧途”,这一幕幕令人泪目场景的主角都是我们身边的普通人,可能是我们认识或不认识的某一个人。普通人的平凡生活中多有不易,怜悯他人的悲伤就是珍惜自己的生活。“对酒当歌,人生几何!譬如朝露,去日苦多。”时光易逝,谁也不知道当灾难发生时,我们会如何定义自己的人生,父母的恩情、爱人的眷恋、事业的职责、团员和党员的使命,我们不曾辜负,便能从悲中生出释然。

“宅在家里的悠然自得”“对火神山、雷神山和钟南山的期待”“方舱医院内的欢快舞步”“人民子弟兵奔赴前线的欢呼”,我们对疫情的恐慌在欢笑的乐观中逐渐消散,即使疫情打乱平凡生活的步伐,但只要我们怀揣着生活的欢乐,就能直面自己的苦难。“人生如逆旅,我亦是行人”,苦中作乐、逆境前行是中国人精神世界里不可消磨的文化因子,无论是民族的苦难、家族的兴衰,还是个人的成败,我们总在最困难的时候负重前行,找到出路。

这边万里无云,阳光灿烂;那边就可能风云骤起,地裂山崩。世界没有一天是平静的。在不平静的每一天,我们都要怜悯生活的悲,怀揣生活的欢,不让自己陷入无意义的混沌情绪,要对平凡生活的悲欢感同身受,清晰地看到自己的选择。

评判疫情之下的善与恶

“死亡贫苦,人之大恶存焉”,疫情造成的大面积感染、死亡给所有人造成恐慌,封城封路造成的资源紧缺让所有人愤懑,这是对所有人健康负责的大善,也是造成所有人利益受损的大恶。大善大恶之间各种信息和谣言漫天,平凡生活中的各种行为和现象需要我们以理性的思考去评判。善恶是中国道德伦理的终极命题之一,是普通中国人对社会正义的阐释。疫情以来,关于谁善谁恶的评判纠缠不清,让人耳目受阻,甚至阻碍疫情防控。“不学问,无正义,以富利为隆,是俗人者”(《荀子·儒效》),我们需要将善恶置于科学、正义和实践中进行评判,才能真正推动疫情防控和社会正义。

科学是善恶的底线。疫情发生以来,对“闭门不出”的社会认同体现出传染病科学防治原则的有效推广,这就是善;而四处乱窜、恶意传播,这就是恶。疫情防控亟待科学研究的支持,也会触及科学研究的短板,普罗大众更加难以觉察,疫情早期的科学结论之所以为人诟病也是如此,这就需要科学供给,需要青年大学生给“家长们”上好科学课。正义是善恶的分水岭,任何贪污、渎职和特权都是对党纪国法的亵渎,都是无可争议的恶。对于疫情防控中存在问题的相关部门和责任人,应该给予谴责和法律制裁;对于疫情防控中涌现的舍生取义、无私奉献，值得我们所有的赞美，这些都是令人敬佩的大善。即使不能前往一线，千千万万中国人也都在为疫情防控贡献力量，“积小善为大善，善莫大焉”。但面对这么大规模的突发性危机和这么大范围的国家管控，需要改善的地方在所难免，这是考验，也是促进，我们要用实践的思维和建设性的视野去看待善恶，不做旁观者，多做行善去恶的事，才能用善恶来理解和解决平凡生活中的难事。

理解疫情之下的宏大与渺小

平凡生活中我们都很渺小，有自己的学业和生活，每个人都在为自己的小幸福而奋斗，但这场疫情让我们宅在家中，有更多时间去思考疫情中呈现的人与自然、与国家、与时代的宏大命题，青年在宏大命题中才能实现使命和梦想。

疫情之下，人类在自然面前如此渺小，澳洲大火、印巴蝗灾等每一场灾难都是对人类的警示。我们要像爱护身体一样爱护自然，无度的索取与破坏最终只会伤害人类自身。

疫情之下，我们要更加理解中国共产党的领导和社会主义制度的优越性，更加明白严峻的国际斗争形势。这样一场大规模的突发性公共卫生危机事件，从习总书记亲自部署到各级党委政府贯彻落实，一方有难、八方支援，全社会汇聚成疫情防治的磅礴力量，这难道不是中国的伟大吗？与全国人民齐心协力战“疫”形成鲜明对比的是反动势力落井下石的丑恶嘴脸，恶意诋毁、借机攻击，似乎喊一声“东亚病夫”就可以让中国一蹶不振，却不知饱受历练的中国人此时更加团结，更加充满斗志。爱党、爱国、爱社会主义是每一个青年大学生的责任，我们要深刻理解党的领导和国家的发展，真正在实现中华民族伟大复兴的中国梦中验证自己的价值。

疫情之下，我们要更加明确自身的时代责任。时代洪流中我们都很渺小，却又具有塑造伟大的能力。在防控一线有医生、护士、警察、基层干部，有党员、团员和群众，也有青年大学生的身影。看到学生们志愿服务的照片，我很心疼，也很骄傲，你们在村口、社区守一方平安，在高铁站和高速口的人流和车流中恪尽防治职守，在防疫用品生产工厂参与保障复工，你们还要上好线上课程，准备好升学备考和求职就业，你们将成为这个国家的中坚力量，成为新时代的塑造者。

测一测

大学生责任心测试[①]

亲爱的同学：

您好！

本调查的目的是了解大学生对自己、对家庭、对社会的一些看法。本调查不记名，答案没有对错之分，请认真阅读下面的每个句子，判断句子中的描述与您情况符合的程度。请选择1～5来表示您认为的符合程度并打对号，数字越大表示越符合。

1为完全不符合；2为基本不符合；3为不确定；4为基本符合；5为完全符合。

1. 我是一个负责任的人。

1　2　3　4　5

2. 我敢作敢当。

1　2　3　4　5

3. 承诺过的事情我会尽量去做。

1　2　3　4　5

4. 大家都说我乐于助人。

1　2　3　4　5

5. 我关心家人。

1　2　3　4　5

6. 我很清楚自己的学习目的。

1　2　3　4　5

7. 我能做好自己分内的事情。

1　2　3　4　5

8. 我赞成“事不关己高高挂起”的观点。

1　2　3　4　5

9. 做错事情我会主动认错。

1　2　3　4　5

---

① 罗香群：《大学生责任心问卷的编制与应用研究》，福建师范大学2007年硕士学位论文。

10. 我对集体的事情尽心尽力。

1 2 3 4 5

11. 我经常对自己的学习进行反思总结。

1 2 3 4 5

12. 我经常为家里做自己力所能及的事情。

1 2 3 4 5

13. 当我做了有损社会公德的事情时,我会暗暗自责。

1 2 3 4 5

14. 同学朋友有困难时,我能主动帮助他。

1 2 3 4 5

15. 很多人闯红灯时,我会跟着这么做。

1 2 3 4 5

16. 我是一个诚实守信的人。

1 2 3 4 5

17. 没有做好自己分内的事情,我也觉得无所谓。

1 2 3 4 5

18. 我认真地做好自己的人生规划。

1 2 3 4 5

19. 我认为不仅要对当前的家庭负责,还要为今后的家家庭做好准备。

1 2 3 4 5

20. 我会将正事如工作等列为优先,然后再做其他休闲活动。

1 2 3 4 5

21. 我认为每个有责任能力的人都应该对自己的行为负责。

1 2 3 4 5

22. 承担责任对于我来说是件痛苦的事情。

1 2 3 4 5

23. 我能遵纪守法。

1 2 3 4 5

24. 我认真学好专业知识,为将来的就业打好基础。

1 2 3 4 5

25. 我认为做一件事情就要尽力把它做好。

1 2 3 4 5

26. 我觉得学雷锋是没有意义的。
1　2　3　4　5
27. 我对以前犯过的错误会引以为戒。
1　2　3　4　5
28. 我觉得管好自己的事情就好,别人的事情和我无关。
1　2　3　4　5
29. 乘车时,我会主动给老弱病残孕让座。
1　2　3　4　5
30. 我经常参加社会公益活动。
1　2　3　4　5
31. 我是一个孝顺父母的人。
1　2　3　4　5
32. 我有较强的环保意识。
1　2　3　4　5
33. 我对社会问题一向不太关心。
1　2　3　4　5
34. 我能为家里着想。
1　2　3　4　5
35. 对学习,我持积极认真的态度。
1　2　3　4　5
36. 我不仅认真学好专业知识,还努力拓展自己的课外知识。
1　2　3　4　5
37. 为了能有理想的职业,我不断提高自身能力。
1　2　3　4　5
38. 对待同学朋友,我以诚相待。
1　2　3　4　5
39. 我能站在他人的立场考虑问题。
1　2　3　4　5
40. 我积极参加各种集体活动。
1　2　3　4　5

计分方法:完全不符合,大部分不符合,不确定,大部分符合,完全符合依次计为 1 分、2 分、3 分、4 分、5 分。其中,有 7 个反向题(8、15、17、22、26、28、33),在计分时要作相应分数转换。

得分越高,表明责任心越强。

第七章　实践创新

【学习目标】

1. 增强对实践创新重要意义的认识。
2. 学会提升实践创新意识的方法。
3. 掌握提升实践创新能力的技术。

【案例】

基本情况:小陈勤奋刻苦,大学四年学习成绩一直保持在专业前三名,是老师和同学们公认的品学兼优的学生。大四考研,他报考了一个“985”学校,笔试成绩也很优秀。可是令人想不到的是,毕业前夕他却屡屡受挫。首先是没有通过研究生面试,原因是他报考的学校非常重视本科时期的科技创新经历和获奖情况,而他因为大学四年一心只读圣贤书,很少参加创新实践活动,所以这一项几乎为空白,导致面试成绩不理想,最终没被心仪的大学录取。在求职过程中,也是因为在校期间没有学生干部和社会兼职经历,没能被一家心仪的国企录用。小陈沮丧到了极点,他开始怀疑自己,否定自己,对未来非常迷茫。他不知道自己该坚持二战考研,还是先找一家企业去工作。在毕业前的班级“散伙饭”上,他喝多了,大哭了起来……

分析:高等教育为社会培养的人才,首先是适应新时代发展的应用型人才,除了拥有扎实的专业知识之外,还需要具有较强的创新实践能力。很显然,小陈的四年大学生活是不完整的,他狭隘地将大学学习理解为和高中学习一样,把课本上的知识学好就行,“两耳不闻窗外事,一心只读圣贤书”,从而忽略了通过参加社会实践、科技创新等活动来锻炼培养自己的实践创新能力,最终导致自己大学生活的黯然落幕,与理想学校和工作失之交臂。小陈的教训告诉我们每一个大学生,要以开放多元的发展观来规划自己的大学生活,适应社会和科技发展的需求,让自己成为一个全面发展、与时代同行的合格人才。

【理论知识点】

一、实践创新的概念

创新能力不是一种单一能力(比如智商、情商),它由一些思维能力综合而成,主要包括系统性思维能力、创造性思维能力和实践能力。

系统性思维能力是一种逻辑抽象能力,是原则性与灵活性相结合的思维方式。这种思维方式可以在不失原则的情况下,通过采取灵活有效的方法处理事务。客观事物是多方面相互联系、发展变化的有机整体。系统思维就是人们运用系统观点,把事物互相联系的各个方面及其结构功能进行系统认识的一种思维方法,是迄今为止人类所掌握的最高级思维模式,也是我们最值得花时间去掌握的思维方式。

整体性原则是系统性思维能力的核心。这一原则要求人们无论做什么事都要立足整体,从整体与部分、整体与环境的相互作用关系来认识和把握整体。也就是思考和处理问题的时候,从整体出发,着眼全局,注重整体效益和整体结果,从而充分利用灵活的方法来处理事物。

创造性思维是一种具有开创意义的思维活动,即开拓人类认知新领域,开创人类认知新成果的思维活动。创造性思维是以感知、记忆、思考、联想、理解等能力为基础,以综合性、探索性和求新性为特征的高级心理活动,需要人们付出艰苦的脑力劳动。

创造性思维本质是发散性思维,这种思维方式可以让人在遇到问题时从多角度、多侧面、多层次、多结构去思考,去寻找答案,既不受现有知识的限制,也不受传统方法的束缚。其思维方式是开放性、扩散性的。它解决问题的方法更不是单一的,而是在多种方案、多种途径中去探索和选择。因此,创造性思维具有广阔性、深刻性、独特性、批判性、敏捷性和灵活性等特点。

二、实践创新的理论背景

生成性理论①是一种针对新异行为的正规的、可重复检验的、带有预测性的理论。该理论认为,行为(想法、思维和行动)在我们的神经系统中不断竞

① 参见[美]艾普斯坦:《创造力拓展训练——团体培训手册》,周丽清译,中国轻工业出版社 2005 年版,第 12 页。

争，许多简单的过程同时在所有这些行为中进行，引起了各种不同的相互作用。在这个动态过程之后，必然会不断产生新的行为，而整个过程是有规律并且是可以预测的。通过改变竞争行为的数量和类型，我们可以加强创造性的涌出，并指导创造性向所期望的方向发展。

概括来说，新想法的出现是由于旧的想法相互竞争，并且整个过程是有规律的。创造性的人具有特殊技能，而每个人都可以掌握这种特殊技能，所以每个人都是有创造力的。

思维定式（thinking set）也称"惯性思维"，是由先前的活动而造成的一种对该活动的特殊的心理准备状态或活动的倾向性。在环境不变的条件下，定式使人能够应用已掌握的方法迅速解决问题。而在情境发生变化时，它则会妨碍人采用新的方法。所以，消极的思维定式也是束缚创造性思维的枷锁。

人们倾向于按照积累的思维活动、经验教训和已有的思维规律思考问题，在反复使用中所形成比较稳定的、定型化的思维路线、方式、程序、模式（在感性认识阶段也称作"刻板印象"）。举个简单的例子，如果给你看两张照片，一张照片上的人英俊、文雅，另一张照片上的人丑陋、粗俗，然后对你说，这两个人中有一个是全国通缉的罪犯，你指出谁是罪犯，你大概会毫不犹豫地指向丑陋、粗俗的人。

先前形成的知识、经验、习惯，都会使人们形成认知的固定倾向，养成一种呆板、机械、千篇一律的解题习惯，从而影响后来的分析、判断，形成思维定式——即思维总是摆脱不了已有"框"的束缚。

三、大学生实践创新能力不足的表现[①]

大学生是最具实践创新精神的群体之一，在大众创业、万众创新的时代背景下，党和国家出台了一系列鼓励政策，使大学生对实践创新的了解和热爱程度明显加深，对创新意识有所提高，但仍存在一些问题亟待解决，具体表现为以下几个方面：大学生实践创新意识仍待加强；大学生接受创新教育以及参与创新实践的动机存在偏差，功利化和个人主义色彩偏重；大学生在接受创新教育，将理论知识转化为实际行动参加创新活动，最终形成创新成果的整个过程

① 参见石华：《新时代高校大学生创新精神及培养路径研究——以驻保高校为例》，河北大学2020年硕士学位论文。

中意志不够坚定，容易受周围环境的影响，容易被困难打倒；受传统教育的影响，大学生发现问题、解决问题的能力有所欠缺，大部分学生参与创新活动的频次在不断增多，但最终提交的实践成果并不是特别丰富，产生的社会效益和市场价值不大，实践创新能力有待提高。

四、影响实践创新的因素

影响创新能力的因素包括文化传统、外部因素和内在因素。

创新能力受文化传统影响较大。受中国传统文化长期影响，国民会形成一种特有的心理"积淀"，如中国传统儒家文化崇尚"中庸"之道，讲究"人道合一"，孔子强调"述而不作"；古训有"木秀于林，风必摧之"；民谚有"枪打出头鸟"等。这些思想几千年来代代相传，形成我们民族过于求稳趋同、不敢求异冒险的心理。

中国的孩子从小就被教育在家要听家长的话，在学校要听老师的话，在单位要听领导的话。于是，服从听话就成了很多人做人的基本准则，缺乏一种创造的内在冲动以及一种大胆质疑的批判思维能力。

要想消除传统文化的影响，家长在教育孩子的时候需要有所选择，对弘扬传统文化这样的做法不可全盘接收，要取其精华，去其糟粕。对于孩子一些异想天开的想法。对一些事情的质疑，不要打压，最好给予适当引导鼓励。

创新能力受外部因素的影响也很大。创新需要经过艰苦的脑力劳动，同时物质基础和外在动因等外部因素也是影响创新形成的重要因素。一个人在吃不饱饭的时候，或者在需要养家的情况下，生存的压力会迫使他把大部分精力放在谋生上，而不是创新上。

另外，创新的成果要有价值，也就是创新者的成果需要被社会认可。不管是美术作品还是科研成果，最终要给创新者带来名、利，或使其名利双收。在外部动力的支持下，创新者才有足够的动机战胜困难。

基于这个因素，在对孩子的教育方面，要帮助孩子树立远大理想，确定有意义的目标，并尽可能在孩子向目标而努力的时候给予支持。

影响创新能力的内在因素，包括智商和力进商。智商决定了一个人对事物理解的深度。对规律掌握的程度，是创新的基础。力进商也就是做事情坚持不懈、永不放弃的能力。正如前面所说，创新是一个艰苦的努力过程，可能过程乏味，也可能经常失败，如果没有能力坚持下去，成功也就无从谈起。

这些影响创新的内在因素不仅仅针对创新，还可以影响孩子一生的基本能力。要培养孩子的专注力和抗挫折能力，以及坚持不懈的精神。适当给孩子一些挫折教育，比如不包办孩子的事情，即使笨拙、失败也要让他自己学会完成任务；还可以进行一些爬山、远足等活动，让孩子体验艰苦的过程，从而体验成功后的喜悦，达到锻炼身体、磨炼意志、提升力进商的效果。

在大时代背景下，创新能力已经成为影响未来成功的关键能力。它既是实现中华民族伟大复兴的战略抉择，又是青少年自身成长成才的内在需要。

五、提高创造性的四种策略①

有很多方式都可以加强和指导创造性，下面介绍的四种策略可以帮助人们在某个组织中更加明智地利用资源和更有效地操控创造性。这四种策略就是捕捉、挑战、拓展和环境。

第一种是捕捉。从某种意义上说，我们总是在创造，至少我们总是在想新的事情。孩提时代，我们非常注意这些“泉涌”出来并无目的的想法，我们观察它，谈论它，并且常常将其付诸行动。不幸的是，我们随着长大，逐渐忽视了头脑中这些奇异想法的产生。而所有那些被我们认为有创造性的人——艺术家、发明家、作家、作曲家等，都具有极好的捕捉技巧。

第二种是挑战。旧想法相互竞争时会产生新的想法，越多的行为竞争，产生出更多行为的可能性越大。所以，让更多的行为同时进行的机制在加强创造性上有独特的价值。当我们面对挑战时会尽力做任何可能的尝试，这时行为会全部涌出来。许多在你头脑中相互冲撞的想法，开始用一种新的方式组合起来，换句话说，就是你开始了创造。

第三种是拓展。竞争的行为必须要有来源，换句话说，就是必须在我们获得新行为之前有一些旧的行为存在。我们可以增加在困难情境中出现的次数。在相关问题领域内提供越多的训练，解决问题的速度就越快。我们也可以对所提供的训练类型进行选择，训练类型越多，解决的方式越广泛、越有效。

第四种是环境。通过改变和控制出现在我们生活与娱乐中的刺激，会使我们在创造性上产生复杂的效果。更进一步说，就是通过操控周围刺激的类

---

① 参见[美]艾普斯坦：《创造力拓展训练——团体培训手册》，周丽清、许晶晶、王立娜等译，中国轻工业出版社2005年版，第21页。

型与数量,我们可以改变创造性过程的导向。为了能使生成性的装置运转得更快,我们需要得到更多的竞争行为。一种方式就是利用再现现象,如果你可以使人们感到失败(在一种可控的、无威胁的方式下),许多行为就会相互竞争,并产生新的结果。第二种方式是让多种行为在环境中活跃起来——主要通过呈现"多重控制刺激"。

【训练实施】

单元一　创新意识提升训练

目标:让大学生了解自身创新意识,增强对创意意识的觉察与提升的主动性。其具体内容与操作如表 7-1-1 所示。

表 7-1-1　　关于实现创新意识提升的训练

活动名称	基本设置	操作步骤
1. 抓住白日梦	**目的:**通过对白日梦的记录,增强对创新意识的觉察。 **准备:**"我的白日梦"练习(7-1-1)纸。 **时长:**约 15 分钟。	(1)想一想:每个人都有创造性,但在日常的生活里,我们似乎习惯了忽略经常在我们脑海中涌现的新理念。请大家闭上眼睛,深呼吸一下,这能够使我们身心放松。在接下来的几分钟里,你需要做的就是让你的思想自由游荡,无论它游荡至何时何地,或是否符合现实。你能够看到、听到、闻到或感觉到许多奇怪的东西,别担心,请继续你的思考,5 分钟后你就可以睁开眼睛了。 (2)写一写:请将白日梦的内容写下来。 (3)说一说:小组内分享,了解小组成员有趣的白日梦。
2. 托兰斯创新意识测试	**目的:**通过做托兰斯创新意识测试,了解自身创新意识水平。 **准备:**托兰斯创新意识测试(练习 7-1-2)。 **时长:**约 15 分钟。	(1)给每位同学发一张托兰斯创新意识测试,请同学们仔细阅读各题,对问题做出肯定(打"√")或否定(打"×")的回答,做完全部题目后再查看答案。 (2)说一说:小组内分享,了解组员们各自不同的创新意识水平。

续表

活动名称	基本设置	操作步骤
3. 随机乱画	**目的**：通过随机乱画，增强对日常生活中奇思妙想的捕捉能力。 **准备**：“随机乱画”练习纸（A4 空白纸）、提示卡片（练习 7-1-3，结束后可以发给同学们）。 **时长**：约 30 分钟。	（1）给每位同学发 4 张白纸、一支笔。 （2）请大家在一张纸的最上方、左下角和右下角分别写上“铅笔”，然后在纸的中间随机作画，画完后把纸翻过来。 （3）请大家在另一张白纸最上方、左下角和右下角分别写上“无吧”，然后在纸的中间随机作画，画完后把纸翻过来。 （4）中间停顿 5～10 分钟。 （5）请大家听到“无吧”时画出你刚才在写了“无吧”的那张纸上的画；请大家在听到“铅笔”时画出你刚才在写了“铅笔”的那张纸上的画。 （6）对比前后两次画作的相似度。 （7）说一说：小组内分享，分享自己前后两次画作的对比。
4. 十万个为什么	**目的**：通过努力问“为什么”，增加对质疑精神的觉察。 **时长**：约 30 分钟。	（1）想一想：思维方式是创新活动的工具，不同的思维方式影响着创新意识的形成。出于诸多原因，很多学生失却了质疑、反思和批判思维。而自主创新要有开放性思维而不是封闭性思维，需要批判性思维而不是复制性思维，需要人文性思维而不是经验性思维。 （2）两人一组，分成 A 和 B，第一轮 A 问一个问题，B 回答；A 问“为什么”，B 解释；A 继续问“为什么”，B 继续解释……直到觉得问不下去，无法回答为止。 （3）第二轮两人互换问答角色，B 问一个问题，A 回答；B 问“为什么”，A 解释；B 继续问“为什么”，A 继续解释……直到觉得问不下去，无法回答为止。 （4）小组讨论，分享在问问题和回答问题时的感受。
5. 苹果是用来吃的	**目的**：通过练习增加对思维定式的觉察与感受。 **准备**：“苹果是用来吃的”练习（7-1-4）纸。 **时长**：约 30 分钟。	（1）想一想：所谓思维定式效应，是指人们局限于既有的信息或认识的现象。大家在日常生活里是不是也存在思维定式的现象呢？你是否有所觉察？比如苹果可以用来做什么？你的答案是不是苹果只可以用来吃呢？ （2）写一写：请回答下面的问题。 （3）说一说：小组讨论，分享你关于思维定式的故事和感受。

练习 7-1-1

我的白日梦

每个人都有创造性，但在日常的生活里，我们似乎习惯了忽略经常在我们脑海中涌现的新理念。请大家闭上眼睛，深呼吸一下，这能够使我们身心放松。在接下来的几分钟里，你需要做的就是让你的思想自由游荡，无论它游荡至何时何地，或是否符合现实。你能够看到、听到、闻到或感觉到许多奇怪的东西，别担心，请继续你的思考，5 分钟后你就可以睁开眼睛了。请大家将白日梦的内容用文字或者图画记录下来。

____

____

____

____

____

____

____

____

我的白日梦

练习 7-1-2

托兰斯创新意识测试

创造学的研究表明，高创造力的人，有许多不同于常人的人格特征。下面的一组测试题是根据美国著名心理学家托兰斯的研究成果编成的，可用来测试创造人格特征，以了解你的创造力水平。请对下列问题做出肯定（打“√”）或否定（打“×”）的回答，做完全部题目后再查看答案。

(1)在做事、观察事物和听人说话时，我能专心致志。（　　）

(2)我说话、写文章时经常用类比的方法。（　　）

(3)我能全神贯注地读书、书写和绘画。（　　）

(4)完成了一项工作后，我总有一种兴奋感。（　　）

(5)我不大喜欢权威，常向他们提出挑战。（　　）

(6)我很喜欢(或习惯)寻找事物的各种原因。（　　）

(7)观察事物时，我向来很精细。（　　）

(8)我能从别人的谈话中发现问题。（　　）

(9)在进行带有创造性的工作时，我经常忘记时间。（　　）

(10)我总能主动地发现一些问题，并能实现和问题有关的各种关系。（　　）

(11)除了日常生活，我平时差不多都在研究学问。（　　）

(12)我总是对周围的事物保持好奇心。（　　）

(13)对某一个问题有发现时，我的精神总能感到异常兴奋。（　　）

(14)通常我能预测事物的结果，并能正确地验证这一结果。（　　）

(15)即使遇到困难和挫折，我也不会气馁。（　　）

(16)我经常思考事物的新答案和新结果。（　　）

(17)我有很敏锐的观察能力和提出问题的能力。（　　）

(18)在学习中，我有自己选定的课题，能采取自己独有的发现方法和研究方法。（　　）

(19)遇到问题，我经常能从多方面来探索它的可能性，而不是固定在一种思路上或局限在某一方面。（　　）

(20)我总有些新的设想在脑子里涌现，即使在游玩时也常能产生新的设想。（　　）

计分方法：每个“√”计 1 分，各题得分相加，算出总分。

结果评价：

(1)总分0～9分为差。

(2)10～13分为一般。

(3)14～17分为好。

(4)18～20分为很好。

练习7-1-3

随机乱画

我们每一个人从早到晚都会有许多新想法不断在脑海里涌现，一些有价值，一些则没有价值。但除非我们捕捉住它们，否则我们永远不能真正地知道它们的价值。新想法是稍纵即逝的，并且通常不再重现。艺术家、作家、作曲家、发明家对这一点感受颇深。这就是他们总是围绕便签簿和录音机转悠，草草地在餐巾纸和报纸空白处做笔记，一旦找不到钢笔就恐慌的原因。旧的想法很容易被记住，但新的想法却很难被记住，除非我们能记录下它们。或许我们所说的具有“创造性”的人和其他人的主要差别是前者拥有优秀的捕捉技能。

对于真实的物体来说，“旧的”和“新的”通常是相似的，而对于想象的物体而言，你可能发现二者的相似性很小，或者根本不匹配。新的想法通常很难被记住，是因为记忆没有参考框架。如果有的话，在这个练习中记住乱画物应该比记住我们在现实中产生的新想法容易得多。在这个练习中，大家可以有计划地把之前乱画的内容画出来，而在现实的世界里，很多想法在我们的脑海里来来往往，甚至从来都是不见天日的。

练习7-1-4

苹果是用来吃的

请大家思考并回答下面的问题，答案请在解析中寻找。

1.荒无人迹的河边停着一只小船，这只小船只能容纳一个人。有两个人同时来到河边，都乘这只船过了河。请问：他们是怎样过河的？

2.篮子里有4个苹果，由4个小孩均分。分到最后，篮子里还有一个苹果。请问：他们是怎样分的？

---

3. 一位公安局长在茶馆里与一位老头下棋。正下到难分难解之时，跑来了一个小孩，小孩着急地对公安局长说："你爸爸和我爸爸吵起来了。"老头问："这孩子是你的什么人？"公安局长答道："是我的儿子。"请问：这两个吵架的人与公安局长是什么关系？

---

4. 已将一枚硬币任意抛掷了 9 次，掉下后都是正面朝上。现在你再试一次，假定不受任何外来因素的影响，那么硬币正面朝上的可能性是几分之几？

---

5. 有人不拔开瓶塞就可以喝到酒，你能做到吗？（注意：不能将瓶子弄破，也不能在瓶塞上钻孔）

---

6. 抽屉里有黑白尼龙袜子各 7 只，假如你在黑暗中取袜，至少要拿出几只才能保证取到一双颜色相同的袜子？

答案解析：

1. 很简单，两人分别处在河的两岸，一人先渡过河来，然后另一人渡过河去。对于这道题，你大概绞尽脑汁了吧。的确，小船只能坐一人，如果他们都处于同一侧河岸，他们无论如何也不能都渡过去。当然，你可能也设想了许多办法，如一个人先过去，然后再用什么方法让小船空着回来，等等。但是你为什么始终要想到两人是在同一岸边呢？题目本身并没有这样的意思，看来，你还是从习惯出发，从而形成思维定式。

2. 4 个小孩一人一个。对于这个答案你可能不服气：不是说 4 个人平均分 4 个苹果吗？那篮子里剩下的一个怎么解释呢。首先，题目中并没有剩下的字眼。其次，那 3 个小孩拿了应得的一份，最后一份当然是最后一个孩子的。至于他把苹果留在篮子里或拿在手上并没有什么区别，反正都是他所分的，不是吗？

3. 公安局长是位女士，吵架的一个是她的丈夫，即小孩的父亲；另一个是公安局长的父亲，即小孩的外公。有人曾将这个题对 100 人进行测验，结果只有两人答对。后来一个三口之家进行了测验，结果父母猜了半天拿不准，倒是他们的小儿子（小学生）答对了。这是怎么回事呢，还是定式在作怪。人们习惯上总是把公安局长和男性联系在一起，更何况还有茶馆、老头等迷惑的字样。所以，从经验出发就不容易解答，很难跳出思维定式的魔圈。

4. 二分之一。这道题本来很简单，硬币只有两面，不要说任意抛 10 次，就是任意抛掷 1 000 次,正面朝上的可能性也始终是二分之一,不会再多,也不会再少了。对这道题,如果没有思维定式在作怪,一般马上就可以说出答案。

5. 可以将瓶塞压入瓶内。在多数情况下,人们总是拔出瓶塞后才喝酒,但是,也可以将瓶塞压入瓶内,不过,只是人们不常这样做罢了。

6. 三只。这也是一个简单的问题,有人曾用这道题去测试,结果有许多人回答至少要拿出 8 只,才能保证取出一双颜色相同的袜子。这个问题的关键是"相同"与"不同"。取一双颜色相同的,答案是 3 只;取一双不同的,答案才是 8 只。那么既然题目只要求取出颜色相同的,又为什么会产生颜色不同的定式呢? 这主要是受题目中黑白尼龙袜和各 7 只的影响。

知识链接——"涂鸦、白日梦、创新、创造力"

在我们生活的现实世界中,常会见到这样的场景:刚学会拿笔的孩子嘴里不停地嘟哝着,手则伸在四周的地上、墙上、纸上乱涂乱画……这些在大人眼中只是些堆积在一起的乱七八糟的线条,算不上什么作品,更谈不上是杰作,但在孩子的眼中可能就会是他正想象着的一架飞机或一辆汽车,它们正在云端飞翔,或在原野上奔驰……

记得艺术家毕加索曾经说过这样的一句话:"学会像一个六岁的孩子一样作画,用了我一生的时间。"难以置信,孩子的信手涂鸦却是大师的向往。然而这种令大师羡慕不已的艺术热情和本能,几乎在每个儿童身上都有丰富的体现。

陶行知曾指出"儿童是新时代的创造者"。创造本身是一个思维过程,有准备期、酝酿期和验证期。幼儿由于受思维发展水平的制约,以具体形象思维为主。因此,他们美术形象的创造过程往往和用各种材料表现美术形象的过程相依相伴,是不追求结果的。创造过程中的积极性、创造精神、创造能力的发挥是评价幼儿作品的主要依据。陶行知就提出要通过"六大解放"来解放儿童的创造力:解放儿童的头脑,让他们接受新知识、新观念;解放儿童的双手,给孩子动手的机会;解放儿童的嘴,让他们从问题的解答中增进知识,发展思维和理解能力;解放儿童的眼睛,引导他们用自己的眼睛去看世界;解放儿童的空间,让他们去接触自然社会中的万事万物;解放儿童的时间,为他们提供自由发挥的时间。涂鸦指的是无意识或未聚焦的绘图,而在其他方面占据主导地位。但情况并非总是如此,像许多人一样,涂鸦是一种逃避的方式。涂鸦是有目的的行为,而不是无意识。有人在 20 多年的艺术疗法课程中观看了几千名涂鸦者发现,他们经常在制作标记时实现自我舒缓。所有涂鸦者都会有一些令人愉悦的图案和图像，他们一次又一次地画出来，只因喜欢这些图案。

根据“涂鸦革命”的作者逊尼·布朗的说法，涂鸦是解开不同思考的力量。她在技术、娱乐、设计（technology entertainment design，TED）演讲中提出涂鸦不仅是一种伪装的深思，而且是一种简单易用的解决问题的工具。布朗认为涂鸦的自发痕迹实际上可以帮助你思考，改善你的生活。事实证明，如果你可以画一个点、一条线、一个圆、一个正方形等，并重复重新组合这些形状，那么你不仅会创造出美丽的艺术，而且会开始用你的方式锻炼你的思想。

白日梦是指清醒时脑内所产生的幻想及影像，通常是想法、希望或野心。白日梦可能是未来的情景或计划，或者是过去的记忆，就像梦的画面一样，有时还会影响情绪。

做白日梦通常涉及一连串的思考，令做白日梦者暂时完全脱离与周遭有关的事，只集中于思考当中。旁观者会觉得做白日梦者在呆呆地望向远处。只有突然刺激，才能使做白日梦者返回现实。

做白日梦者会被人当作懒惰，但白日梦也是灵感的来源，无论是从事艺术创作还是科学研究的人，均可在白日梦中得到灵感。

白日梦是思维的产物，是意识的产物，是弗洛伊德关于艺术创作的观点和对艺术本质的一种解释。它具有一定程度的可控性，比喻根本不能实现的幻想。

白日梦指一种适度的意识状态的改变形式，注意力不再诉诸对环境刺激的反应，而是转向对内在刺激的反应。思维报告反映出偏离于现时要求的任务，不指向任何现实的外部刺激。一般来说，白日梦是人独处和放松休息时的一种活动，在人们入睡之前的短暂时刻里最多见，在清醒时、就餐时、性生活时最少见。

科学家发现偶尔做白日梦有益身心健康。在心理学家看来，白日梦就是人在清醒状态下出现的带有幻想情节的心理活动。如在工作间歇，幻想自己中了大奖，或正在向往已久的某地旅游。美国达特茅斯学院一项研究显示，当研究对象做白日梦时，他们的脑部看似正在休息，实际上却相当活跃。亚特兰大松河心理治疗协会的心理医生也表示，导向正确的白日梦有益身心健康，因此他有时会用这一方法诱导心理疾病患者走出眼前困境。

白日梦可以激发潜能。幻想的题材多为个人关心的事情，由于不受传统思维形式限制，往往会迸发出意料不到的解决方案。在经典艺术创作过程中，我们也常常见到幻想的影子。文豪巴尔扎克就常与他小说中的人物对话；作曲家勃拉姆斯也不止一次地说，只有当他冥想时，音符才会不间断地从脑海中跳出。

白日梦可以开阔视野，放松心情。现实生活中，我们的言谈举止大都中规中矩，心理学称此现象为“人格面具”。而幻想往往超越现实，伴有一定的欣快感，让人们的心绪变得更宽广。当人们沉浸其中时，现实世界变得很遥远，我们也不由自主地进入了一种梦幻般的陶醉状态。

白日梦也是改变自己的机会。幻想能使我们从更广泛的角度审视自己。在清醒意识层面，我们思考问题的方式是抽象的、概括的，观察事物也有选择性。而在幻想中，我们对内心的体察要细致全面得多。另外，平时由于外界的影响，人常常会欺骗自己，但在幻想中却会直面现实。因此，幻想可以提供一个全方位看待自己心理、人格的机会。人们可以根据幻想的提示，找到更适合自己的行为方法。

单元二　系统性思维能力训练

目标：通过具体的训练，培养和提升学生的系统性思维能力。其具体内容与操作如表 7-2-1 所示。

表 7-2-1　　关于实现系统性思维能力的训练

活动名称	基本设置	操作步骤
1. 5Why 分析法	**目的**：让学生掌握深度思考和解决问题的方法。 **准备**：“5Why 分析法”练习(7-2-1)纸。 **时长**：约 30 分钟。	(1)想一想：经过连续 5 个“Why”的发问之后，99%的非哲学问题都会回归本质。可以持续问“Why”，直到你到达了解决问题的行动层面。找一个问题进行提问。 (2)写一写：请将上述内容写在练习纸上。 (3)说一说：小组内分享，分享自己深度思考的感受和实际效果。
2. 5W2H 分析法	**目的**：让学生通过练习掌握分析任务型问题构成要素的重要方法。 **准备**：“5W2H 分析法”练习(练习 7-2-2)纸。 **时长**：约 30 分钟。	(1)想一想：“5W2H 分析法”是明确任务型问题构成要素的重要方法，也就是在分析问题的时候问自己以下问题：为什么要做这件事情(Why)？这件事情的情况以及你主要做什么(What)？具体什么时间结束(When)？任务的具体地址在哪里(Where)？都有哪些同伴(Who)？可以怎样去完成任务(How)？有多少预算(How Much)？ (2)写一写：班级要筹划一次沙滩趣味运动会，你作为体育委员为本次趣味运动会的主要负责人，请用“5W2H 分析法”确定本次任务的构成要素，写在练习纸上。 (3)说一说：小组内分享，分享自己运用“5W2H 分析法”分析问题的感受。

续表

活动名称	基本设置	操作步骤
3. 盲人摸象	**目的**：通过游戏让学生体会系统性思维。 **准备**：眼罩若干，12块彩色板，盲人摸象备注纸(练习 7-2-3)。 **人数**：30 人。	(1)团队成员以个体为单位分开，并带上眼罩，在看不见的状态下，带领者随机拿走 2～3 块彩色版，将剩余的彩色板发给已经戴好眼罩的学员，每名成员将从培训师手中领到 1～2 块不同颜色与不同形状的彩色板。 (2)学员拿到彩色板后不得打开眼罩观察，可以相互交流，也可以向带领者提问，但是只允许问“我手中的这块板子是什么颜色”这个具体的问题。 (3)除此之外，带领者将不回答其他任何问题。学员们通过相互沟通以及与带领者的沟通，最终要找出一共有几种颜色的板、有几种形状的板、并且能分析出带领者随机拿走的板都是什么颜色、什么形状。

练习 7-2-1

5Why 分析法

举例：“5Why”的问答方式

因超速驾驶被抓 —Why?→ 因为上班要迟到了 —Why?→ 因为起晚了 —Why?→ 因为闹钟没响 —Why?→ 因为电池没电了 —Why?→ 因为忘记换电池 → 解决办法 → 及时更换电池。

请大家根据以上示例，找一个问题进行提问，直到问到问题可解决的层面。

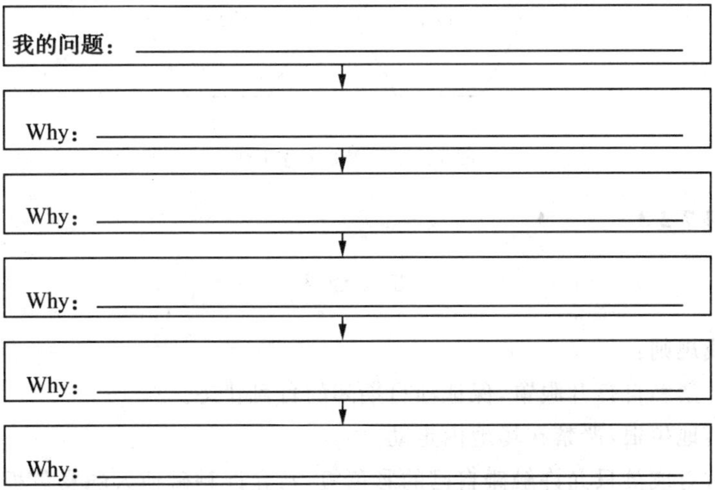

图 7-2-1　5Why 分析法

练习 7-2-2

5W2H 分析法

“5W2H 分析法”是明确任务型问题构成要素的重要方法，也就是在分析问题的时候问自己以下问题：为什么要做这件事情(Why)？这件事情的情况以及你主要做什么(What)？具体什么时间结束(When)？任务的具体地址在哪里(Where)？都有哪些同伴(Who)？可以怎样去完成任务(How)？有多少预算(How Much)？

班级要筹划一次沙滩趣味运动会，你作为体育委员为本次趣味运动会的主要负责人，请用“5W2H 分析法”确定本次任务的构成要素。

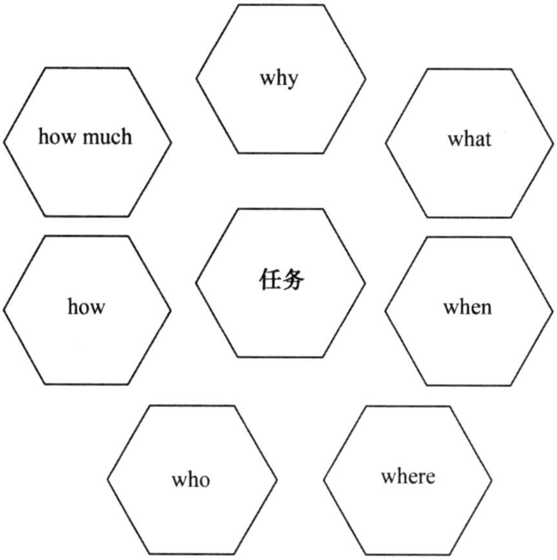

图 7-2-2　5W2H 分析法

练习 7-2-3

盲人摸象

游戏规则：

1. 严禁私自打开眼罩，保证项目期间的盲目状态。
2. 落地生根，严禁在场地内走动。
3. 所有成员只允许触碰自己的彩色板，不允许触碰他人的彩色板。
4. 彩色板只允许在自己手上，不允许交换。

5. 项目操作中，每个人都可以向带领者询问自己手中板的颜色。

6. 确认大家是否明白规则。

7. 随机分发彩色板。

8. 游戏开始后带领者将记录团队表现。

图 7-2-3　盲人摸象

单元三　创造性思维能力训练

目标：通过具体的训练，培养和提升学生的创造性思维能力。其具体内容与操作如表 7-3-1 所示。

表 7-3-1　　**关于创造性思维能力的训练**

活动名称	基本设置	操作步骤
1. 梦幻王国	**目的**：激发学生的创造性思维能力。 **准备**："词语卡片""梦幻王国"练习(7-3-1)纸。 **时长**：约 30 分钟。	(1)想一想：给每人发一张写有词语的卡片，然后要求学生迅速联想 5 个新的词语。将所有词语编织成一个较为完整的故事。 (2)写一写：请将上述内容写在练习纸上。 (3)说一说：小组内分享，分享自己的梦幻王国故事。
2. 脑洞大开	**目的**：激发学生的创造性思维能力。 **准备**："脑洞大开"练习(7-3-2)纸。 **时长**：约 30 分钟。	(1)想一想：尽可能多地说出铅笔的各种用途。怎样才能达到照明的目的？尽可能地设想利用铃声可以做什么事情。尽可能多设想利用红颜色可以做什么事情。尽可能多地说出可以用来健身的东西。 (2)写一写：请将上述内容写在练习纸上。 (3)说一说：小组内分享。

续表

活动名称	基本设置	操作步骤
3. 报纸游戏	**目的**:打破惯性思维的影响。 **准备**:一张报纸、一个小气球和一卷胶带、练习(7-3-3)纸。 用粉笔在地上画一条分界线,将报纸、胶带放在分界线的一侧,而将气球放在另一侧距离分界线 2.5 米处。 **时长**:约 30 分钟。	(1)请阅读练习 7-3-3 的内容,并大声朗读出来。 (2)想一想:请学生站在分界线处,利用报纸和胶带,在 5 分钟的时间内将气球取过来。不能用其他任何东西,不能超过分界线的位置,不能请其他人帮忙。 (3)说一说:小组讨论刚才解决问题的过程。
4. 风雨同舟	**目的**:鼓励成员积极参与头脑风暴,发挥团队成员的创意和合作能力,共同解决问题。 **准备**:每个小组准备一个坐垫。"风雨同舟"练习(7-3-4)纸。 **时长**:约 30 分钟。	(1)每组成员发放一块坐垫。 (2)要求每个团队充分讨论并尝试,怎样才能做到让全部成员都能坐到坐垫上。 (3)全部成员都能在坐垫上,保持 10 秒钟视为成功。 (4)小组内部分享团队合作和创新解决问题的过程。

练习 7-3-1

梦幻王国

5 个新词语:__________、__________、__________、__________、__________

梦幻王国故事

____

____

____

____

____

____

____

____

____

____

练习 7-3-2

脑洞大开

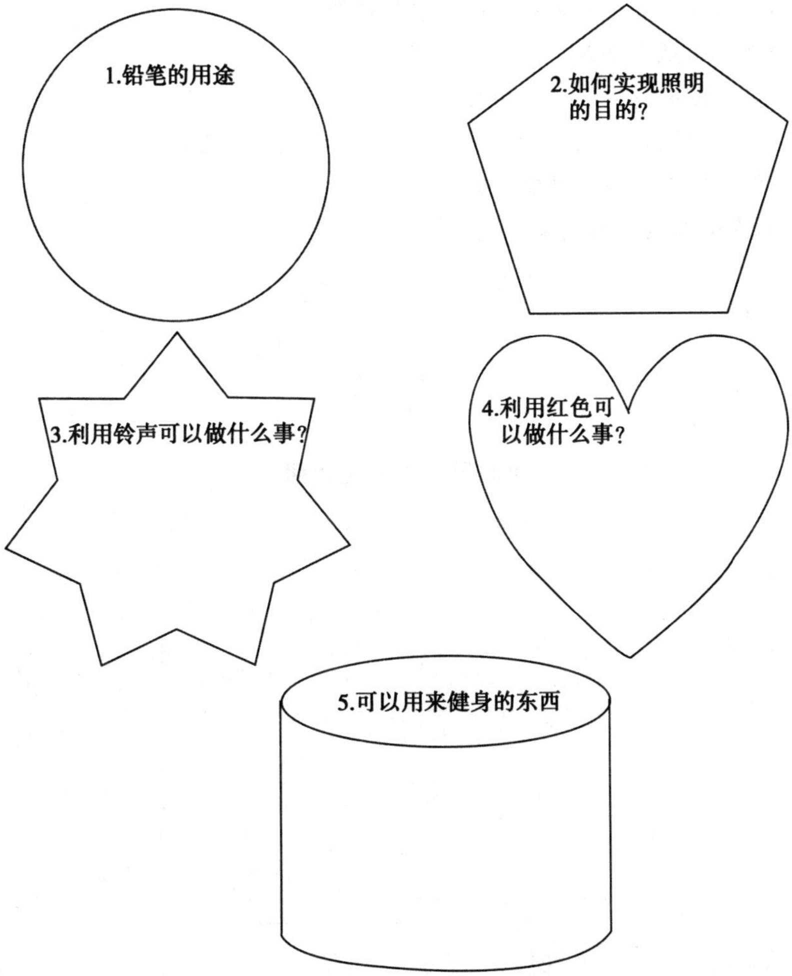

练习 7-3-3

报纸游戏

请阅读以下内容,并大声朗读出来。

报纸的 10 种可能用途

(1)你能阅读它并通过它了解新闻、娱乐和交易信息。
(2)在突然下暴雨时,你可以用它来遮住头。
(3)你可以用报纸做垫子。
(4)你可以把它撕碎,用来点燃篝火。
(5)你可以把它卷起来并且作为包装材料。
(6)你可以把它塞入一个小洞来挡风。
(7)你可以把它折成一个垃圾盒。
(8)你可以把它做成一个帽子,在清扫屋顶时遮挡灰尘。
(9)你可以把它铺在书桌洞里。
(10)你可以用它擦玻璃。

练习 7-3-4

风雨同舟

小组风雨同舟定妆照

造型名称:

知识链接——“发散思维”

一、什么是发散思维

发散思维是一种创造性思维，分析问题的思维模式是跳出框架去思考。这种思维方式并非没有答案或者提出一个固定不变的答案，而是在解决问题的过程中不断问自己“如果这样尝试会有何发现”。在探索多种可能性的思维过程中提出有创意的观点，并非采取显而易见的步骤，不经思考地走直线，而是分析问题的各个方面，以创造不同结果。发散思维鼓励人们寻找和考虑新颖而独特的方法、机会、观念和解决方式。

发散思维具备以下四个特点：

(1)流畅：迅速生成多个观点或解决方式的能力。

(2)灵活：同时设想多种解决问题的途径的能力。

(3)原创：想出大多数人想不到的观点的能力。

(4)践行：不止于设想且付诸实践的能力。

二、怎样促进思维发散

1. 学会思考和冥想

思考可以让人探索各种学习方式，创造新方式，最后再进行回顾反思。对于较为理论化的观点，想一想如何将其与生活经验联系起来，以及在以前的尝试中学到了什么。而冥想可以让大脑思路清晰，方便发散思维。

2. 用不寻常的角度看待事物

努力用不寻常的角度看待事物，即使有些时候看似有一点荒唐。比如，把生活想象成一桌宴席，而你是其中一道菜。然后从各位入席宾客的角度审视桌面：宾客会期待桌子上有什么？如果少了哪些东西会令他们失望？桌上是否有格格不入的物件，比如吹风机？如何使摆盘更引人垂涎，加点什么可以使其更吸引人？

挑战你的想象力，使大脑习惯于创新思维，如此一来你会觉得创新越来越简单。

3. 学会提问的方法

发散思维的重点不在于找到答案，而是不断提问以接近答案。提出正确的问题会让你找到想要的东西，困难的是该提哪些问题。越能从差异的角度提出具体的问题，越接近成功。将复杂的问题分解，然后就每一部分提问“如果这样尝试会有何发现”等可以有效促进思维发散。

三、练习发散思维的技巧

1. 头脑风暴，集思广益

这是构建观点的有效工具。一个观念能生成另一个，经过不断扩充，你会得到一系列有创意的未经组织的观点。在以小组形式进行头脑风暴时，鼓励每位成员自由思考。无需考虑答案是否实际，努力提出创造性的观点，哪怕它和问题本身联系颇微。

在这个过程中，不要批判任何一个观点。先记录所有观点，等产生一长列观点后，再一一回顾并评判其价值优缺。

2. 利用思维导图将思维可视化

把头脑风暴得到的观点制作成思维导图，明确各观点之间的联系。

简单的举个例子：假设你在为“创业”进行头脑风暴。

第一步：拿一张纸，在中央写上“创业”，把它圈起来。

第二步：假设你由创业这个主题延伸出一些二级元素（如：产品、服务、筹资、市场、雇员），把这些二级元素与创业这个主题连接起来。

第三步：假设围绕每个二级标题你又想出一些三级元素（如：由产品延伸出“裙子”和“鞋子”，由“筹资”延伸出“贷款”和“存款”），这个时候你再把三级元素与具体二级元素连接。

再经过第四步、第五步等，最终做出一个详细的思维导图。这样一个画思维导图的过程，既练习了发散思维，也练习了聚合思维。

3. 用创新的方式组织想法

想取得最佳效果，需要综合运用发散思维和聚合思维。发散思维提供创造力，聚合思维则有助于分析评估并总结这些创新的观点。

单元四　创新实践能力训练

目标：通过具体的训练，在实践中培养和提升学生的创新能力。其具体内容与操作如表 7-4-1 所示。

表 7-4-1　　关于实现创新实践能力的训练

活动名称	基本设置	操作步骤
1. 卖梳子	**目的**：通过游戏“卖梳子”鼓励学生敢于挑战“不可能”。 **时长**：20 分钟。	(1)活动背景：有一家效益很好的大公司，为扩大经营规模，决定高薪招聘营销主管。广告一出，报名者云集。面对众多应聘者，招聘工作的负责人说：“相马不如赛马，为了选拔出高素质的人才，我们出一道实践性的试题，就是想办法把木梳尽量多地卖给和尚。” 负责人交代：“以 10 日为限，届时向我汇报销售成果。” 假定你是应聘者之一，请在规定的时间里思考和设计方案“如何把梳子卖给和尚”，看哪个小组提出的方案能卖给和尚最多的梳子，并在实际生活中具有一定的可操作性。 (2)推销梳子成果汇报。 (3)推销梳子的感受分享。
2. 大学生实践创新项目书	**目的**：在具体项目事件中锻炼创新实践能力和团队合作能力。 **准备**：“大学生实践创新项目书”练习(7-4-1)纸。 **时长**：约 60 分钟。	(1)以小组为单位设立创新实践项目，并撰写项目计划书。 (2)项目内容可以围绕某一专业课题或社会调研等任何团队感兴趣的问题。 (3)项目建议在实际生活中开展。
3. 个人生活问题创新性解决	**目的**：在实际生活问题解决中锻炼与提升实践创新能力。 **准备**：“个人生活问题创新性解决”练习(7-4-2)纸。 **时长**：30 分钟。	(1)想一想：找一个自己想解决的个人生活问题；利用系统性思维和创新性思维重新分析问题；利用头脑风暴记录下自己所有想到的解决办法；制定创新性解决方案。 (2)写一写：将上述问题写在练习纸上。 (3)说一说：小组分享。
4. 我的创新日记	**目的**：通过记录日常生活中的创新性做法，锻炼和提升创新实践能力。 **准备**：“我的创新日记”练习(7-4-3)纸。 **时长**：30 分钟。	(1)想一想：每天记录自己当天一件以上有创意性的事情，分析创新点所在，采用创新思路和解决办法的收获与感受。 (2)写一写：将上述问题写在练习纸上。 (3)说一说：小组分享。

练习 7-4-1

大学生实践创新项目书

团队 logo

项目名称：______________________

团队名称：______________________

撰写时间：______________________

一、本项目的研究现状、趋势、可行性分析及创新点

二、本项目的基本内容，预计突破哪些难题

三、本项目的研究思路、方法

四、本项目工作方案和进度计划

五、项目成果的预计去向及使用范围

六、项目的具体预算

练习 7-4-2

个人生活问题创新性解决

我面临的一个生活问题：

我习惯性的解决思路：

系统性思考：	创新性思考：	头脑风暴：

新的解决方案：

我的创新日记

日期：________年________月________日。

创新性事件：____

____

____

____

____

____

____

____

感受与收获：____

____

____

____

____

____

____

____

测一测

大学生创新精神调查问卷

各位同学好！请仔细阅读调查问卷中的每一个句子，然后在下面你认为最符合实际情况和看法的选项所对应的数字上打对号。“1”为完全不符合，“2”为基本不符合，“3”为不确定，“4”为基本符合，“5”为完全符合。

请注意：这是一项不分好坏的调查，不要有任何顾虑。请根据自己的真实情况快速填写，不要花太多时间去深入思考。本问卷共 39 题，请不要漏题。

1. 我听课时，有时会冒出奇妙的想法，并且兴奋不已。

1　　2　　3　　4　　5

2. 我不喜欢模仿别人，而喜欢做出新的不同寻常的表现。

1　　2　　3　　4　　5

3. 有时我会对大多数人深信不疑的东西表示怀疑。

1　　2　　3　　4　　5

4. 解决问题时，如果没有可借鉴的经验，我会感到无从下手。

1　　2　　3　　4　　5

5. 课堂上，老师经常鼓励我们不要迷信专家和权威的观点。

1　　2　　3　　4　　5

6. 在解决问题的过程中，我还会有意识地对自己的思路是否正确、合理进行监督与控制。

1　　2　　3　　4　　5

7. 当遇到难以解决的问题时，我能及时改变思考角度。

1　　2　　3　　4　　5

8. 我能发现教材、书籍或刊物中某些表达不流畅或陈述有问题的文字。

1　　2　　3　　4　　5

9. 当我再次遇到老问题时，我会驾轻就熟地使用经验去解决。

1　　2　　3　　4　　5

10. 做事情时，我喜欢“三思而后行”。

1　　2　　3　　4　　5

11. 有时老师会引导我们对教材进行大胆质疑。

1　　2　　3　　4　　5

12. 同学和朋友们的新点子、新方法常激发我产生创新想法和行为。

1　　2　　3　　4　　5

13. 听到有同学说我喜欢出风头、别出心裁时，我就开始注意收敛自己的行为。

1　　2　　3　　4　　5

14. 解答或解决完问题后，我会对解答或解决问题的每一个过程进行检查和思考。

1　　2　　3　　4　　5

15. 我认为对于问题的解决方法，还是老师思考得更为准确。

1　　2　　3　　4　　5

16. 当我找不到我所需要的物品时，我能很快想到一件代替品。

1　　2　　3　　4　　5

17. 对于已有的定论，我从不怀疑。

1　　2　　3　　4　　5

18. 课堂上有学生提出稀奇古怪的问题时，老师从不批评，而是进行引导。

1　2　3　4　5

19. 在问题解决后，我很少对自己在解决问题中的思考方法、思考过程和解决方法再进行认真思考。

1　2　3　4　5

20. 做事情时，如果一个途径和方法没有取得预期效果，我很快就能想到另一些可以尝试的途径和方法。

1　2　3　4　5

21. 公共课的有些重要内容，对我的创新思维与意识起了重要的促进作用。

1　2　3　4　5

22. 必要时，我也能将别人看来风马牛不相及的事情联系在一起。

1　2　3　4　5

23. 当再次遇到老问题时，我会尽力寻找解决老问题的新捷径。

1　2　3　4　5

24. 我总是坚持我认为正确的观点，不会因专家或老师的不同观点而轻易改变。

1　2　3　4　5

25. 我喜欢和同学、朋友共同探讨或分享解决问题的新方法。

1　2　3　4　5

26. 学校安排我们听的学术报告，对我的创新思维与创新意识起到了重要作用。

1　2　3　4　5

27. 在做同一件事时，我更乐意想出与别人不同的办法。

1　2　3　4　5

28. 我相信并认为教材上、书本上的东西都是对的。

1　2　3　4　5

29. 辅导员老师对我们的讲话和教育帮助，对我的创新性思维与创新意识起到了重要的促进作用。

1　2　3　4　5

30. 我不愿拘泥于现成的答案，愿意积极思考寻求新的方法。

1　2　3　4　5

31. 一旦我想好了一个重要问题的解决思路，就不会再改变思路。

1　　2　　3　　4　　5

32. 专业课的内容，对我的创新思维与创新意识起到了重要的促进作用。

1　　2　　3　　4　　5

33. 即使没有答案，我也乐意为新颖的想法花费大量时间。

1　　2　　3　　4　　5

34. 老师只讲授教材上的知识，而不愿涉及教材之外的内容。

1　　2　　3　　4　　5

35. 解决完问题后，我更多的是考虑解题过程和方法，而不是结果。

1　　2　　3　　4　　5

36. 老师只喜欢学习成绩好和规规矩矩的同学。

1　　2　　3　　4　　5

37. 我很少有异想天开的想法。

1　　2　　3　　4　　5

38. 思想政治课的有些重要内容，对我的创新思维与创新意识起了重要的促进作用。

1　　2　　3　　4　　5

39. 好多同学说："创新是科学家、企业家的事，与我们无关。"我也赞同这种观点。

1　　2　　3　　4　　5

计分方法：每个题目的"1""2""3""4""5"分别计 1 分、2 分、3 分、4 分、5 分，反向计分题则相反，其中第 4、15、17、19、28、31、34、36、37、39 题为反向计分题。分数累加越高表示创新精神越强。

读一读

刷爆朋友圈的不仅是屠呦呦，更是创新

2015 年 12 月 10 日，瑞典斯德哥尔摩音乐厅诺贝尔奖颁奖仪式上，当屠呦呦从瑞典国王手中接过诺贝尔奖奖章时，关于她的话题再次刷爆朋友圈。"其成就带来重大变革"，评委会在颁奖词中如此评价这位中国女科学家。这是国际科学界对中国科学家所作努力和取得成果的肯定，可喜可贺！

人们欣喜之余，也不乏理性思考。有人试图通过屠呦呦的科研经历，探寻她的成功密码。分析发现，这位"低调的求索者"骨子里无处不涌动着创新的

冲动，蕴含着创新的勇气，闪烁着创新的思想火花。正如屠呦呦自己所说："作为一个科学工作者，我们需要用创新精神去寻找新事物。"

"创新是科学房屋的生命力"。国势强弱，系乎人才；人才强弱，系乎创新。当下中国，创新发展已上升为国家战略，成为"五大发展理念"之一，一个"大众创业、万众创新"的新浪潮正在涌动。作为大众一员，该如何面对创新呢？屠呦呦的人生实践给了我们一个清晰的答案。

创新从来都是拓新路，必须有趟出一条血路的魄力和勇气。一次实验中，屠呦呦发现过性转氨酶升高的异常现象，为此她不惜亲自"尝毒"，确认安全才投入临床使用。实践证明，创新之路大多是"摸着石头过河"，甚至无石可摸，敢冒风险、敢"出风头"应是创新者的基本品质。循规蹈矩，畏首畏尾，必然会影响创新的劲头。

提取到青蒿素，屠呦呦经历了190多次的失败。从青年到暮年，屠呦呦的一鸣惊人来源于她的执著专一。创新如同跑马拉松，非意志坚定者不能到达终点。荣获国家自然科学一等奖的铁基高温超导研究项目，凝聚着中科院物理所教授赵忠贤团队20多年的心血；张益唐教授在世界性数学难题"孪生素数猜想"问题上获得破冰性的进展，源自他30年如一日的默默攻关……事实证明，创新离不开"咬定青山不放松"的定力，创新需要"板凳坐得十年冷"的坚持，不屈服于外部环境的诱惑和压力，恒心静气、扎实做事，才能平淡为学、行稳致远。

创新向来与风险相伴，如何对待失败，关乎创新者成长。鲁迅说，想有乔木，想看好花，一定要有好土；没有土，便没有花木了。创新之花的绽放，同样离不开适合生长的"好土"。屠呦呦的成功经历提醒我们，一个创新项目从基础研究到实际应用，除了时间积累，还面对风险叠加。对此，既需要营造允许试错、宽容失败的人文环境，还要注重打造一种良性机制，激励更多人释放创新智慧。

虎啸山林，鹰击长空；鱼翔浅底，驼行大漠。今天的中国，创业创新成为鲜明的时代主题，接踵而至的利好政策为创新者提供了难得的机会和广阔的舞台。我们期冀，时代的舞台涌现更多的"屠呦呦"，以个体的点滴汇成奔涌的大河，缔造出更具活力的创新中国，创造出更多惠及人类的优秀成果。

第八章　诚信和自律

【学习目标】

1.掌握诚信的内涵以及法律上对诚信的规定，了解坚守诚信、严于律己的重要意义。

2.认识大学生中的不诚信现象，学会讲诚信严自律，提高诚信和自律意识，塑造诚信和自律行为。

【案例】

基本情况：2009～2013年，大学生刘某办了四笔共24 000元的生源地信用助学贷款。2016年底，刘某经过3年的自主创业，具备了购房能力。当刘某向中国银行某支行递交房贷申请后，中国银行某支行通过查询个人征信系统发现，刘某的生源地信用助学贷款存在累计60次逾期记录，因此拒绝了刘某的房贷申请。刘某非常后悔自己过去的失信行为，并以此为例，警示其他申请助学贷款的学生们，要吸取其教训，做个诚信的人，按时还款。

分析：刘某的行为属于大学生助学贷款违约失信。不按时偿还国家助学贷款的记录会被载入毕业生学历查询系统，如果说借款学生已经成功就业，那么系统会向公司或单位通报违约的情况，同时这也会影响毕业学生的就业与招聘活动。个人征信系统建立后，借款人逾期不还银行贷款将记录到个人征信系统中，各商业银行通过查询个人征信系统能够掌握该借款人的贷款偿还状况。通常情况下，逾期不还的借款人无法再从各家银行获得新的贷款。诚信是立身之本、事业之基，良好的信用是大学生应当具备的基本素质。所以，大学生要守住诚信底线，严格自律。

【理论知识点】

明代学者徐溥律己的故事：徐溥少年时为检点自己的言行，在书桌上放了两个瓶子，分别贮藏黑豆和黄豆。每当心中产生一个善念，或是说出一句善言，做了一件善事，便往瓶子中投一粒黄豆；相反，若是言行有什么过失，便投一粒黑豆。开始时，黑豆多，黄豆少，他就不断地深刻反省并激励自己；渐渐黄豆和黑豆数量持平，他就再接再厉，更加严格地要求自己；久而久之，瓶中黄豆越积越多，相较之下黑豆渐渐显得微不足道。直到他后来为官，还一直保留着这一习惯。徐溥就凭着这样的持久约束和激励，不断修炼自我，完善品行道德，终于成为德高望重的一代名臣。

徐溥对自己行为的高标准要求显示了他强烈的自律意识，即使是在个人独处时，也能严于律己，谨慎对待自己的一言一行，谨慎自觉地按照道德标准规范自己的言行，一如既往地保持道德自觉。

一、"诚信"的基本内涵

1."诚"与"信"的传统文化内涵

"诚信"就是要诚实、讲信用。"诚"是真心真意，"信"是诚实不欺。孟子说："诚者，天之道也，诚之者，人之道也。"孔子说："人而无信，不知其可也。"

诚信，在中华民族五千年文明中源远流长，有"言必信，行必果"的人生哲理，也有"仁、义、礼、智、信"的人伦五常。古汉语中"诚"与"信"起初是作为两个道德规范分开遵循和使用的，后来因为二者之间的联系性、互通性而被归为一类。儒家思想中"诚"的理念对于民众、为政者的影响十分深远，在"四书五经"中"诚"的思想鲜明突出。正如《大学》中所说："欲正其心者，先诚其意；欲诚其意者，先致其知。"《中庸》中又把"诚"提升到更高的一层境界，认为"诚"是世界万物普遍运行的规律，强调："诚者，天之道也；诚之者，人之道也。"可见在传统文化中"诚"的重要性，其位居道德范畴的最高点，使得人们注重待人以诚，在提升自身的道德修养的同时，一定程度上也维护了统治的稳定。"信"在孔子看来是仅次于"仁"和"礼"的重要品格。《论语·学而》强调："吾日三省吾身：为人谋而不忠乎？与朋友交而不信乎？传不习乎？"《论语·颜渊》篇也强调："自古皆有死，民无信不立。"

正因为"诚"与"信"两者之间的联系性和共通性，经过历史长河的洗礼，最终结合在一起，凝练成为中华民族一种宝贵的传统文化和道德品质并流传至今。"诚信"丰富和发展了中华民族传统美德，并成为中华优秀传统文化基因的重要组成部分，根植于每一个人的内心。

2."诚"与"信"的现代内涵

《现代汉语词典》载：诚，意指真实；信，意指信用；而诚信即为诚实、守信用。按现代汉语规范来看，诚信作为一个道德范畴，是公民在日常生活实践中诚实与守信的表现。

诚信是一种道德观。诚信不是简单的对于公民个体的行为规范，在社会层面、国家层面都发挥着重要影响的道德律令。

诚信也是一种价值观，是日常生活中处理社会关系、人际关系的价值标尺。一方面，诚信体现出了人们对真善美的追求和对假恶丑的摒弃。另一方面，诚信也体现了人与人、人与社会之间评价的基本价值尺度。人们只有坚守诚信，才能做到在人际交往和社会实践中立于不败之地。

二、诚信的法律规制

诚信不仅是一种精神需求，更是外在的行为规范。在现代社会，市场经济和法治建设赋予了诚信更丰富的内涵。进一步来说，诚信是法治社会的一项基本法律原则，为法律所体现，被法律所保障。

《中华人民共和国民法典》第七条规定："民事主体从事民事活动，应当遵循诚信原则，秉持诚实，恪守承诺。"民事法律规范中的诚实守信原则被视为"帝王条款"，具体民事立法均不得违反该原则，在此基础上还引申出禁止权力滥用、情势变更等下位原则。在行政法律规范中，信赖保护原则要求保护行政管理相对人对行政权力的正当合理信赖，行政机关不得擅自改变已生效的行政行为。刑事法律规范则是通过对各类失信行为的负面评价和制裁来体现对诚信价值的倡导和保护。

三、诚信自律的意义

坚守诚信，严于自律，是我们通往成功之路的行为准则和必然要求。

1. 为什么要坚守诚信

诚信是数千年中华民族传统美德的核心之一，是规范人们处理人际关系的道德底线。它与勤俭、孝悌共同成为中华传统美德的思想基石。古代圣贤所提倡的"仁、义、礼、智、信""温、良、恭、俭、让"，无不以诚信为基础，诚信也是"真、善、美"的思想基础，无诚则无真，则无善，更谈不上美。

诚信是人际沟通的基础、人际交往的桥梁，俗语道："多个朋友多条路，多个知己建座桥。"在现今愈加开放的社会，欲成功者，倘若无他人的真诚帮助，成功谈何容易？若无诚信，谁肯帮忙？试想，哪个人愿意与言行不一、背信弃义甚至口蜜腹剑的小人同路而行，相互帮助呢？

诚实守信，是人的立身之本、处世之道、为人之德。诚，使人广交朋友；信，使人把握机会，获得成功。当然，在现实生活中，无视诚信、不讲信用，甚至尔虞我诈的现象屡见不鲜、比比皆是。对此，我们应谴责并嗤之以鼻。但我们应相信，以诚感人者，人将以诚报之。

2. 为什么要严于律己

严于律己，就是要在行动上以国家法律法规和正确高尚的道德准则严格地规范自己、约束自己、要求自己。

严于律己是客观形势的发展对我们的要求。由于国际、国内环境的不断变化，在相当长的一段时间内，一部分不同职业、不同职位、不同阶层的人经受不住市场经济大潮的消极影响或冲击，其主要表现是自我意识不断膨胀，传统道德观念逐渐淡漠甚至发生扭曲，自由主义、享乐主义、拜金主义思想严重。

严于律己是自身发展对我们道德修养的要求。古往今来，无论国内国外，还是任何社会的不同时期，一个人想要求得自身发展、获得事业成功，就必须以良好的道德修养和模范的个人行为作为先决条件。"欲穷千里目，更上一层楼"，对于我们来讲，"更上一层楼"应该是比他人领略到更高的思想境界和道德标准，修养成更为迷人的人格魅力。①

四、大学生的诚信自律问题

1. 社交生活中的诚信问题

随着网络信息技术的迅猛发展，当今社会已经形成信息多元化、交流即时化的环境，当代大学生的社会交际活动非常频繁。但是以诚信角度而言，无论是现实生活中的社交人际，还是网络环境中的社交人际，一些大学生都或多或少存在诚信道德问题。例如，一些大学生出于自卑心理会在网络社交平台上隐瞒自己的真实身份，构造一个完全虚拟的身份，在与他人交往时，刻意回避现实，给人与人之间的信任造成了很大的伤害；一些大学生因为正处于青春年少的热血时期，会给自己塑造一个很个性的网络形象，在网络大平台上面针对一些社会热点做出过多的解释，甚至发表一些不符合自己身份、影响社会稳定的过激言论，这就在很大程度上污染了网络环境，给他人带来很不好的影响。

2. 学习生活中的诚信问题

大学生最重要的任务还是学习。不断学习先进的知识，提升自己的文化知识修养是每一位大学生的责任与义务。但是在现阶段的高校环境中，有相

---

① 参见李鹏、孙爱静、李佳：《坚守诚信、严于自律是大学生通往成功之路的思想基础》，《科学大众》2008 年第 4 期。

当一部分大学生在学习活动中出现了严重的诚信问题。譬如，在学科的期末考试中公然舞弊，无视考场规则；花钱请人代课，用金钱买课时、买网课的答案；毕业论文过多抄袭，存在严重的学术不端行为。此类行为在很大程度上动摇了高校的诚信机制，给学风建设、校园文化的塑造造成了恶劣的负面影响；同时，也会给自己带来不可消除的消极影响，影响毕业、就业以及往后的日常生活。

有这样一个案例，山东一高校女生葛某携带与考试内容相关的小纸条进入考场，在从口袋掏出的过程中被监考老师发现。毕业后她没有被授予学士学位，将学校告上法庭，结果败诉。因不服法院判决，她向省高级人民法院申请再审，省高院驳回了她的申请。这是我们学校生活中最典型的不诚信现象，考试作弊不仅仅是违反了学校规定，同时也是违反了道德上对诚信的要求，其结果不言而喻。

3.经济生活中的诚信问题

随着我国经济水平的不断发展，大多数人的经济消费意识与经济消费能力都得到了很大的提升。在这种社会发展新趋势下，大学生的经济观念也受到了很大的影响。现阶段的大部分大学生已经成了商业消费中的重要来源，与八九十年代的贫苦大学生相比，有着翻天覆地的变化。消费能力的增长是一件好事，但是当下有一部分大学生的经济生活中却存在着严重的诚信问题。比如一些大学生恶意透支信用卡，给银行以及自己的征信带来了很严重的后果；一些大学生为了满足日益膨胀的消费欲望，在不考虑经济基础的前提下，冲动消费、贷款消费，给自己带来了极大的经济压力，同时还欺瞒父母，以学杂费为理由索取过多的金钱；一些具有贫困补助、助学贷款的大学生通过恶意的手段来索取国家补助资金，等等。这些经济生活中的问题能够直接反映部分大学生的诚信意识，正是这些失信行为的存在，使得当下大学生经济消费大环境中出现不良的风气，影响了他人的消费判断。[①]

4.不自律导致的问题

现代大学生中的不自律主要表现在时间管理和金钱管理等方面。生活无规划，看似顺其自然，实则随波逐流。当一天和尚撞一天钟，拖拉、消沉、颓废，沉迷手机和网络，甚至有时一天只出两趟寝室，就为拿外卖。早上睡觉睡到九、十点钟，不吃早餐，然后开启一天颓废模式，直到寝室熄灯后，还躲到被窝

① 参见欧阳爽悦、杜苇:《新形势下大学生诚信教育中的自律机制探析》,《教书育人(高教论坛)》2019年第21期。

里看小说。这可以说是高度的不自律，不对自己提要求，提了要求不去做；不给自己做计划，做了计划不去执行，等等。在不自律、失去方向和目标的生活中，感受到的是空虚、孤寂。

五、如何做到诚信自律

诚信是中华民族的传统美德，是人与人之间相处的道德规范，更是作为当代大学生必须具备的品质。作为一名当代大学生，我们应该从自己做起，从小事做起，学会如何以诚待人，且凡事都要从大局出发，不要只顾自己的利益而做出有损集体利益的事情。处处守信用、重承诺、践约定，充分发挥同学的榜样示范作用，这样才能够使同学们以诚相待，才会更好地形成集体的诚信风气。

严于自律的要求是在个人独处、无人监督时不能放松对自己的要求，而要更加注重坚守自己的道德信念，谨慎、严格地按照规范去做，不能人前一面，人后一面，表里不一。一个注重品行、注重个人道德修养的人，在任何时间、任何场合、任何环境下都不能放松对自己的要求，更不能偶发邪念而恣意放纵自己，要始终保持纯洁高尚道德品质与政治操守。严于自律，就是要不断克制并战胜自己头脑中产生的利己欲念。

1. 遵守社会公德

社会公德是指全体人民在社会交往和公共生活中应该遵循的行为准则，涵盖了人与人、人与社会、人与自然之间的关系。主要包括文明礼貌、助人为乐、爱护公物、保护环境、遵纪守法等。

2. 遵守职业道德

职业道德主要包括爱岗敬业、诚实守信、办事公道、服务群众、奉献社会、艰苦创业、廉洁奉公等。而作为尚未谋职的在校学生而言，其职业道德的核心内容应该是刻苦学习、勤奋励志、掌握本领、服务未来。在校学习期间遵守学校规章制度，诚信考试；在与同学相处过程中，诚信待人。

3. 遵守家庭美德

家庭美德是每个公民在家庭生活中应该遵循的行为准则。主要包括尊老爱幼、男女平等、夫妻和睦、勤俭持家、邻里团结等。虽然绝大部分大学生涉及不到处理夫妻关系，但由于正值择偶年龄，因此要切实遵守恋爱道德，不能玩弄感情、见异思迁或喜新厌旧。

当然，大学生诚信自律的方法还有他律。他律是学生主体之外的行为或法律约束。他律和自律是紧密相连的，没有道德规范的他律性，也就没有道德的自律性。但他律是初级层次的，是外在的约束，而自律是更高层次的，是内在的道德节制行为，在道德修养过程中起着更为重要的作用。所以，严于律己是大学生强化道德修养，不断提高自身综合素质的重要方法和有效途径。

【训练实施】

目标：增强学生对诚信、自律的理解，培养学生的诚信自律意识和行为。其具体内容与操作如表 8-1-1 所示。

表 8-1-1　　关于实现学生诚信自律意识和行为的训练

活动名称	基本设置	操作步骤
1. 答非所问	**目的**：活跃团队气氛；体验心口不一时的心理冲突；引发大家对诚信本质的思考。 **准备**：活动道具为“答非所问试题册”(详见练习 8-1-1)；针、线若干；计时器；活动场地为室内。 **时长**：约 20 分钟。	(1)团队成员分组，每组成员 8～10 人。 (2)要求参与人员一边穿针引线一边回答主持人提问，全部以“是”或“否”来回答，答案本来为“是”的要回答“否”，答案为“否”的要回答“是”。 (3)在 2 分钟内连续答对 10 道题或者成功将线穿进针孔即为获胜。 (4)分享讨论(详见练习 8-1-2)：答非所问产生了怎样的心理冲突？如果可以选择，是否愿意选择心口如一。
2. 诚信测验	**目的**：通过模拟测验情境，让参与者体验不能达考试目标的失落感；加深个人对诚信自律品质的认识。 **准备**：活动道具为阅读材料(详见练习 8-1-3)；纸、笔若干；活动场地为室内。 **时长**：约 30 分钟。	(1)参与者寻找独立空间落座。 (2)测试开始前，主持人宣读考试纪律：每个人将获得一份阅读材料，请大家参考阅读材料回答问题。 (3)考试时间为 10 分钟。 (4)考试期间，无人监考，请大家独立作答。 (5)考试结束后，大家分享讨论(详见练习 8-1-4)：考试期间自己有没有做到诚信、自律？周围人有没有做到诚信、自律？你为什么做到了(没做到)？
3. 远离手机挑战	**目的**：设置规定情境，让参与者在规则约束下体验自律感。 **准备**：纪录片《辉煌中国》；纸、笔若干；活动场地为多媒体教室。 **时长**：约 60 分钟。	(1)主持人组建微信群，所有人需要入群。 (2)所有人将手机放在桌面左上角。 (3)观看纪录片期间，主持人将不定时给参与者发送微信短消息或拨打语音电话，制造违反规则的冲突。 (4)观看纪录片期间，参与者不准触碰手机。 (5)分享讨论(详见练习 8-1-5)：手机来电、来消息是否给自己观看纪录片造成了困扰？自己是如何处理这一冲突的？谈谈自己对整个过程的感受或发现？关于自律，你有怎样新的认识？

续表

活动名称	基本设置	操作步骤
4. 护蛋行动	**目的**：让学生学会坚持，培养他们的耐心和自控力；让学生体验守信的意义，体验感悟一字千金的分量。 **准备**：生鸡蛋；活动场地为室内外均可。 **时长**：两个星期。	(1)每个同学准备一个生鸡蛋。 (2)这个道具生鸡蛋在这里被当作一个小生命，要求学生每天随身携带并护送鸡蛋，并把鸡蛋带到主持人这里，由主持人作一次标记。每次做的标记都不同，并且要保护好鸡蛋，使它完好无损。 (3)若鸡蛋破损，则要受到适当的惩罚，比如重新开始游戏时，必须带两个鸡蛋或三个鸡蛋等。 (4)整个游戏时间为两个星期，看哪一位同学能坚持到最后。 (5)注意事项：①这项活动大多数的同学都认真对待，但也有个别同学嫌麻烦，不随身携带鸡蛋，而是放在教室里或是放置在学校的某个地方，第二天直接到主持人那里做标记，这样使得这项活动的难度就降低了许多，活动本身也失去了意义。因此，参与者可相互监督。②活动中间主持人添加学生微信，要求其与鸡蛋合影，这种必要的监督可保证活动的真实性和公正性。对参与者而言，也是其是否具有诚信的表现。 (6)两星期后进行活动体验分享(详见练习 8-1-6)：你在护蛋行动中是否想过走捷径或者放弃？你对自己的表现满意吗？在整个游戏过程中，你最满意的地方是什么，最不满意的地方是什么？
5. 情景剧《一念之间》	**目的**：让学生通过角色扮演，体会诚信、自律品质的宝贵之处；增强团队成员的参与感和执行力。 **准备**：剧本(练习 8-1-7)；活动场地为室内。 **时长**：120 分钟。	(1)小组成员认真阅读剧本。 (2)每人获得一个角色并熟悉台词。 (3)主持人作为导演组织协调各个角色完成既定任务。 (4)分享讨论(详见练习 8-1-8)：你所扮演的角色有哪些优点？你所扮演的角色有哪些缺点？剧中有哪些行为是不诚信、不自律的表现？诚信自律的可贵之处有哪些？
6. 肌肉控制训练	**目的**：通过感受肌肉的紧张与松弛，体验对自己身体的掌控感；引导参与者由掌控身体联想到掌控工作、生活(自律)。 **准备**：指导语(练习 8-1-9)；音乐播放器、轻音乐；活动场地为较为安静的室内。 **时长**：15 分钟。	(1)请参与者先自行紧张身体的某一部位，如用力握紧手掌 10 秒钟，使之有紧张感，然后放松 5～10 秒，这样经过紧张和放松多次交互练习，参与者在需要时，便能随心所欲地充分放松自己的身体。通常施行紧张松弛训练的身体部位是手、手臂、脸部、颈部、躯干以及腿部的肌肉。 (2)参与者找到舒服的姿势坐好，确保身上没有硬的或尖锐的物品。 (3)分享讨论：谈一谈肌肉控制训练给自己带来的感觉以及其对于自律的借鉴意义。

续表

活动名称	基本设置	操作步骤
7. 团体契约①	**目的**：保证团体正常发挥功能，实现团体领导者与成员之间的相互尊重与配合，建立团体成员需要共同遵守的契约和规范。 **准备**：三角巾或眼罩，每人一份，团体领导者制定出三条基本的团体契约，并在活动前按每人一份的数量复印好；一张大白纸，一支黑色粗白板笔。 **时长**：约 30 分钟。	(1)请团体成员阅读团体契约，采用开放方式，邀请成员共同讨论团体规范，领导者在团体过程中不断引导、示范，注意强调保密、守时、不可身体攻击等，鼓励团体成员对规范提出自己的建议，并用黑色粗白板笔写在大白纸上。团体契约建立后，请每位成员在写有契约的大白纸上签下自己的名字。 (2)每次团体活动时将契约挂于活动室内，强化成员对契约的重视。 (3)分享讨论：详见练习 8-1-10。

练习 8-1-1

答非所问试题册

(1)地球总是绕着太阳转(否)。

(2)你的伯父是你父亲的哥哥(否)。

(3)55 不可以被 11 整除(是)。

(4)三个“金”字是读“鑫”(xīn)(否)。

(5)海洋的水都是淡的(是)。

(6)一斤棉花比一斤铁重(是)。

(7)姚明是不是曾在洛杉矶湖人队打球(是)。

(8)学挖掘机到新东方(是)。

(9)黄瓜皮都是黄色的(是)。

(10)土耳其地跨欧、亚两洲(否)。

(11)你是个男生(男生答“否”，女生答“是”)。

(12)在地图上都是上北下南，左西右东(否)。

(13)电话不是通讯工具(是)。

(14)指南针是中国人发明的(否)。

① 参见潘莉莉等：《大学生团体辅导的理论与实践》，合肥工业大学出版社 2018 年版，第 44～45 页。

(15)太阳从东边升起(否)。

(16)复印机是用来打印的(是)。

(17)植物会发生光合作用(否)。

(18)牛顿发现地球是有引力的(否)。

(19)中国工商银行可以发行货币(是)。

(20)生老病死是人生的必然规律(否)。

(21)在中国,汽车是靠左边行驶的(是)。

(22)《出师表》是诸葛亮写给周瑜的(是)。

(23)黄鹤楼是在武汉市境内(否)。

(24)《最后的晚餐》不是齐白石的作品(否)。

(25)影子总是在人的后面(是)。

(26)北极熊生活在南极(是)。

练习 8-1-2

答非所问

(1)口是心非,让你快乐还是痛苦?

(2)当你的行为和语言不一致时,精力是否需要格外集中?

(3)答非所问是否需要承受很大的心理压力,这让你快乐还是痛苦?

(4)如果长期持续下去,可能会引发什么样的心理问题?

练习 8-1-3

一代明君李世民

李世民，聪明果断，擅长骑射。少年从军，曾去雁门关解救隋炀帝。首倡晋阳起兵，拜右领军大都督，受封敦煌郡公，领兵攻破长安，拜尚书令、光禄大夫，受封秦国公、赵国公。唐朝建立后，领兵平定薛仁杲、刘武周、窦建德、王世充、刘黑闼等割据势力，为唐朝的建立与统一立下赫赫战功，拜天策上将，封秦王。设立文学馆，笼络四方人才。武德九年六月初四(626 年 7 月 2 日)，发动"玄武门之变"，杀死隐太子李建成和巢剌王李元吉，册立为皇太子。八月初九，唐高祖李渊退位，李世民即皇帝位，年号贞观。在位初期，听取群臣意见，虚心纳谏。对内文治天下，厉行节约，劝课农桑，实现休养生息、国泰民安，开创"贞观之治"。对外开疆拓土，攻灭东突厥与薛延陀，征服高昌、龟兹和吐谷浑，重创高句丽。设立安西四镇，与北方地区各民族融洽相处，获得尊号"天可汗"，为唐朝后来一百多年的盛世局面奠定重要基础。

请参考上述材料回答以下问题：

(1)李世民是哪里人？

______

(2)李世民的母亲叫什么？

______

(3)李世民在位多少年？

______

(4)李世民有什么爱好？

______

(5)李世民在哪一年被晋封秦王？

______

练习 8-1-4

诚信测验

(1)考试期间自己是否有不诚信、不自律想法？最终是如何做的？

______

______

______

(2)周围人有没有做到诚信、自律?

(3)从参考资料中难以获得有价值的信息,是否可以作为自己违背诚信初衷,松懈自我约束的理由?

(4)如果有人监考,对于提升自己的诚信、自律能力是否有帮助?

(5)请谈谈你对整个过程的感受。

练习 8-1-5

远离手机挑战

(1)手机来电、来消息是否给自己观看纪录片造成了困扰? 自己是如何处理这一冲突的?

(2)谈谈自己对整个过程的感受或发现。

(3)关于自律,你有怎样新的认识?

练习 8-1-6

护蛋行动

(1)你在护蛋行动中是否想过走捷径或者放弃?

____

____

____

(2)你对自己的表现满意吗?在整个游戏过程中,你最满意的地方是什么,最不满意的地方是什么?

____

____

____

(3)请谈谈你参与整个活动的感受。

____

____

____

练习 8-1-7

情景剧《一念之间》剧本

剧情要求:在某高校组织的期末考试中,一名同学在考场上查看手机,监考老师发现后及时记录,事后该同学被开除。要突出这名学生因不自律忽视相关规范要求的违纪行为、因行为不当发生违纪后果的严重性、学校处置的方式和对个人的长远影响。

场景一:考前打游戏

内容:舍友 A 自习回来看到陈浩及舍友 B 在打游戏,三人聊起三天后的考试。

舍友 A 推门进来,陈浩及舍友 B 在打游戏中,桌上堆积着外卖垃圾。

舍友 A:"我回来啦!哎……你俩不会又打了一天的游戏吧?马上就要考试了,这门课又不好过,到时候不及格可怎么办?"

陈浩(不耐烦的样子,看着电脑屏幕,头都没回):"怕啥,这不是还有三天吗,给我一晚上我肯定能背完!"

舍友B(扭头看了看陈浩,对舍友A说):"浩哥厉害,我觉得我有点儿悬,我都欠了好多次课了,明天必须得开始复习了,不然就得不及格。兄弟明天你去自习记得叫上我啊。"

舍友A:"成!我明天早起叫你啊,你可得起得来。"

舍友B笑着点头,陈浩仍然沉溺在游戏中。

场景二:慌忙抱佛脚

内容:舍友A和舍友B自习回来看到陈浩在打游戏,三人聊起第二天的考试。

舍友A及舍友B推门进来,陈浩游戏中。

舍友A:"浩哥你怎么还在玩啊,明天就考试了,你背完啦?"

舍友B(笑着拍拍舍友A的肩):"别忘了我们浩哥可说了,他一晚上就能背完。"

舍友A(走过去站在陈浩旁边):"浩哥,咱们这门课内容可是真的多,哥们儿提醒你,你再不开始背可就真的背不完了。"

舍友B(收起笑容,也走过来):"是啊浩哥,赶快开始背吧,万一真不及格可就麻烦了。"

陈浩(开始慌张):"啥?明天就考啊?考啥啊?赶紧把你们的笔记借给我看看。"

舍友A找出笔记本和课本,陈浩连忙开始画重点。

陈浩:"啊!怎么这么多啊,这怎么看得完啊?"

(停顿,陈浩继续翻书)

陈浩:"不行,也太多了吧!哎,兄弟们,你们说我把笔记拍下来,到时候用手机看怎么样?"

舍友A:"那可不行,这可是作弊!咱们都大学生了,应该知道规则和诚信的重要性了,怎么能作弊呢!再说咱们不让随身携带手机,要是被发现用手机作弊可是会被开除的!"

舍友B:"对啊对啊,开班会时导师和班长特意读了学校的违纪处分条例的!"

陈浩(站起身来拍拍两位舍友的肩):"放心吧,我到时候小心点儿不就行了,再说就是个期末考试,查得哪有这么严,肯定不会被发现的!"

舍友A:"可别存侥幸之心啊!万一被发现怎么办?浩哥,咱哪怕不及格也不能作弊啊!"

陈浩:"你不懂,要是不及格,我爸可就不给我买新手机了,必须得过,就铤而走险这一把，肯定没事的！”

舍友B：“别别别，这风险太大了，要是作弊被抓，也要通知家长啊，那样不是会更惨？”

陈浩沉默了几秒钟。

陈浩：“行行行，我不干还不行吗，我背，现在就开始背，你们别打扰我啊！”

两位舍友听完开始做自己的事情。

陈浩(小声嘀咕)：“管得真多，看来不能让他俩知道这事儿了。”

陈浩继续翻书，偷偷拍下笔记。

场景三：铤而走险被抓现行

内容：陈浩走进考场，找到自己座位坐下，手里把玩着手机，观察着监考老师的位置。

监考老师：“同学们，我们还是跟之前一样，把手机啊、各种资料啊都收起来，开考后一旦发现携带与考试无关的书籍资料以及电子产品，要根据校规校纪严肃处分。一旦使用电子设备作弊，情节严重的开除学籍，请大家自觉遵守考场纪律！”

陈浩放完包，偷偷摸着口袋里的手机，观察着监考老师的位置，不禁有点儿紧张。

监考老师拆封试卷，分发试卷。

陈浩无从下笔，只能把笔乱转，同时因为心中紧张，直冒冷汗，双腿抖个不停。

监考老师发现了陈浩的异样，有意在陈浩身边走动。

十分钟后。

陈浩见监考老师走到了教室的另一侧，偷偷拿出手机，手因为紧张而微微抖动，低下头开始快速查看之前拍下的笔记。

监考老师走过来，发现了陈浩的小动作。

监考老师(对着陈浩说)：“这位同学，你左手在课桌下面干什么呢！”

陈浩一惊，抬起头来，连忙想要把手机收进口袋里，但因为过于慌乱，不小心把手机掉到了地上。

教室里的其他同学开始窃窃私语，小声议论。

监考老师：“同学你跟我出来一下，其他同学保持安静，继续考试。”

陈浩跟着监考老师走出考场，监考老师递给他一张监考记录表。

监考老师：“同学，你知道考试是严禁作弊的吧，请在违纪一栏核对你的违纪事实，并签上你的名字。”

陈浩(追悔莫及状):“老师,事实是这样的,可是我知道我错了,我再也不敢了,请您再给我一次机会吧,求求您了!”

监考老师:“对不起,同学,如果发现了你的作弊行为不上报,既影响了考试公正,也是对规则的蔑视,请你吸取教训,今后诚信做人,踏实做事。”

陈浩无力地蹲在考场外,等待他的是开除学籍的处分。一年以后,陈浩重新参加高考,再次考入这所高校,成为同学们的师弟。自此他认认真真学习,踏踏实实做人,经过努力,终学有所成,成为一个对社会有用之才,而他的经历也被一代代的大学生引以为戒。

练习 8-1-8

情景剧《一念之间》

(1)你所扮演的角色有哪些优点?

____

____

____

(2)你所扮演的角色有哪些缺点?

____

____

____

(3)剧中有哪些行为是不诚信、不自律的表现?

____

____

____

(4)诚信自律的可贵之处有哪些?

____

____

____

练习 8-1-9

肌肉控制训练

肌肉控制训练时,要使参与者保持心情轻松,并舒适地坐在椅子上。训练最好在遮光且隔音设备较佳的房内进行，并让参与者拿掉眼镜、手表、腰带、领带等容易妨碍身体充分放松的物品。休息二三分钟后，治疗者用平稳、镇静、低沉的声调对参与者说："从事这项放松训练，可以帮助你完全地放松身体。你必须根据下列步骤耐心进行。当你做紧张活动时，如果感到紧张，必须再持续做 5 秒钟，直到感觉到紧张到达极点，方可完全松弛下来，让有关部位的肌肉显出十分无力，特别要用心体验放松后的一种快乐感。现在请跟着我的指示做。"

指示语内容：

(1)紧握你的左拳——注意手和前臂的紧张，(5 秒钟后)放松。

(2)紧握右拳——注意手和臂部的紧张感，(5 秒钟后)放松。

(3)自左腕关节向上弯曲你的左手，尽量使手指指着肩部——注意手背和前臂肌肉的紧张——放松。

(4)自右腕关节向上弯曲你的右手，尽量使手指指着肩部——注意手背和前臂肌肉的紧张——放松。

(5)举起双手臂，用力将手指触至双肩——注意双臂肌肉的紧张——放松。

(6)耸起肩膀，越高越好——注意肩膀的紧张——放松。

(7)皱起眉头——注意紧张，然后放松，并略微闭上眼睛。

(8)紧紧地闭上双眼，试探紧张与放松的感觉，再轻轻闭上眼睛。

(9)用力将舌头抵住口腔上部——注意口腔内肌肉紧张——放松。

(10)紧闭双唇——注意口腔与下颚的紧张——放松。

(11)用力向后仰起头部——注意背部、肩膀以及颈部的紧张——放松。

(12)用力低头，尽量将下巴靠住胸部——注意颈部与肩膀的紧张——放松。

(13)弓形弯曲背部，并离开椅背，双臂向后推——注意背部和肩膀的紧张——放松。

(14)做一次深呼吸，并持续一段时间——注意背部和胸部的紧张——吐出空气——放松。

(15)做两次深呼吸，持续一段时间——吐出空气——放松。

(16)用胃部吸入空气，尽量使其膨胀——注意腹部的紧张——放松，感觉到你的呼吸更加稳定。

(17)抽紧腹部肌肉——注意到腹部的紧张——放松。

(18)臂部用力并压住椅座——注意到臂部紧张——放松。

(19)抽紧腿部肌肉,伸直双腿——注意到腿部肌肉的紧张——将双腿放回原姿势——放松。

(20)双脚脚趾向上,并逐渐抬起双脚——注意双脚和小腿肌肉的紧张——放松。

(21)向下弓起脚趾,犹如要将脚趾埋入沙土一般——注意双脚弯曲时的紧张——放松。

练习 8-1-10

团体契约

团体契约

我们的团队,是一艘小小的船,载着我们驶向各自心灵的港湾;我们的团队,是一方宽阔的热土,承载着我们共同的理想;我们的团队,更是一个温馨的大家园,我们有缘走到一起,我愿意在团队伙伴的陪伴下一起探索、一起分享、一起成长。我愿意对团队负责,以诚信、自律的态度遵守以下契约:

(1)因为我的缺席会对整个小组造成影响,所以我一定准时上课,不迟到、不早退。如遇疾病或其他特殊情况会事先向老师请假。

(2)在小组中,我对其他成员保持信任的态度,愿意真诚表达自我,与大家分享自己的情感和认识。

(3)对他人的分享,我愿意提供反馈信息,并对其个人隐私绝对保密。

(4)进行小组活动时,我决不对他人进行人身攻击,不做任何与活动无关的事。

(5)课外,我不做任何有损小组成员利益的事情。

小组组名:　　　　　　　　　　组长:

签约人:

时间:　　年　　月　　日

诚信、自律品质在遵守团体契约的过程中扮演了怎样的角色?

____

____

____

知识链接——“学生贷款失信行为”

一、失信行为的种类

1.申请失信

大学生在高校精准资助工作中的失信行为表现之一为申请失信。国家对于高校家庭经济困难学生资助工作高度重视，不断完善的多元混合资助政策体系使学生的资助工作实现了“家庭经济困难学生全覆盖”，学生只要能够提供家庭经济困难证明材料，大多数都能顺利获得资助金。因此，部分家庭经济并不困难的大学生为了能够成功被认定为家庭经济困难学生(简称“贫困生”)，进而获得资助金，通常会通过提供虚假的申请材料来进行申请，或通过不正当手段比如拉票来达到目标，其行为存在严重失信。

2.资金使用失信

国家助学贷款、国家助学金、国家励志奖学金等资助金主要用于解决大学生的学费、住宿费和学习生活基本费用等。然而部分大学生获得资助金后，并未将其用于缴纳学费和住宿费、支付日常基本生活费用等正当途径上，而是隐瞒欺骗家长、老师和同学，肆意挥霍，用于吃喝玩乐上。少数学生出现进出高档餐厅吃饭，购买名牌衣服、电子产品和化妆品，与朋友聚会娱乐，甚至外出旅游等行为，在资金使用上存在着严重失信行为。

3.借贷还贷失信

大学生在国家助学贷款中同样存在失信行为。由于国家助学贷款具有申请简单、免担保免抵押和零利息等特点，有些大学生为了满足自己的日常消费甚至高端消费，即使家庭经济并不困难，仍然凭借虚假的申请材料成功申请并获得助学贷款，少数学生甚至瞒着家长偷偷申请助学贷款，在借贷中存在失信行为。另外，部分大学生由于经济能力有限还不起、助学贷款利息低、恶意拖欠等出现贷款拖欠不还的情况，在还贷中同样存在严重失信行为。

二、失信的后果

在日常生活中，失信会造成别人对你的信任度缺失，拒绝与你合作，个人口碑降低，最终被社会排挤。

失信会承担相应的法律责任。举个最明显的例子，欠钱不还的“老赖”，法院会有以下惩罚措施：

(1)禁止其部分高消费行为(乘坐飞机，购买列车软卧)。

(2)限制其金融行为(贷款和信用卡办理)。

(3)会在部分公共场所公布其名单(电影院,电视上也会有)。

(4)限制出境。

测一测

大学生诚信情况调查问卷

1. 你认为现在大学生目前总体的诚信状况如何?(　　)

A. 好　　B. 较好　　C. 一般　　D. 差

2. 你觉得在当今社会诚信的重要性是:(　　)

A. 十分重要　　B. 比较重要　　C. 不确定　　D. 不重要

3. 很多同学对考场作弊、论文抄袭等不正当的行为反应冷漠,相信你的身边也有类似的事情发生,请问你的态度是:(　　)

A. 指出这种错误行为　　B. 希望有人指出这种不良现象

C. 没什么,见怪不怪了　　D. 事不关己,高高挂起

4. 你考试有过作弊吗?(　　)

A. 从来没有这么想过　　B. 心动但未行动

C. 偶尔作弊　　D. 经常作弊

5. 如果你要申请学校的助学金或困难补助,你会对你的家境情况:(　　)

A. 完全如实说　　B. 基本照实说　　C. 适当渲染　　D. 大肆渲染

6. 国家助学贷款是国家运用金融手段,由银行面向普通高等学校中家庭经济困难学生发放的,用于支付学生在校期间的学费,并由国家财政给予利息补贴的人民币信誉贷款。可不少学生贷款后并不能按期归还款项,使国家蒙受损失。对于这一现象,你认为:(　　)

A. 这是个人信用问题,有借必有还,应加强学生的诚信意识

B. 不太清楚

C. 还款程序过于复杂导致该现象

D. 是国家发放的补助,不还可以理解

7. 大学期间会要求写论文,你写论文时会:(　　)

A. 自己写　　B. 大部分自己写,少量引用资料中的语段

C. 用别人的文章拼凑　　D. 完全照搬

8. 你认为真正的诚信应该表现在哪方面?(　　)

A. 诚信应该体现在日常的行为上

B. 诚信是一种素质，一个人是否诚信并不是表面就能体现

C. 应该表现在言语上，平时要经常向同学传输诚信的思想

D. 想一想就行

计分方法：A 得 1 分，B 得 2 分，C 得 3 分，D 得 4 分。

得分解释：

(1)分数为 8～15 分：你对诚信的理解较为到位。你行事谨慎、自控力强、为人可靠，并且相当诚实。

(2)分数为 16～24 分：你基本能够了解诚信的意义，多数情况下，你能有意识控制自己的行为，但有时你会率性而为，诚信行为不足。

(3)分数为 25～32 分：你对诚信的认识存在模糊，在日常生活中不能按照诚信行事的标准要求自己，做事情多看心情、循感觉。

知识链接——“诚信自律的品格应如何培养”

一、我国传统文化中践行诚信的启示

千百年来，诚信被中华民族视为自身的行为规范和道德修养，形成了独具特色并具有丰富内涵的诚信观。知易行难，如何做到“诚于心而形于外”，我们可以从传统文化中得到很多启示。

一是戒欺，既不自欺亦不欺人。《礼记·大学》说：“所谓诚其意者，毋自欺也。”意谓真诚实意就是不自欺。宋代哲学家陆九渊也说：“慎独即不自欺。”中国现代学者蔡元培先生说过：“诚字之意，就是不欺人，亦不可为人所欺。”东汉名臣杨震有“不受四知金”的故事，他在赴任东莱郡太守的途中，经过昌邑县，昌邑县令王密是他过去推荐的秀才，王密深夜带十斤黄金私赠给杨震，杨震说：“老朋友了解你，你却不了解老朋友，这是为什么呢？天知，神知，你知，我知，怎么说没有人知道呢？”王密听了这番话，很羞愧地走了。

二是过而能改。《左传·宣公二年》曰：“人谁无过？过而能改，善莫大焉。”孔子曰：“过而不改，是谓过矣。”韩愈曰：“告我以吾过者，吾之师也。”陆九渊曰：“闻过则喜，知过不讳，改过不惮。”古人申居郧曰：“小人全是饰非，君子惟能改过。”由此可见，中国古代哲贤认为，如何对待过错是君子与小人的重要区别之一。中国古代哲人强调知过即改，这是诚实的一种表现。

三是信守承诺。《左传·僖公十四年》曰：“弃信背邻，患孰恤之。无信患作，失援必毙。”这句话意思是说，若自己丧失信用，背弃邻国，一旦祸患发生，没有人来支援自己，就必定会灭亡。由此可见，重诺守信是十分重要的。如果

我们对别人许下诺言，就须认真对待，对自己的承诺负责，切勿掉以轻心，失信于人。在平日待人处事时，我们可先从守时开始做起，然后对家人、朋友信守承诺，以诚信待人。如刘廷式本是农家子弟，与邻女定有婚约。后离别数年，他考中进士，而邻公已死，其女双目失明。不过，刘廷式说："既然我早与邻翁有约，岂可因翁死子疾而违背婚约？"结果，与邻居盲女终成眷属，家庭和睦，并生数子，传为佳话。

四是诚信待人。《河南程氏遗书》卷二十五云："学者不可以不诚，不诚无以为善，不诚无以为君子。修学不以诚，则学杂；为事不以诚，则事败；自谋不以诚，则是欺其心而自弃其忠；与人不以诚，则是丧其德而增人之怨。"说明"诚"对于做人、做事是何等的重要。如宋就曾在梁、楚交界处当县令，梁、楚边亭四周都种瓜。由于梁亭人勤劳，所以瓜长得很好；而楚亭人懒惰，瓜长得不好，心生嫉妒和恼恨，在深夜践踏和扯断梁亭的瓜藤。梁亭人发现后，认为要报复，去请示县令宋就。如宋就却建议应以诚感人，每夜派人暗中为楚亭浇瓜地，且不要让他们知道。楚国县令和楚王知道这件事后，深深被宋就以诚感人的行为所感动，自觉惭愧，就以重礼对梁王表示感谢，并请求两国交好。

五是言行一致。《礼记·中庸》曰："言顾行，行顾言。"孔子说过："始吾于人也，听其言而信其行；今吾于人也，听其言而观其行。"吴国宗室季札，在出使北方大国途中，顺道访问了徐国国君，徐君非常喜欢季札的宝剑，季札心中暗暗许下诺言："当我出使结束，用完宝剑，我定将它送给徐君。"可当季札特意返回徐国时，徐君已死，季札认为要履行诺言，便将宝剑挂在其墓旁的树上。

二、关于严格自律的建议

1. 制定做事的优先顺序

有一句话说得好："完成重要任务有两项不可缺少的伙伴，一是计划，二是不太够用的时间。"我们会发现，生活中我们的时间总是相当紧凑，免不了要做计划。你可以先处理重要且紧急的事，比如考试；再处理重要但不紧急的事，比如学习；然后是紧急但不重要的事，比如朋友邀约打球；最后是既不重要也不紧急的事，比如看电视剧和玩游戏等。坚持去做，刻意从其他的事情中抽身出来，这会让你有足够的精力去完成首要的任务。

2. 零存整取，集腋成裘

我们的自律常常在复杂任务面前瓦解殆尽。不是我们不够自律，而是任务难度过大，超过了我们目前积累的经验或者能力范围。但是面对无法逃避的任务，就会由于拖延转化成越来越大的压力，更加无从下手。如果把目标任务分解，从一项简单的任务先去开始执行，一点一点围绕目标去积累，零存整取，集腋成裘，就会在不断积累经验中降低任务难度，无限接近预期目标，最终达成任务。例如，每天花5分钟将自己的创作灵感记录下来，经过一年多时间，就会谱成一本钢琴谱。

3. 任务完成前暂停奖励

学习时远离手机，减肥时远离高热量美食，工作时尽量远离舒适的环境等，以下的小故事说明了暂停奖励的威力。一对老夫妇来到露营区扎营，有一家人也到达隔壁的营地，当他们的度假车一停稳，就看见这对夫妇和三个孩子一拥而下，一个孩子迅速地搬下冰柜、背包和其他用品，另外两个孩子立即把帐篷支开，前后不到15分钟，整个营盘便布置就绪。“你们这家人真是少见的露营高手呀！”老先生充满赞佩地对新邻居道。“其实做事情只要有条理就好办多了，”隔壁的年轻爸爸回答，“我们事先规定，在营地架设完成之前，没有一个人可以去洗手间。”

测一测

大学生自律情况调查问卷

1. 你睡觉的时间通常为（　　）

A. 20～22点　　B. 22～24点　　C. 24～2点　　D. 2点之后

2. 你平时运动吗？（　　）

A. 一直　　B. 经常　　C. 偶尔　　D. 从不

3. 你认为何为“自律”？（　　）

A. 自律就是遵循法度，自加约束　　B. 管好自己的事情就是自律

C. 没考虑过　　D. 不需要自律

4. 你的寝室经常有人做清洁吗？（　　）

A. 每天做　　B. 有检查就做

C. 偶尔做　　D. 脏了乱了才做

5. 当学习和娱乐冲突时，你（　　）

A. 还是学习　　B. 先娱乐，再学习

C. 无所谓　　D. 尽情娱乐

6. 在学习上，你每天有自主学习的习惯吗？（　　）

A. 有良好的学习习惯，每天都学习

B. 不愿意，但每天约束自己，为了考试付出才有收获

C. 无所谓

D. 随波逐流，临时抱佛脚

7. 你对考试作弊的行为怎么看？（　　）

A. 为了分数，可以理解　　B. 没什么大不了，自己也干过

C. 不赞成也不反对　　D. 反感，自己从来不作弊

8. 你是怎样给自己订计划的？（　　）

A. 长远和近期计划都有，能认真完成

B. 长远和近期计划都有，基本不能完成

C. 没有固定计划

D. 没有计划

9. 计划完成情况（　　）

A. 全部完成　　B. 完成得差不多

C. 完成一点　　D. 一点都没完成

10. 你认为影响自律的重要因素是什么？（　　）

A. 自我意志　　B. 个人经历　　C. 家庭熏陶　　D. 同学影响

11. 你平均每天的上网时间是多少（包括手机上网）？（　　）

A. 1～2 小时　　B. 2～3 小时　　C. 3～4 小时　　D. 4 小时以上

12.（多选题）你上网都做些什么？（　　）

A. 与学习有关、查阅资料　　B. 购物

C. 看娱乐视频　　D. 玩游戏

计分方法：A 得 1 分，B 得 2 分，C 得 3 分，D 得 4 分。

得分解释：

（1）分数为 12～23 分：你是个非常自律的人。你行事谨慎、自控力强、为人可靠，并且相当诚实。

（2）分数为 24～35 分：你有自律意识，多数情况下，你能有意识地控制自己的行为，但有时你会率性而为，自律行为不足。

（3）分数为 36～48 分：你的自律意识和自律行为都不高，做事情多看心情、循感觉。

读一读

还债局长

67 岁的胡丙申病情在恶化，他处于肺癌晚期，已经停止化疗。

这个曾经的山西省运城市夏县乡镇企业局局长，在退休后的10年里，一直在还债。

胡丙申1992年上任夏县乡镇企业局局长时，夏县乡镇企业年产值仅有2 000多万元，并且大多陷入困境。眼见苏南等地的农民都依托乡镇企业富裕起来，胡丙申心急如焚。

经过考察，胡丙申发现，资金短缺是制约夏县乡镇企业发展的瓶颈。当时，夏县乡镇企业贷款条件十分苛刻，商业银行不给放贷，农村信用社贷款的门槛也很高。农民办小企业既无多少财产抵押，也找不到担保人，靠个人根本无法贷到资金。于是，一些走投无路的农民纷纷求助胡丙申。但由于政策不允许政府部门作担保，要担保胡丙申就只能以个人的名义。胡丙申先后以个人名义帮19户农民担保借了69万多元钱，除了少部分来自农村信用社贷款，其余全部是民间借债。2001年胡丙申从局长岗位退下来后，债主纷纷找上了门。原来当年自己担保的19户农民，除了8户及时还了钱，其余11户因企业倒闭并没有把钱全部还上，有的甚至一分钱都没还。

胡丙申带着债主挨个上门去找，这一找差点没让他晕过去。原来，欠债人跑的跑，病的病，死的死，当年担保的钱，还有高达24万多元本金没人还。面对家人的抱怨和指责，是自己担下来，还是一躲了之？胡丙申一时难以决断。

有人建议他找找关系，把信用社的贷款做死账处理，或者干脆找一下县领导，请组织出面解决。但胡丙申一生视信誉如生命，认为那是“隔墙扔娃活丢人”，是要遭人唾骂的。最终，胡丙申选择替这11户农民偿还债务，并承诺争取12年把所有钱连本带利都还上。

十年还债路，弹指一挥间，看似轻描淡写，却充满苦辣辛酸。胡丙申的老同事董乐谦说：“要不是亲眼见你都不相信，他退下来的第一个春节，就到大街上卖对联、卖鞭炮，还开理发店给人剃头，后来又开了个小商店，不到晚上十二点不关门。丙申以前坐小车呀，现在却经常拉大车，有时候看他吃饭，一顿饭一碗水、一棵葱、一个馍，很清苦！”

就这样，胡丙申整整走了10年还债路。2010年元旦，胡丙申终于还完了最后一笔欠债。10年间，他连本带利总共还了39万元。记者看到了10年来他收回的欠条和还债的收据，加在一起有近百张，数额大多都在几千元。还债10年，胡丙申从没向子女求助，因为没脸开口。在当局长期间，他没有给子女安排工作。二儿子复员后至今在县林业派出所当临时工，二儿媳没工作；女儿和女婿在河南卖馒头，至今是农业户口。

2010年除夕的年夜饭是胡丙申还清债务后吃的第一个年夜饭，他交给老伴一张存单，那是他怕自己万一撑不下去半道走了，偷偷给老伴攒的养老钱。老伴拿着存单，眼泪一下就掉下来了。

胡丙申说："我老伴60多岁了，为了多赚点钱，瞒着儿女回农村当季节工，给人家割麦、打场、摘棉花。我们夏县娶媳妇叫'杀媳妇'，老伴跟了我一辈子，没享过一天福，我胡丙申真的是把媳妇给'杀'了。"

在无债的日子里，胡丙申度过了一段轻松的时光。他在院子里跟人讲起自己10年的还债经历，有时会放声大笑，突然间，他又会失声痛哭。

2011年底，胡丙申在县医院被查出患了肺癌。"这是我第一次陪他上医院。"儿子胡学功说着，抽泣起来。

2011年，胡丙申获得第三届"全国道德模范"提名奖和2011年度"感动山西十大人物"，被称为"还债局长"。2011年12月4日，胡丙申因病医治无效逝世，结束了67岁的诚信生命。

第九章 规则和敬畏

【学习目标】

1. 了解规则与敬畏的相关概念和含义。
2. 了解规则与敬畏的重要性和必要性。
3. 掌握树立规则意识和培养敬畏之心的方法。

【案例】

基本情况：2020 年 7 月中旬，一则“名牌高校大学毕业生偷外卖被刑拘”的消息引发热议。7 月 20 日下午，江苏南京雨花台公安发布通报称，偷外卖男子李某某 2018 年毕业于湖南省衡阳市某大学，目前在南京某公司工作，有固定收入，因在其租住小区订的外卖被人拿走，遂产生报复和占便宜的心理，从而多次盗取他人外卖。当事人坦白道：“我记不清这两个月偷了多少外卖，以为偷外卖没有人会追究，便逐渐成了习惯。”据民警调查，他偷取外卖的行为不下十次，虽然金额不大，但已经构成多次盗窃。另据警方通报，李某某父母和大姐在老家务农，二姐、三姐分别在北京、海南工作。目前，公安机关已对其依法变更为取保候审刑事强制措施。

分析：比缺钱更可怕的是缺少正确的价值观。教育学家蔡元培先生说：“决定孩子一生的不只是学习成绩，而是健全的人格修养。”人品才是未来社会的第一张通行证。贫穷的家庭可能会让孩子在物质条件上略差一些，但这并不影响孩子成为一个三观端正的人。“敬畏之心”能够守住幸福。电影《空天猎》中曾有句这样的台词：人拥有敬畏之心，才能承载最大的责任。只有懂得敬畏，才能成为一个敢于担当，坚守原则的人。心存“敬畏之心”，方能行有所止。如果小李怀有“敬畏之心”，便不会因贪图十几块钱的便宜而自毁前程。

【理论知识点】

曾经，那位在八达岭动物园猛虎区下车的女士，无视猛虎吃人的常识，无视动物园门口的警示牌，只因与丈夫发生口角便任性地打开车门下车，瞬间被老虎拖走，导致家人一死两伤的惨烈结局。疫情期间，被网友称为“郑州毒王”的男士，转乘数趟飞机和若干高铁，绕了大半个地球，心存侥幸瞒报旅居史，以一己之力坑了一座城，打破了郑州市保持了19天的0增长纪录，最后被判有期徒刑1年6个月。还有，引发网友极大反感和讨伐的“澳洲跑步女”，不按规定居家隔离，不戴口罩外出跑步，在执法人员提醒下还口出狂言、目中无人，最终被责令限期离境，同时被公司解雇，不仅仅失去了人们的尊重，也失去了赖以谋生的职业。

情绪不是在猛虎区下车的理由，侥幸不是严控下瞒报的理由，国籍更不应该成为肆意妄为的理由。正如，贫穷不是抢银行的理由，赶路不是闯红灯的理由，畏难不应成为考试作弊的理由。规则合理地存在，不需要我们以生命或者生存为代价去验证。永远心存敬畏，行有所止，遵守规则，才是实现公平和自由的前置条件。

一、规则和敬畏的相关概念

(一)规则的定义

1. 规矩

“没有规矩不成方圆”是句俗语，经常用来强调做任何事都要有一定的规矩、规则、做法，否则无法成功。它本是来自木匠术语，“规”指的是圆规，木工干活会碰到打制圆窗、圆门、圆桌、圆凳等工作，古代工匠就已知道用“规”画圆了；“矩”也是木工用具，是指曲尺，其并非弯曲之尺，而是一个横成直角的尺，是木匠打制方形门窗桌凳必备的角尺。没有规和矩，当然无法做成方形或圆形的东西，于是出现了那句俗语。不过，现在这句俗语已不再是木工专用，而变成了泛指任何事情若无一定规则，便会出错的告诫用语。“规”和“矩”合并成一个新词，“规矩”可解作一定的法则、标准、规范或习惯。“方圆”不再指方形、圆形东西，而指特定事物了。

2. 规则

现在我们将规则定义为，一般指由群众共同制定、公认或由代表人统一制定并通过的，由群体里的所有成员一起遵守的条例和章程。在《辞海》中，规则有几种解释：①规范；②规章制度，如交通规则、借书规则等；③法则、规律；

④合乎一定的方式，整齐；⑤就某一或某些事项所指定的书面文件。国家机关颁发的规则是法规的一种，具有法律效力。社会团体、企业事业单位等根据需要制定的法规，对本组织与本规则的范围内有约束。

3.形式

规则有三种形式：明规则、潜规则、元规则。无论何种规则，只要违背道德，就必须严惩不贷，以维护社会和谐。明规则是有明文规定的规则，存在需要不断完善的局限性。潜规则是指看不见的、明文没有规定的，约定俗成的，却又是广泛认同、实际起作用的，人们必须“遵循”的一种规则，可弥补明规则不足之处。元规则是一种以暴力竞争解决问题的规则，善恶参半，非道德之理，也非文明之道。

（二）规则意识

规则意识，是指人们从内心深处认同并以各种规则为行动准绳的意识。其主要指遵守国家、社会的相关法律法规的意识。人作为主体，其规则意识的养成经历着四个过程，即规则认知、规则情感、规则意志，最后外化为遵守规则这一实践活动。人的规则意识的养成并不仅仅局限于对规则内容的认知和了解，更重要的是产生对遵守规则的信念以及行为。

大学生规则意识是指大学生这个群体对于规则和规则现象的思想、观点、心理和知识的总称，以及在多大程度上愿意并且能够自觉遵守规则。作为新时代的青年大学生，作为建设社会主义事业的接班人，以强烈的规则意识来应对历史和现实问题，是当今新时代发展的必然要求。

（三）敬畏之心

1.敬畏的概念

敬畏是人类对待事物的一种态度。“敬”是严肃、认真的意思，还指做事严肃，免犯错误；“畏”指慎，谨慎，不懈怠。敬畏是在面对权威、庄严或崇高事物时所产生的情绪，带有恐惧、尊敬及惊奇的感受。敬畏从来都有两面性，既可能让人向善，也可能给坏人提供心理安慰。我们这里谈到的敬畏具有特定的指代意义，专指对于规则的敬畏，因此，兼具道德的选择理性和一般意义上的认知感性。敬畏之心，是一个人最基本的修养。

2.敬畏规则，敬畏生命

敬畏规则，是自尊自爱的一种方式。很多时候，你不敬畏规则，规则就会让你尝到苦果。比如，疫情期间，由于国外新冠病毒的蔓延，在国外生活、工作、学习的同胞纷纷回国，于是政府规定对从国外进入中国的所有人进行严格的隔离观察。但是有些人总是无视规则的存在，对自己、对他人的生命和健康不负责任，不配合隔离甚至出现了故意刁难疫情工作人员的现象。结果不言而喻，这些人受到了相应的惩罚。

3.心存敬畏，行有所止

很多人都只是停留在口头上敬畏规则，而不去真正践行。听其言，还要观其行。无知从来不可怕，可怕的是蔑视规则，可怕的是心存侥幸，可怕的是肆意妄为。敬畏规则，就要尊重规则，遵守规矩，在实践中落实，知行合一。唯有全社会每个人都遵守规则、敬畏规则，社会才会井然有序。

二、讲法治讲规则

公平、守则是社会发展中很重要的因素。在现实生活中，我们肯定不愿意破坏规则的人来抢走我们的奶酪。比如考场上，你愿意别人带着答案入场吗？排队时，你愿意别人肆无忌惮地插队吗？职场中，你愿意能力不足却善于钻空子的人得到提拔吗？在竞技体育中，长期困扰体育运动良性发展的“兴奋剂”就是一个例子，为了竞技比赛的公平，反兴奋剂得到全体奥委会成员的认同和绝大多数运动员的配合。

我们在社会中生存就要有规矩、懂规矩、守规矩。如果人们都没有规矩，不遵循法律，社会就是一盘散沙，国家何来的发展、何来的强大？小时候朗朗上口的歌谣“红灯停，绿灯行”，就是人们对法规最早的认识。一个人只有讲法治、讲规则，面对充满诱惑的世界，才会有坚实的抵抗力。

法治是一个国家最根本的保证，是国家建设的核心。从古到今，要治理一个国家、管理一个单位集体，都离不开法治。法治思维就是规则思维，以良好的规则来保证每个人尽职尽责，失职违法要被问责、受追究，从而使大家不敢懈怠，更不敢违法乱纪。法治是人类政治文明的重要成果，是现代社会的一个基本框架。大到国家的政体，小到个人的言行，都需要在法治的框架中运行。

三、规则意识养成的重要性

（一）成长成才

当代大学生，一大特点就是追求自由、崇尚个性。与其他的社会阶层相比，学生群体具有较高的文化素质和道德修养，接受规则意识的教育也较多，特别是法制观念强，“权利”意识重，容易过度地追求自由与个性，导致对规则的漠视。特别是大一新生正处于人生成长的过渡时期，初次踏入大学校园，生活学习环境以及高校老师教学方式的改变，加上此时正处于人生观、价值观形成和转变的重要时期，要想更好地融入到学习生活环境中，更好地完成人的社会化过程，就必须养成良好的规则意识。规则意识只有在大学生心中养成，他们才会更好地处理人与人之间的交往关系，更好地融入社会大环境，实现自身的全面发展。

（二）营造良好的守法环境

人创造环境，环境也创造人。社会的良性发展需要各成员之间保持一种和谐稳定的交往关系。大学生是一个流动性大、文化素质高、能动性强的群体，其个体发展必然会影响社会环境的建设。大学生对法律的尊敬和信仰，就是要对法律和规则产生敬畏心理，形成遵守规则和法律的良好行为习惯，由此产生的积极行为也会带动其他社会成员，营造出“守法光荣，违法可耻”的社会氛围，从而形成一种合力，助推社会守法环境的形成。

（三）构建和谐法治国家

国家的发展离不开每个社会公民的共同参与，当下中国的法治化水平超出了以往任何一个历史时期，全面依法治国的战略深入推进，中国特色社会主义法治体系不断完善，在此背景下的大学生也正处于价值观养成和成长成才的重要时期。为更好地致力于法治国家的建设，我们必须要养成规则意识，在良好规则的制约下和自觉自发地主动遵守规则的双向影响下，对规则产生敬畏。大学生所具有的科学文化精神和拥有的创新活力，会播散到国家建设的各个角落，对法治国家的建设发挥重要作用。[①]

四、大学生规则意识存在的问题

这方面大学生主要存在对规则内容认知不全、对规则进行选择性遵守和个体差异明显等问题。

（一）对规则内容认知不全

经调查，大多数大学生认为生活习惯、法律制度和道德规范属于规则的表现形式，而对于传统风俗，有的人认为它不属于规则的表现形式。对于规则意识，大多数人认为责任意识和守法意识是规则意识的构成部分；有人认为程序意识不属于规则意识的构成部分；有人认为权利意识不属于规则意识的构成部分。实际上，生活中的许多明文规定、约定俗成的规则以及法律法规等都是规则的构成部分。规则意识是程序意识、守法意识等的总称。“中国式过马路”正是规则意识淡薄的一个具体表现。

---

① 参见蒋晨曦：《浅析大学生规则意识的养成》，《邯郸职业技术学院学报》2020年第1期。

(二)对规则进行选择性遵守

部分大学生对相关规则的遵守意识不强,在不同场合体现出不同的对规则遵守的情况。大多数的大学生都会在公共场合、交通出行、宿舍生活、网络生活、饮食就餐等方面严格遵守相关规则;有一半左右的大学生会在旅游过程中积极了解并认真地遵守景区的管理制度;只有为数不多的大学生会严格遵守课堂纪律。不同场合的表现情况,体现出大学生对规则的遵守具有选择性。

(三)个体差异明显

不同个体对于规则的遵守情况不同。那些有更多社会参与经历的大学生相较于没有参与经历的大学生,更会在课堂上主动遵守课堂纪律,对于一些常见的成文规定,如《大学生日常行为规范》《班级(社团)管理制度》等也会更加遵守。这不难反映出,大学生群体当中对规则意识的认知存在主体差异性。[①]

五、如何做到敬畏规则

(一)了解规则,适应规则

作为学生,首先要学习和适应校规校纪。学校的校规校纪这些看似冷冰冰、硬梆梆的条文,实则是对学生安全和校园公平的保护。要想自觉地遵守规则、敬畏规则,首先要掌握规则的内容。作为学生,我们要认真学习,积极参与到学校、学院组织的各种思政教育课程中,牢记学校、社会、国家的规则制度。如果心怀敬畏,它自然而然会成为你成长的保护色;如果肆意妄为,它的威慑力就如同吃人的老虎,你被"吃"掉的,可能是荣誉,可能是尊严,可能是青春,可能是前程,甚至是生命。举个例子,每到考试周,辅导员都会不厌其烦地反复强调:红线不可践踏。但是仍有同学无视规则的存在,考试作弊,最终被取消成绩甚至无法取得学位证。

(二)树立规则和敬畏意识

作为学生,我们要敬畏、要遵守的不仅仅是校园的校规校纪和社会的法律法规,还有我们内心崇高的道德准则。规则是社会得以维持的必要条件。我们要想生活在一个和谐的社会,享受自由的空间,就要将规则放于心中,自觉约束自己的行为,不断强化内心的规则意识。同时,要敬畏规则。没有敬畏意识,人往往会肆无忌惮,忘乎所以,其结果不但毁了自己,甚至还会给国家和人民带来损失。

---

① 参见刘建敏:《大学生规则意识存在的问题及解决办法》,《科学咨询(科技·管理)》2020 年第 6 期。

(三)以实际行动遵守规则

在日常生活、学习、工作中，从身边小事做起，以实际行动遵守规则。比如，在校严格遵守学校的管理制度，在马路上遵守交通规则，旅游过程中响应文明旅游号召，不做违法的事等，时时刻刻严格要求自己的行为。与此同时，要争做规则的宣传者和传播者，积极传播正能量，号召周围人敬畏规则，并在自己的能力范围内及时制止不遵守规则的现象，营造良好的规则环境。

【训练实施】

单元一　建立团队①

目标：主动介绍自己，和成员相识，引发个人参与团体的兴趣；增进成员彼此了解，体会团体力量对个人的重要性；介绍总体目标和开展方式；让参与者在游戏中感受个人与集体的关系，体会规则之于个体和集体的意义；共同签订团体规范。其具体内容与操作如表 9-1-1 所示。

表 9-1-1　关于实现建立团队的训练

活动名称	基本设置	操作步骤
1. 微型演讲	**目的**：让团体成员快速了解指导老师，了解团体辅导的目的和参加方式。 **准备**：多媒体演示。 **时长**：约 15 分钟。	(1)指导老师通过课件做简单的自我介绍。 (2)指导老师为团体成员说明团体规则，讲解团体辅导的目标，参与方为团体成员作出示范。 (3)指导老师提出团体活动的要求：守时、坦诚开放、真诚，不评价批评他人，尊重他人不同的想法，保密。
2. 名字叠罗汉	**目的**：认识团队中的每一个人，体验在团队中关注和倾听的重要性。 **时长**：约 15 分钟。	(1)形成团队小组。自由分组，请全体成员站成一圈，按照“1，2，3……”报数，所有报“1”的为第一组，依次为第二、第三、第四组。人数少的时候，每组再分为两组或者三组。一般 8～10 人为一组。 (2)指导老师介绍活动规则：所有学员围成一圈，任意选取一位学员自我介绍，介绍中必须包括姓名、籍贯和爱好。例如，我是……来自……喜欢……以此类推，直到全部成员完成自我介绍。

① 参见潘莉莉等：《大学生团体辅导的理论与实践》，合肥工业大学出版社 2018 年版，第 42～44 页。

续表

活动名称	基本设置	操作步骤
3. 萝卜蹲	**目的**：通过互动活动，活跃气氛，提高团体成员的课堂注意力，在扮演不同的角色时融入团体。 **时长**：约 15 分钟。	(1)指导老师随机在团体中抽取若干名成员，在活动室中间站成一排。 (2)每个人代表一种颜色的萝卜，如红萝卜、紫萝卜、白萝卜、粉萝卜等，由指导老师来喊口号，如喊"粉萝卜"，则扮演粉萝卜的成员就要马上蹲下起立，并大声喊口号："萝卜蹲，萝卜蹲，粉萝卜蹲完，紫萝卜蹲。"这个时候，被点到的相应颜色的萝卜扮演者就要立即做出同样的动作，以此类推。 (3)如果中途某个成员出现错误，或者反应太慢，就要被淘汰，剩余的成员继续，直到剩下最后一位成员。 (4)指导老师请最后一位成员谈活动感受，指导老师引导，并切入主题。 (5)注意事项：活动环节应把握时间节奏，参加的人数应加以控制。如果时间有限，可以由指导老师总结后直接进入下一个主题活动。
4. 解开千千结	**目的**：让学生体验团队合作的力量与快乐；在游戏中学生感受个人与集体的关系，体会规则之于个体和集体的意义。 **准备**：节奏感较强的背景音乐和节奏舒缓的背景音乐；活动场地为室内、室外均可。 **时长**：约 20 分钟。	(1)成员分成 4 个小组，每组 8～10 人。让每组成员手拉手围站成一个圆圈，记住自己左右手各相握的人。 (2)在节奏感较强的背景音乐声中，大家放开手，随意走动，音乐一停，脚步即停。找到原来左右手相握的人分别握住。 (3)小组中所有参与者的手都彼此相握，形成了一个错综复杂的"手链"。节奏舒缓的背景音乐中，主持人要求大家在手不松开的情况下，无论用什么方法，将交错的"手链"解成一个大圆圈。 (4)第二轮用两个小组的成员合并，形成一个大圈，按第一轮的操作重复进行一次。 (5)第三轮将第二轮中两个圈的成员合并成一个特大的圈，也就是全体成员围成一个大大的圆圈按第一轮的操作重复进行一次。 (6)注意事项：根据人数要有足够的空间，而且要有清晰的背景音乐烘托气氛，产生静动分明的效果；强调记住自己左手、右手相握者，不要搞错；当出现"手链"非常复杂，有人想放弃时，主持人要暗示、鼓励学生一定可以解开"手链"。解"手链"过程中，可以采用各种方法，如跨、钻、套、转等，就是不能放开手。 (7)所有参与者交流，分享感受(详见练习 9-1-1)。

续表

活动名称	基本设置	操作步骤
5.我们的约定	**目的**:保证团体正常发挥功能,实现团体领导者与成员之间的相互尊重与配合,建立团体成员需要共同遵守的契约和规范。 **准备**:三角巾或眼罩每人一份。团体领导者制订出三条基本的团体契约,并在活动前按每人一份的数量复印好。另准备一张大白纸,一支黑色粗白板笔。 **时长**:约30分钟。	(1)请团体成员阅读"我们的约定"(详见练习9-1-2),采用开放方式,邀请成员共同讨论团体规范,领导者在团体过程中不断引导、示范,注意强调保密、守时、不可攻击身体等,鼓励团体成员对规范提出自己的建议,并用黑色粗白板笔写在大白纸上。团体契约建立后请每位成员在写有契约的大白纸上签下自己的名字。 (2)每次团体活动时将契约挂于活动室内,强化成员对契约的重视。

练习 9-1-1

解开千千结

(1)在整个游戏过程中,你是否因对规则不了解或不熟悉而导致无法正常游戏?对此你有怎样的感受?

____

____

____

(2)通过这个游戏,你是否感受到了规则对游戏顺利进行的意义和作用?请谈谈你的思考。

____

____

____

(3)你是否有新的思考可以优化游戏规则,改进游戏体验,让参与者更好地感受敬畏规则对自身工作、生活的重要意义?

____

____

____

练习 9-1-2

我们的约定

为了我们在小组中的共同目标,我们达成如下约定:

我们是有勇气的探索者:在团体中拿出勇气,开放自我,摒弃成见,全情投入,积极主动地分享自己的经验与想法。

我们是积极的行动者:认清、尊重和抒发自己的感受,选择令自己舒适的方式,不强迫自己在尴尬、不情愿的情况下表达出来。尝试所学的技巧,尽全力完成任务。

我们是良好的倾听者与回应者:尊重其他伙伴的发言,在他人谈话时能仔细安静地聆听,并能给予真诚的回馈。

我们是热诚的鼓励者:乐于给予其他伙伴正向的鼓励与肯定。

我们是负责的参与者:准时出席小组,不迟到、不随意请假,完成小组布置的作业。若有事不能参加,应设法通知小组。

我们是忠诚的保密者:不把团体中发生的事情以及成员分享的内容与团体外的其他人讨论,尊重别人的隐私。

立约成员签名:

立约日期:　　年　　月　　日

知识链接——“团体规范”

团体规范是支配和调整团体成员行为和团体成员间关系的内存和外在标准,作用在于保障团体目标的实现和团体活动的一致性,统一团体成员的信念价值观,对团体成员具有约束作用。

著名的谢里夫实验表明,个体的行为受到团体压力的影响,在没有形成共同意见前,各自均有各自的反应模式;而团体意见产生后,它就会影响个体的判断,即使个体后来离开该团体,也仍旧保持着与团体一致的意见。这种在团体成员的活动中产生并促使团队成员达成一致意见的行为准则,就是团体规范。团体规范是实现团体目标与团体行为一致性的必要条件,使得本团体与其他团体相区别,同时又调节着每个团体成员的心理和行为。它没有法律法规那么明确具体,但成员一旦违反,也将受到团体内部的惩罚,甚至被要求离开团体。一般来说,团体规范要么自然而然地形成,要么由团体的领导者根据团体成员公认的情况进行制定。有时一些团体规范(如一些组织严密的犯罪集团的团体规范)可能会与某些正式颁布的标准相冲突,但团体成员往往还是会按照该团体的规范行事。

团体规范一旦形成或建立，便具有一种公认的约束力，并对每个团体成员都起到支撑导向等作用。

单元二　规则意识

目的：通过阅读相关材料，根据资料与经验，围绕“规则和敬畏”主题展开深入探讨，帮助参与者明确了解自己和他人立场的不同，从而多角度/理性地思考和判断，通过沟通意见、集思广益，加深对“规则和敬畏”的理解，达到增强规则意识的目的。其具体内容与操作如表 9-2-1 所示：

表 9-2-1　　关于增强规则意识的训练

活动名称	基本设置	操作步骤
1. 没有归途的散心	**目的**：通过阅读材料、小组讨论、头脑风暴，体会规则意识对社会秩序和个人生活的影响。 **准备**：活动道具为阅读材料（练习 9-2-1）、纸、笔；活动场地以室内为宜。 **时长**：约 30 分钟。	（1）指导老师进行分组，每组 8 人左右。 （2）每组确定一个小组长，负责组织阅读材料。 （3）小组长带领小组成员围绕材料展开讨论，记录员记录，最后总结出小组的观点。 （4）注意事项：指导老师在主导讨论时，要让参与者充分讨论和争论，对参与者回答中出现的一些问题进行解答。 （5）材料阅读和分享讨论：详见练习 9-2-1。
2. 不能碰的红线	**目的**：通过阅读材料、小组讨论、头脑风暴，加深对规则意识的认识，提升用理性思维分析社会现象的能力。 **准备**：活动道具为阅读材料（练习 1-2-2）、纸、笔；活动场地以室内为宜。 **时长**：约 30 分钟。	（1）指导老师进行分组，每组 8 人左右。 （2）每组确定一个小组长，负责组织阅读材料。 （3）小组长带领小组成员围绕材料展开讨论，记录员记录，最后总结出小组的观点。 （4）注意事项：指导老师在主导讨论时，要让参与者充分讨论和争论，对参与者回答中出现的一些问题进行解答。 （5）材料阅读和分享讨论：详见练习 9-2-2。
3. 规则与生命	**目的**：让学生树立良好的规则意识，在规则许可的范围内自由活动；让学生树立良好的责任意识，学会为自己的行为负责，为自己的生命负责；让学生们正确认识自己的生命价值观，学会珍爱生命。 **准备**：活动道具为阅读材料每人一份、纸、笔；活动场地以室内为宜。 **时长**：约 30 分钟。	（1）将班级同学分为 6 组，每组 8 人左右。 （2）发给每个小组每位同学阅读材料，读完材料后，请回答后面的问题。 （3）每个人思考完后再在小组内交流，记录员记录，最后总结出小组的观点。 （4）注意事项：主持人在主导游戏讨论时，要让学生充分讨论和争论，对学生回答中出现的一些问题，不能仅仅凭自己的经验而轻易判断对错，特别是当假定自己是在新轨道上玩耍的学生时，许多学生都希望自己活下来，这不能说是学生自私，而是人的一种本能反应。 （5）材料阅读和分享讨论：详见练习 9-2-3。

没有归途的散心

阅读材料：2020 年 7 月 24 日，到青海旅游的四川女大学生黄某某(在南京读书)已经与家人失联整整 17 天，着急的家人兵分两路分别前往她就读大学的城市南京和失联地青海格尔木寻找，并通过网络发布消息寻人。虽经多方努力，但依然杳无音信。黄某某究竟去了哪里？

黄某某就读于南京某大学，因为毕业论文答辩没有通过，不能如期毕业，再加上其他的一些不顺事，心情很是郁闷的她开始了一趟独自散心之旅。她与家人失联后，其家人报警，警方介入并投入大量警力寻找，引起社会广泛关注。经过连日搜寻，7 月 30 日晚，警方在可可西里自然保护区清水河南侧无人区相继发现黄某某的身份证、学生证、相关随身物品及人体骨骼组织。警方法医经 DNA 比对，确认为黄某某遗骸，并经初步的侦查，排除他杀。警方没有公布具体死因，但是从现场衣物等遗物没有血迹可以初步判定，黄某某应该是抱着轻生的目的到达可可西里，可能是服用安眠镇定类的药物，使自己在现场昏迷。

为了搜寻黄同学，格尔木警方出动的人员超过百人。由于手机基站定位不够准确，警方只能通过地毯式来搜寻。可可西里地区天气变化无常，给搜寻带来了很大的困难，很多地方车辆难以通行，搜寻人员每天需要徒步 20 多公里。搜寻基本上都在白天进行，晚上的危险性非常大，随时有人员再失联的可能。经过数次大规模的搜寻，最终找到她的遗骸。

请思考并记录：

(1)黄某某为何要只身一人去可可西里？她怎么做可以避免这样的结局？

____

____

____

(2)黄某某的事件发生后，社会消耗了大量资源进行寻找。你如何看待？

____

____

____

(3)事件中黄某某触碰了哪些规则？对待规则，我们应该持什么样的态度？

____

____

(4)你是否同意“我的生命我做主”这样的观点？为什么？谈谈你的理由。

(5)加强哪些个人品质，可以避免类似悲剧的发生？

练习 9-2-2

不能碰的红线

阅读材料：2020 年 7 月 21 日，关于“某大学给予学生努某某留校察看处分”的话题在网络上引发巨大争论。此前，某大学曾发表通报，对该校 2016 级学生努某某因犯强奸罪，被判有期徒刑一年六个月，缓刑一年六个月，学校研究决定对其“留校察看”。

2020 年 7 月 31 日深夜，某大学官方微信号发布通报称，经学校校务会议决定，给予 2016 级本科学生努某某开除学籍处分。

通报如下：

7 月 21 日，学校就努某某受留校察看处分事件发出情况通报以后，网络出现了许多新的问题线索，也有相关当事人来校反映情况。学校迅速成立专项工作班子，受理来信来访，梳理网络举报，分成学业、经济、作风等小组开展调查取证工作。各调查组仔细查阅了有关文书和视频材料，向数十位师生(含若干举报人)了解情况，并多次与当事人当面了解、核实，对有关线索进行多方取证、核实、审议，确保调查结果真实准确、处理程序合法合规，既体现公平公正又维护个人权利。

现查实，努某某确实存在多项被举报的违纪违规情况。校学生奖惩委员会以事实为依据，以法纪为准绳，进行了认真的研究讨论，同意重启处分程序。此后，依据《某大学学生违纪处理办法》的规定，向本人送达重新处分预通知，并应本人要求，举行了不利处分听证。听证会上，被处分人对违纪事实无异议。听证委员会认为事实清楚、依据明确、程序正当、处分适当，对给予该生开除学籍处分予以支持。

7月29日，按照作出处分的权限规定，校学生奖惩委员会提出了给予努某某开除学籍处分的建议。7月31日，某大学校务会议经过充分和慎重的讨论，依据《某大学学生违纪处理办法》第十一条第(二)项、第十七条第一款第(三)项、第三十三条第(三)项第1目的规定，决定给予努某某开除学籍处分。在专项工作组开展深入调查的同时，校纪委办、监察处也对整个处分过程进行了监督和调查。

经核查，处理过程符合规定程序，未发现违纪违规问题。

……

我们将举一反三，认真评估并修订完善《某大学学生违纪处理办法》等相关规定，改进学校管理，加强制度建设，为更好地推进依法治校提供坚实保障。

请思考并记录：

(1)案例中的努某某，触碰了什么红线？作为一名大学生，你认为在大学生活中有哪些不能触碰的红线？

---

(2)该大学第一次对努某某的处理结果为何会引发网友不满？

---

(3)你认为社会大众对该大学处理努某某事件是否合理的判断标准是什么？为什么会产生这样的标准？

---

(4)如果你是大法官，将如何审判努某某和对待努某某事件？

---

(5)如果你是该校校长，将如何处理努某某事件？

---

(6)此事件带给我们怎样的启示？面对破坏规则的个人或集体，我们应该如何面对？

(7)法律作为一种严格的社会规则，对于我们日常生活会有哪些影响？我们应该怎样培养规则意识？

练习 9-2-3

规则与生命

阅读材料：有一条火车轨道，由于道路改道，原来的铁轨不用了，新的路轨建好并通车了。在新修建的路旁，竖了一块牌子，上面写着“严禁在此轨道玩耍”。有几个学生放学后来到了这里，有一个学生看到牌子上的警告语后，就跑到了原来的旧轨道上去玩，而其他三个学生虽然看到了那块牌子，但他们不理会，仍旧跑到新修建的轨道上去玩。这时突然一辆火车疾驰而来，速度太快，学生们已来不及从轨道上离开。假定这两个岔道口中间有个控制装置，可以决定火车往哪个方向开，既可以沿着新的轨道开，也可以沿着原来的旧轨道开。

请思考并记录：

(1)如果你是控制员，你会把火车调到哪个方向？是原来的旧轨道还是新的轨道？为什么？说说你此时的心情。

(2)如果你是那三个在新轨道上玩耍的学生之一，你希望控制员把火车调到哪个方向？为什么？说说你此时的心情。

(3)如果你是那个在旧轨道上玩耍的学生,你希望控制员把火车调到哪个方向?为什么?说说你此时的心情。

知识链接——"规则与自由的辩证统一"

社会划定了自由的边界,自由与规则不可分。

自由不代表无限制的自由,作为社会性的个人,所作所为都必须在社会道德及法律允许的范围之内,个人所能被允许的自由是在社会的生产力发展水平、政治体制和法律制度的范围内。

社会规则是为了保障公共与个人自由的实现,有了社会规则的限制,我们的自由才会更好地实现和被保护。

如果说自由代表着人行为的上限,那么社会规则划定了人行为的下限。

自由不是无限制的自由,只有在遵守规则、制度等纪律的情况下才能实现最大的自由,否则就会受到相应的惩罚,也就无从谈自由了。

当然,如果世上没有了法律等纪律的约束,人们就会为所欲为,自然就会受到破坏,疾病到处蔓延,人类就会走向毁灭。

我们生活在这个社会,不可以没有自由,也不可以没有规则。自由和规则既是对立的,又是统一的。自由是在规则约束下的自由,规则带有一定的强制性,但没有这种强制性,自由也就无法实现。试想如果每个人随心所欲、为所欲为,那么学习环境、工作环境、生活环境、社会环境就失去了正常的秩序,个人的自由还能得到保障吗?

当然,这是所有人都不愿意看到的。所以,自由只有在规则的框架内,遵守相应的游戏规则才能得到充分的发挥。从另一个角度讲,规则只是约束违反纪律的人和行为,只要不违反纪律,每个人都会有充分的自由。

在强调规则的同时,我们也不能偏废自由的重要性。学生是长身体、长知识的时期,朝气蓬勃,如果到处都是条条框框,必然会压抑学生的个性,不利于青年人敢想、敢说、敢干、敢闯特性的发挥。如果年轻人个个都是呆若木鸡的"小老头",也会影响他们的成长。

总之,自由和纪律缺一不可,没有先后和轻重之分。

读一读

培育深入人心的规则意识

飞机上，有乘客把脚放在小桌板上，被乘务员劝阻后却指责机舱管理不够人性化；女子骑电动车闯红灯与正常行驶的出租车发生剐蹭，未受伤的情况下竟索要高额赔偿；小区门口，未拴牵引绳的宠物狗吓到孩子，妈妈赶狗保护孩子，反遭狗主人拳打脚踢……生活中的一些场景引人深思：为什么规则会被无视？

改革开放40多年来，我国法治建设逐渐完善，规则体系日趋成熟，如何培养出与之相匹配的规则意识、精神文明，成为摆在我们面前的重要课题。习近平总书记指出，“注重培育人们的法律信仰、法治观念、规则意识，引导人们自觉履行法定义务、社会责任、家庭责任，营造全社会都讲法治、守法治的文化环境”。可以说，捍卫以法律和公序良俗为基础的规则文明，是中国现代化进程的一道必答题。

有时候，矛盾、误会乃至风险，常源于对规则的漠视。有的人在公共场所高声喧哗，是没意识到“自己声音大会影响他人”，稍加提醒还能改正；但也有人属于“明知故犯”，规则于自己有利就遵守，规则妨碍了自己就破坏；更有甚者，认为守规则是笨拙、迂腐、怯懦，绕过规则得了便宜才显得聪明、灵活、有本事。凡此种种，不仅容易引发矛盾、扰乱秩序，还会“摊薄”社会信任，带偏社会风气。无规矩不成方圆，这句尽人皆知的俗语，今天依然发人深省。

在现代社会的文明肌体中，规则就是筋和骨。有了明确的规则，才能框定人们的行动边界。在传统熟人社会，人的流动性不强，熟人之间的评价构成了“该做什么，不该做什么”的标准。在现代社会，人的流动性强，“住了3年没跟邻居说过一句话”也不鲜见。这样的“陌生人”社会里，人与人之间需要明确的规则来协调彼此关系，定义“该做什么，不该做什么”。从楼道里“不准倒垃圾”的告示，到国家的成文法律，只有规则才能成为现代社会正常运转的“润滑剂”。也只有通过培育人们的规则意识和守则能力，才能推动我们的社会向着有序、文明的方向挺进。

不遵守规则就要付出“代价”，是督促人们遵守规则的重要动力。绝大多数人对法律令行禁止，是因为知道违反法律的严重后果。但法律只是规则的一种。为什么有行人看到红灯亮起，仍不假思索地闯过去？为什么有人无视“禁止吸烟”的标识，转过头去就点上一支？为什么有人敢于“碰瓷”，信奉“越胡闹越有利”的歪理？很大一个原因，就在于违反规则的“代价”不高，有时候还能占“便宜”。这样的苗头不刹住，也会影响全社会对规则的敬畏。对整个社会来说，无论是道德规范、行业规则，还是公司章程、校规校纪，恰恰是那些“软规则”的落实情况，展现着文明的水准与素质的高低。

前些天，重庆万州公交车坠江事故牵动人心。这场悲剧以血的代价警示人们，很多时候规则是生命的“安全带”。“一个不守规则的乘客，一位处置不当的司机，让 15 条生命瞬间逝去。”人们在愤懑、感慨、悲叹的同时也在反思，假如车厢里有人警示抢夺方向盘的法律后果，有人上前进行有效制止，也许悲剧就不会发生。确实，当我们的社会氛围，能对不守规则的行为尽快给出否定评价和制止行动，公共场所的不文明行为就能大大减少。在互联网、社交媒体的时代，不守规则的“代价”被显著提高了。无论是高铁上霸座，还是景区里破坏公物，只要被“晒”上网，就不得不承受来自舆论的谴责和压力。在不文明行为可能被随时随地“现场直播”的今天，每个人都需要培养一点尊重规则、敬畏规则的“镜头感”。

不守规则的代价需要提高，守规则的意识则需要深入人心。不久前，一位警察在给违规车辆开罚单时，发现 6 岁的孩子正在“教育”违规的父亲：“我爸该罚，喊他停在停车库他不听，到处乱停车，就要处罚他。”幼小的孩子不一定懂得违规的“代价”，但却从心底里认同“守规则才是对的”。为刚性的规则体系构建成风化雨的文化环境，通过教育的方式在每个人心中播下规则的种子，才能让自觉遵守规则融入血液，凝聚起全社会的文明共识。

不久前，有地方的教育部门对社交网络中的家校群“约法三章”，制定出提升网络平台交流效率的新规则。网友感慨，无论技术怎样进步、社会如何发展，规则都是“基础设施”。用实际行动捍卫我们的规则文明，就是在点亮你我生活，创造美好未来。

单元三　规则体验

目的：通过游戏互动，实现指导者与团体成员之间的人际关系互动，结合情境选择与描述、团体讨论、示范、训练、综合评估等方式，给参与者最直观的“规则”体验，让参与者能够通过特定程序，学习并强化敬畏规则、遵守规则的行为。其具体内容与操作如表 9-3-1 所示。

表 9-3-1　　关于实现规则体验的训练

活动名称	基本设置	操作步骤
1. 穿越电网	**目的**：让学生感受规则，明确自身在团队中的责任分工；促使学生在规则范围内，充分调动团队力量，有效利用搭配资源；感受面对共同目标任务时规则带来的困难与便利。 **准备**："电网"道具；取下随身携带的坚硬物品。 **时间**：60 分钟。	(1)在授课地点布置好"电网"，逐一检查电网是否安装完毕，网洞的挂件是否够数。 (2)数网洞，2 个大洞必须留出，在做项目前要根据学生的胖瘦，调整被封死的网洞，留出($n+3$)个网洞。 (3)组织学生站在电网的一侧，教师站在电网的另一侧。哪一侧学生少，教师应在哪一侧参与保护(弱侧保护)。调整自己的站位，让学生感受到教师的认真和不古板，挂件时要轻松但不得触网。 (4)在被抬学员已经安全通过电网后，提醒学员，先放脚，再放头，在该名学员没有被安全放立在地上之前，任何人不得松手，不得离开自己的位置。 (5)根据学生的投入态度：认真则松，散漫则紧。25 分钟是关键点，如果学生认真，教师可有条件地解开 1 个网洞，让学生通过。 (6)注意事项：不允许窜越；如果需要搬运队友，过网后要先放其脚落地(女士必须面部朝上)；如有其他危险动作，老师要及时制止。 (7)分享讨论：详见练习 9-3-1。
2. 成长三部曲	**目的**：体验规则是保证公平的有效手段；类比真实的人生，体会在每个人生阶段都需要遵守相应的社会规则，才能更好地成长。 **时间**：15 分钟。	(1)在指导者下达开始口令后，成员边抱膝以跳跃的方式移动，边与自己随机遇到的其他"鸡蛋"出剪刀、石头、布分出胜负，负者仍为"鸡蛋"，继续寻找同类("鸡蛋")比试，而胜者可晋升至"小鸡"，即移动位置时半蹲，双手翘在身后做尾巴状，跳跃行进。 (2)"小鸡"也只能与同类("小鸡")比试分出胜负，负者退回"鸡蛋"阶段，平局双方都不变，而胜者晋升至"大鸡"，即可直立跳跃移动，双手仍在身后表示尾巴。 (3)"大鸡"再寻找同类("大鸡")比试，胜者完成自己的成长历程，可坐回座位，负者退回到"小鸡"阶段，继续寻找同类"小鸡"比试。 (4)指导者可根据场内成员们的成长情况控制时间，最后结束时可能会有一些成员停留在不同的成长阶段。 (5)游戏结束后成员们围坐在一起，讨论游戏带给自己的感受(详见练习 9-3-2)。

续表

活动名称	基本设置	操作步骤
3. 故事大王说规则	**目的**:通过编写故事的方式,让所有参与者发现规则、思考规则。 **准备**:纸、笔。 **时间**:15 分钟。	(1)主持人开始分组,8 人左右为一组。 (2)确定一人为小组长,一人担任记录员。 (3)主持人给所有小组相同的开头"高三了,小明拿到了自己的考卷,他望着自己的卷子……(规则主题)",每人一段,大家依次讲一段,最后完成一个关于××主题的完整故事。

练习 9-3-1

穿越电网

请谈谈你对这个活动的看法:规则对游戏有怎样的意义?对社会生活又有怎样的意义?

练习 9-3-2

成长三部曲

(1)请谈谈你在"鸡蛋""小鸡""大鸡"阶段的不同感受。

(2)请结合你在现实生活中的事例,谈谈规则对于个人成长和社会发展的影响。

知识链接——“公民道德基本规范、《高等学校学生行为准则》、考试作弊的处理”

一、公民道德基本规范

公民道德规范是一个国家所有公民必须遵守和履行的道德规范的总和，包括道德核心、道德原则、道德的基本要求和一系列的道德规范。公民道德规范主要由基本道德规范和社会公德规范、职业道德规范、家庭美德规范构成，涵盖了社会生活的各个领域，适用于不同社会群体，是每一个公民都应该遵守的行为准则。

中共中央《公民道德建设实施纲要》提出了“爱国守法、明礼诚信、团结友善、勤俭自强、敬业奉献”二十字的公民道德基本规范。它不仅体现了道德的先进性与道德的广泛性的统一，还体现了中国传统美德、革命道德和社会主义市场经济条件下产生的新道德的统一。

“爱国守法”是公民对国家的最首要的道德义务。公民应当热爱国家、建设国家、保卫国家，维护国家的尊严，保守国家的机密，敢于同一切危害国家利益和安全的行为作斗争，把对国家的一切义务和责任看成是自己的天职。“守法”是公民道德的最低层次的要求。公民应当维护法律规定的最基本的政治秩序和社会秩序，尽法律所规定的一个公民应尽的义务。同时，“爱国主义”体现了社会主义集体主义原则，公民通过爱国守法去实践集体主义的道德要求。

“明礼诚信”是公民如何待人的道德规范。在我国，无论在何种场合，无论从事什么样的活动，公民彼此都应该讲文明、讲礼貌、讲诚实、讲信用。我国自古以礼仪之邦著称于世。在改革开放的条件下，特别是我国加入世界贸易组织(WTO)之后，国际交往日益增多，公民能否明礼，关系到世界对我们国家的形象和文明程度的评价，因此，“明礼”具有特别重要的现实意义。“诚信”是人与人之间交往关系中最基本的道德，是公民道德人格中的基本要素之一。在经济活动中要讲诚信，杜绝假冒伪劣、坑蒙拐骗；在日常生活中也要信守诺言，忠诚待人。

“团结友善”是公民相处的基本规范。每一个公民，不论民族、年龄、职业，都是中华人民共和国这个大家庭中的一员。公民之间应该彼此团结，相互友爱，建立起一种和睦亲爱的关系。现实中，对他人友善的人也必然会得到他人的友善。团结是力量的源泉。能否团结、友善，关系到一个人的前途和幸福，也关系到民族的兴旺、国家的兴衰。要做到团结友善，就必须怀着友好的愿望，抱着彼此平等的心理相互对待，就必须对己严、对人宽，就必须将心比心，“己所不欲，勿施于人”。当然，团结友善必须是在正义原则之下的团结友善。

“勤俭自强”是公民对待生活、对待自身的道德规范。作为一个公民，有劳动的权利和劳动的义务，应当懂得没有勤奋就不会有社会财富的道理，推崇勤劳，反对懒惰和游手好闲。公民还应该厉行节约，反对奢侈浪费和享乐主义的生活方式。在现实生活中，公民应当自强不息，不断进取，保持一种健康向上的精神风貌，凡事尽量依靠自己而不依赖他人。

“敬业奉献”是公民对待职业活动的道德规范。每一个公民都要从事一定的职业，职业是公民与社会联系的重要方式和途径。对待职业或事业要严肃认真，一丝不苟，精益求精，为国家、为社会、为他人做出有益的贡献。

二、《高等学校学生行为准则》

(1)志存高远，坚定信念。努力学习马克思列宁主义、毛泽东思想、邓小平理论和“三个代表”重要思想，面向世界，了解国情，确立在中国共产党领导下走社会主义道路、实现中华民族伟大复兴的共同理想和坚定信念，努力成为有理想、有道德、有文化、有纪律的社会主义新人。

(2)热爱祖国，服务人民。弘扬民族精神，维护国家利益和民族团结。不参与违反四项基本原则、影响国家统一和社会稳定的活动。培养同人民群众的深厚感情，正确处理国家、集体和个人三者利益关系，增强社会责任感，甘愿为祖国、为人民奉献。

(3)勤奋学习，自强不息。追求真理，崇尚科学；刻苦钻研，严谨求实；积极实践，勇于创新；珍惜时间，学业有成。

(4)遵纪守法，弘扬正气。遵守宪法、法律法规，遵守校纪校规；正确行使权利，依法履行义务；敬廉崇洁，公道正派；敢于并善于同各种违法违纪行为作斗争。

(5)诚实守信，严于律己。履约践诺，知行统一；遵从学术规范，恪守学术道德，不作弊，不剽窃；自尊自爱，自省自律；文明使用互联网；自觉抵制黄、赌、毒等不良诱惑。

(6)明礼修身，团结友爱。弘扬传统美德，遵守社会公德，男女交往文明；关心集体，爱护公物，热心公益；尊敬师长，友爱同学，团结合作；仪表整洁，待人礼貌；豁达宽容，积极向上。

(7)勤俭节约，艰苦奋斗。热爱劳动，珍惜他人和社会劳动成果；生活俭朴，杜绝浪费；不追求超越自身和家庭实际的物质享受。

(8)强健体魄，热爱生活。积极参加文体活动，提高身体素质，保持心理健康；磨砺意志，不怕挫折，提高适应能力；增强安全意识，防止意外事故；关爱自然，爱护环境，珍惜资源。

三、考试作弊处理

《中华人民共和国刑法》第二百八十四条规定，在法律规定的国家考试中组织作弊的，处三年以下有期徒刑或者拘役，并处或者单处罚金；情节严重的，处三年以上七年以下有期徒刑，并处罚金。为他人实施前款犯罪提供作弊器材或者其他帮助的，依照前款的规定处罚。为实施考试作弊行为，向他人非法出售或者提供第一款规定的考试的试题、答案的，依照第一款的规定处罚。代替他人或者让他人代替自己参加第一款规定的考试的，处拘役或者管制，并处或者单处罚金。

《普通高等学校学生管理规定》第十八条第二款规定，学生严重违反考核纪律或者作弊的，该课程考核成绩记为无效，并应视其违纪或者作弊情节，给予相应的纪律处分。给予警告、严重警告、记过及留校察看处分的，经教育表现较好，可以对该课程给予补考或者重修机会。

《普通高等学校学生管理规定》第五十二条第（四）款规定，代替他人或者让他人代替自己参加考试、组织作弊、使用通讯设备或其他器材作弊、向他人出售考试试题或答案牟取利益，以及其他严重作弊或扰乱考试秩序行为的，学校可以给予开除学籍处分。

《烟台大学本科生课程考核管理办法》第三十八条规定，考生有违纪作弊行为，按《烟台大学学生违纪处分条例》给予相应的处分，该课程考核总成绩以零分计，取消补考资格。

测一测

公共规则意识自测问卷

1. 我十分反感随地乱扔垃圾或乱吐痰的行为。（　　）

A. 非常不像我　B. 不太像我　C. 中立　D. 比较像我　E. 非常像我

2. 大多数时候，我能够自觉排队等待。（　　）

A. 非常不像我　B. 不太像我　C. 中立　D. 比较像我　E. 非常像我

3. 我知道不能在图书馆等公共场所大声喧哗，并且努力去遵守这项规则。（　　）

A. 非常不像我　B. 不太像我　C. 中立　D. 比较像我　E. 非常像我

4. 我对于在课桌上创作“课桌文化”十分反感。（　　）

A. 非常不像我　B. 不太像我　C. 中立　D. 比较像我　E. 非常像我

5. 在校园内嬉戏打闹是可以被接受的。(　　)

A. 非常不像我　B. 不太像我　C. 中立　D. 比较像我　E. 非常像我

6. 推选评价班级同学获得助学金时,我会选择跟我关系好的同学或舍友。(　　)

A. 非常不像我　B. 不太像我　C. 中立　D. 比较像我　E. 非常像我

7. 学生干部竞选时,我首先考虑的是他(她)与我的关系远近。(　　)

A. 非常不像我　B. 不太像我　C. 中立　D. 比较像我　E. 非常像我

8. 我认为因为考研而长期占据自习室座位合情合理。(　　)

A. 非常不像我　B. 不太像我　C. 中立　D. 比较像我　E. 非常像我

9. 当老师讲课比较枯燥或不感兴趣时,我会选择睡觉或逃课。(　　)

A. 非常不像我　B. 不太像我　C. 中立　D. 比较像我　E. 非常像我

10. 上自习时,低声讨论问题是可以被接受的。(　　)

A. 非常不像我　B. 不太像我　C. 中立　D. 比较像我　E. 非常像我

11. 大多数情况下,我会选择从草坪上经过而节省时间。(　　)

A. 非常不像我　B. 不太像我　C. 中立　D. 比较像我　E. 非常像我

12. 打扫宿舍卫生费时费力,我通常会能逃就逃。(　　)

A. 非常不像我　B. 不太像我　C. 中立　D. 比较像我　E. 非常像我

分数解释:

1～4 题:A 得 5 分,B 得 4 分,C 得 3 分,D 得 2 分,E 得 1 分。

5～12 题:A 得 1 分,B 得 2 分,C 得 3 分,D 得 4 分,E 得 5 分。

(1)分数为 12～30:你具有较强的集体意识,能够很好地遵守规则,并且能够维护规则的权威性。

(2)分数为 31～60:你的个人意识较强,多数情况下,你会根据自己的经验来判断是否遵守规则,对于规则的权威性较为轻视。

读一读

大学生网上造谣被拘留[①]

据《江南时报》2014 年 10 月 18 日报道,2014 年 9 月 18 日夜,一个关于

---

① 薛红霞:《大学生思想道德修养》,东北林业大学大学出版社 2018 年版,第 252～254 页。

“女大学生遭轮奸”的帖子惊现某网站上，一时令众人唏嘘不已，随之该帖子引起了江苏省公安厅的高度重视。

这篇一度引人关注的“谁能帮帮处在水深火热中的我们啊！”的帖子，还用了这样的副标题：“常熟理工学院再爆轮奸事件，又遭学校伙同派出所封锁，施暴者再次逍遥法外。”发帖人署名为“敌敌畏点点头”。帖子上说：“今年9月刚开学，一名大四女生在校园里被4个民工轮奸了，而且以后不能生育，学校竟然将其送进苏州大学读书，赔了一点钱了事，施暴者逍遥法外，至今还在学校的基建工地旁看着过往的女生，现在我们女生人人自危，不结伴不敢走夜路，晚上不敢逛校园。我们该怎么办啊，报警，那些人民警察不理，学校让我们心寒，我们只能在这里向大家求助，谁能帮帮我们啊？”

经过调查，警方很快查出发帖人就在常熟理工学院，是3个大三的男生。3人中，软件工程系的学生高明(化名)是主谋。据介绍，该学院女生新宿舍楼在环境优美的河边，一位女生晚上单独回宿舍，因为下雨，声音有些嘈杂，该女生可能产生了某种幻觉，认为宿舍附近有异样声音，就对同学说有人进来。而保卫处对她反映的情况也很重视，立即到该宿舍去看，结果发现纯属幻觉。同时，负责巡逻的保卫人员也认为没有任何异常。此事就此结束。高明听说此事后就突发奇想，要借此机会做点文章。随后，高明便将自己的想法告诉了另两位男同学，这两个同学觉得可以编一个足以吸引人眼球的故事：女大学生遭到强奸。高明认为这样还不够，要写成轮奸。于是，一个经过预谋的帖子就上了西祠胡同网站。编造一个耸人听闻的谣言，目的不过是希望引起学院对女生宿舍安全的进一步重视，然而缺乏规则和底线意识，使他们付出了代价。案件的结果出人意料，也令学校有关学生工作人员感到忧虑。案件侦破后，3个学生受到应有惩罚。主谋高明被拘留5天，另外两人被处以罚款。该学院的处理意见是：主谋高明受到留校察看的处分，其他2名学生被记大过。学院认为，过于严厉的处罚会对学生今后的人生设置极大障碍。另外，警方已经对他们进行了必要的初步处罚。因此，学院主张给3名学生更多机会，使他们获得与其他同学一样的毕业待遇。

分析与提示：

《普通高等学校学生管理规定》第四十七条：“学生应当遵守国家和学校关于网络使用的有关规定，不得登录非法网站和传播非法文字、音频、视频资料等，不得编造或者传播虚假、有害信息；不得攻击、侵入他人计算机和移动通讯网络系统。”国家《关于维护互联网安全的决定》第二条规定：“为了维护国家安全和社会稳定，对有下列行为之一，构成犯罪的，依照刑法有关规定追究刑事责任:①利用互联网造谣、诽谤或者发表、传播其他有害信息,煽动颠覆国家政权、推翻社会主义制度,或者煽动分裂国家、破坏国家统一;②通过互联网窃取、泄露国家秘密、情报或者军事秘密;③利用互联网煽动民族仇恨、民族歧视,破坏民族团结;④利用互联网组织邪教组织、联络邪教组织成员,破坏国家法律、行政法规实施。”

该不该被开除

1764年的一天深夜,一场突如其来的大火笼罩了哈佛大学,院内火光冲天,来势汹汹,著名的哈佛楼顷刻间化为灰烬。哈佛楼是一个图书珍藏馆,这里的图书都是哈佛去世后捐赠给学校的,为了纪念哈佛先生,学校成立了珍藏馆,可这场大火却让图书馆成了永恒的记忆。为此,全校师生都扼腕叹息。

在人群中,一个叫约翰的学生更是陷入无尽的纠结之中,因为发生在火灾前的那个下午的事情,让他进退两难。那时17岁的约翰刚考入哈佛大学,平日最痴迷的事情就是读书,几乎所有的课外时间都扎在图书馆里。这在当时学习氛围尚不浓厚的学校,非常难能可贵。书上的知识浩如烟海,约翰可谓如鱼得水,但唯一让他感到遗憾的是,图书馆有个硬性规定:只能在馆内阅读,而不能将书携带出馆,否则将受到严厉的处罚。“我到底把书交出来,还是隐瞒起来?”约翰不停地问自己。经过一番思想斗争后,他还是敲开了校长霍里厄克办公室的门,羞愧地说:“校长先生,我私自带出了哈佛先生的一本书,请收回吧。”霍里厄克听到约翰的话,惊讶地站了起来,用颤抖的双手接过图书,语气缓慢地说:“谢谢你为学校保留了这份宝贵的遗产,你出去听候安排吧。”学校其他领导听说此事后,都感到庆幸不已,甚至有人提议表扬约翰的品德。

可是,两天后,令人大跌眼镜的是,学校张贴了一份告示,上面写道:约翰同学因违反学校规定,被勒令退学。勒令退学?这个消息对约翰来说无异于五雷轰顶。很多师生对此也表示难以接受,一再劝说校长:“这可是哈佛先生捐赠的所有书籍中仅存的孤本了啊,再给他一次机会吧。”霍里厄克校长接下来的话掷地有声,众人鸦雀无声,也成为哈佛后来的办学理念:“让校规看守哈佛的一切,比让道德看守哈佛更完全有效。”

更让人想不到的是,约翰被哈佛开除以后,为校长的话所折服,幡然醒悟,并没有仇恨哈佛,反而感恩哈佛。他于第二年考入哥伦比亚大学,专攻法理学,毕业后成为美国数一数二的大律师。美国独立战争开始后,他加入托马斯·杰斐逊的团队，成为他的私人助理，直接参与了杰斐逊的《独立宣言》的起草，把自己的名字写在了美国的历史上。约翰是被哈佛开除的学生，但却成为践行哈佛精神的优秀代表之一。

教育的意义就在这里，保护有时是最大的伤害，开除却能治病救人。拿破仑用剑做不到的，契约用笔就可以做到。有了契约，就有了规则，有了规则就会有文明，而文明就是众生平等，没有特例。

第十章　权利和义务

【学习目标】

1. 了解权利和义务的内涵以及二者的关系。
2. 掌握公民的基本权利和义务以及大学生主体特殊的权利和义务。
3. 树立正确的权利义务观念，提升权利和义务意识。

【案例】

基本情况：2017 年 9 月 18 日，郭某因要求武汉某大学颁发毕业证，向法院提起行政诉讼。原告郭某 2011 年 9 月入学成为被告武汉某大学 2011 级物联网工程专业本科生。根据武汉某大学 2011 级《本科专业学生培养计划》显示，该专业的修业年限为 4 年，最低毕业学分为 190 学分，其中必修课学分 114.5 分，选修课学分 30 分，集中性实践课学分 35.5 分，课外学分 10 分，授予学位为工学学士。

原告郭某在 2015 年 3 月毕业预审核时，其取得学分未达到武汉某大学 2011 级《本科专业学生培养计划》规定的最低毕业学分要求，不能进入毕业设计阶段，未能正常毕业，故原告继续在校学习两年。两年后，原告郭某第 1～6 学年必修课应完成 114.5 学分，实际完成 85.5 学分；选修课应完成 30 学分，实际完成 31 学分；实践课应完成 35.5 学分，实际完成 20.5 学分；课外总学分应完成 10 学分，实际完成 12 学分。综上，至 2017 年 1 月，原告郭某实际完成学生培养计划规定的学分总计为 149 分，尚有高等数学 A 下、线性代数、大学物理 B、离散结构、计算机组成与系统结构、汇编语言与接口技术、数据结构 B 共 7 门必修课和毕业设计未达到最低学分要求。2017 年 7 月原告从被告武汉大学处自行回家，未办理退学或休学或结业等相关手续。

分析：案例中郭某没有履行教育法以及管理规定中所规定的“遵守学校管理规定，努力学习，在规定的修业年限内学完规定的课程”的义务，未修满学分，因此学校不准予毕业。学习是大学生的责任，修满学分是为取得毕业证和学位证应尽的义务，在校期间学生应当正确履行规定的义务，严格遵守学校的管理规定。

我们要正确认识到权利和义务是对立统一的，二者互相联系且不可分割。没有义务，权利便不存在；没有权利，便没有义务存在的必要性。权利的依法行使必须依赖于义务的履行，义务的履行也是权利实现的保障。我们要清楚明确作为大学生的我们究竟有什么法律义务，享有什么法律权利，正确认识大学生权利和义务，争做一个合格的社会主义新青年。

【理论知识点】

法治素养是现代社会公民都要具备的基本素养。2018 版《思想道德修养与法律基础》教材以"尊法学法守法用法"为主题，指出大学生法治素养的培养重在"知行合一"。"思想道德修养与法律基础"课培养学生法治素养的前提是法治思维的养成，关键就是以权利义务为内容的行为模式的形成。①

一、内涵

（一）权利义务的内涵

所谓权利，是指"规定或隐含在法律规范中，实现于法律关系中的主体以相对自由的作为或不作为的方式获得利益的一种手段"。权利以此可以应用在不同的范畴内，例如法定权利、道德权利、自然权利等。所谓义务，是指"设定或隐含于法律规范中，实现于法律关系中的主体以相对受动的作为或不作为的方式保障权利主体获得利益的一种约束手段"。义务指向的不是人们已经完成的动作，而是人们一种"应然"的行为，也包含了禁止义务人做出的行为，即"不作为"或"消极"义务。

人与人之间的关系、人与社会之间的关系，都以权利和义务的相互联系与相互制约为基础，法律的实际作用就是赋予人们一定的权利并同时设定相应的义务。

（二）公民的权利义务

宪法作为我国的根本大法，明确规定了公民的基本权利和基本义务。在第二章"公民的基本权利和义务"中分别就公民的政治权利、宗教信仰、人身自

① 参见蒋小燕：《"思想道德修养与法律基础"课中学生法治素养培育探索》，《学校党建与思想教育》2019 年第 14 期。

由、检举控告、劳动与休息、受教育与创作等权利做了具体规定，大学生作为中国公民，理应享有宪法规定的合法权利。

宪法中对公民应履行的义务，分别从劳动计划生育、遵守法律法规、维护国家统一团结、维护公共秩序、依法服从兵役等多个方面做出规定。在部门法中则以宪法规定的公民基本义务为基础，对公民义务做了更为具体的规定。尽管大学生还没有正式踏入社会，但是由于每个人在生活中都不可避免地扮演多种社会角色，不同的身份都有与之相应的权利义务规定，因此种种义务条款，根据大学生呈现的不同身份而有不同的适用。

二、大学生的权利和义务

大学生既是中华人民共和国公民，又是高等教育的教育对象。这种身份的双重性质决定了其权利及义务本身具有双重性质，既享受普通公民的权利，履行法定的公民义务；同时又享有针对高校学生的专属权利，承担在校期间的特殊义务。

（一）相关法律制度中的规定

第一，针对大学生，教育部颁布了《普通高等学校学生管理规定》（以下简称《规定》），对大学生的特殊权利义务做了内容上的具体概括。《规定》第二章为学生的权利义务。大学生的权利方面主要有：参与学校教育活动、参加社会实践与勤工助学、参加学生团体与文体活动、申请奖助学金与贷款、完成规定学业后获得相应证书的权利，以及申诉权利。其中，学生的权利救济机制即申诉程序，体现出了学生与高校间关系日益民主化、法治化的趋势。另外，《规定》中明确指出，大学生的义务有：遵守法律法规及学校制度、完成规定的学业、缴纳规定的费用、履行获得助学金或贷学金的义务、养成良好的思想道德及法律规定的其他义务。关于义务的内容，主要是基于《中华人民共和国教育法》和《中华人民共和国高等教育法》的相关规定，因此对于学生来说，有严格的规范性和约束性。这个规定是一个制度性文本，对在校期间的义务范畴有重要的指导意义，有助于大学生避开惯有思想的误区。

第二，人生的扣子从一开始就要扣好。青年的价值取向决定了未来整个社会的价值取向，而青年又处在价值观形成和确立的时期，抓好这一时期的价值观养成十分重要。《高等学校学生行为准则》是大学生必读、熟知的教育教学要求，从如何处理好与国家、社会、学校、个人四个层面的关系上，对大学生从政治、思想、学习、道德、健康等八方面提出原则性的基本要求。

(二)在校大学生依法享有的权利

1.使用权

大学生有充分合理地使用学校的教育教学设施、实验室设备、图书馆书刊资料等的权利。《中华人民共和国教育法》明确规定,受教育者享有"参加教育教学计划安排的各种活动,使用教育教学设施、设备、图书资料"的权利。

2.知情权

学生有对学校的各种规章制度、学校的发展状况、自己所学专业的发展前景、本专业的师资队伍水平、课程设置以及经费投入等基本情况全面了解的权利。大学生作为一名特殊的教育消费者,当然有权利全面了解学校以及自己所学专业的基本情况。

3.监督权

学生有对教师的教学水平、教学态度以及课堂教学质量,对学校教学经费投入情况等进行监督的权利。学生对教师的课堂教学质量进行评估与监督,是新时期大学生的基本权利。

4.选择权

大学生有自主选择专业、自主选择课程、自由选择课堂和教师的权利。随着高等学校收费制度的改革,新的学分制的全面实施,作为消费者的大学生,有权自主选择专业、选择课程,同时对个别教学态度不好、教学水平不高、教学效果不佳的教师,有权通过一定程序要求撤换。

5.奖贷权

大学生有按国家有关规定获得奖学金、贷学金或助学金的权利。对企事业组织、社会团体和学校设立的奖学金,品学兼优的学生或符合其他规定条件的学生,有权申请。"家庭经济困难的学生,可以申请补助或者减免学费",这是大学生应当享有的权利。另外,根据《中国人民银行助学贷款管理办法》规定,对家庭经济确有困难,学习努力,遵守国家法律和学校纪律的学生,均有权提出贷款申请,以解决在校学习期间的学费和生活费用问题。

6.就业权

思想品德合格,在规定的修业年限内学完规定的课程,成绩合格或者修满相应的学分,准予毕业的大学生应当享有就业权利。《中华人民共和国高等教育法》第59条明确规定:"高等学校应当为毕业生、结业生提供就业指导和服务。"这是《高等教育法》赋予高校毕业生的基本权利。

(三)在校大学生要履行的义务

学生义务来源同学生权利的来源一样,也是来源于宪法、教育法及专项法。学生义务的范围和学生权利的范围一样,有时间范围和空间范围,是这两者的结合。

学生的义务是指在校期间，即在某一学校或教育机构登记注册，获得档案材料之时开始，在取消注册时结束。在此期间，都要受到宪法、教育法、专项法中有关义务的约束，更受学校或教育机构有关规定的约束。

有关空间范围，一般来说，学生在校内受有关学生义务的约束是理所当然的，那校外义务如何界定？我们普遍把学生看作社会的一个阶层、一个群体，因此，在校内外学生都要受到有关义务的约束。

三、权利和义务观念中存在的偏差

(一)权利“觉醒”

1.依法维权

2018年，某政法大学400名学生集体维权事件引起社会广泛关注。某政法大学旁一酒店发布集“赞”换代金券免费吃大餐的活动，约400位学生前来兑换时，酒店却不予兑换。现场众多法学院学生学以致用，积极维权。学生维权，不卑不亢，既依法依规，又合情合理，堪称学以致用的生动案例。

在权利觉醒的时代，就大学生来说，有受教育的权利，学校不能简单地以学生违反校规而随便开除大学生；大学生有达到婚龄选择自主结婚的权利，学校不能以结婚妨碍他人和影响学业为由，禁止在校学生结婚，等等。合理的利益诉求、正常的主张是权利的应有之义，是大学生正当权利的回归。

2.“过度”维权现象

在之前发生过这样一件事，广西某金融投资公司诉高校学生借款合同纠纷。被告大学生普遍认为，“校园贷”等于非法放贷，而国家打击高利贷，所以他们借的钱不用还。虽然《中华人民共和国合同法》中规定了这样的“校园贷”借贷合同无效，但并不意味着可以无偿占有他人的财产标的。国家之所以打击“校园贷”，并不是剥夺大学生得到校园贷款的机会，而是要规制“校园贷”，特别是消除高利贷的隐患。最终法院判决被告大学生需要一次性付清本金和诉讼费用。

如同以上案例，面对自身利益的不合理诉求与社会公共利益的冲突，一些大学生出现了“过度维权”的现象，权益范围扩大。有些大学生以自己为中心，违背自己的道德甚至法律底线提出对国家、社会、家庭“非分”的要求和不合理的利益主张，使自己的行为与现有的法律和社会必需的、合理的基本道德底线相抵触，危机社会公共利益，违反公序良俗。

(二)义务“休眠”

目前，一些大学生在权利“越位”的同时，又存在义务和责任的“缺位”，不少大学生还没建立起应有的义务观，头脑中缺乏应有的义务和责任意识，认为享受权利是理所应当的，负责任是社会和学校的事，甚至认为校规校纪妨碍了个人的自由和权利。例如，在服兵役的光荣义务选择上，一部分大学生首先看重的是自己的个人发展如何，相当多的大学生在毕业后找不到工作的情况下才选择服兵役，将其作为就业的出路。再比如，针对考试作弊现象，诚信考试是大学生应当遵守的规定和履行的义务，但是仍然出现不少考试违规现象。即使大部分人认同“遵守学校规章制度”和“养成良好行为习惯”是义务，但对在校园生活中违背义务条例的行为已经习以为常。还有些大学生不仅认为父母应该承担其读书期间的费用，而且对拿父母的钱高消费一点也不心疼，没有形成应有的自立和责任意识。总之，对义务认知的准确性并没有真正地反映到行为上来，存在消极、敷衍、松懈倾向。①

四、树立正确的权利和义务观念

1. 培养法律意识

清楚法律只是最基本的要求，我们还要加强自己的法律意识，懂得如何正确地使用法律权利和如何履行法律义务。我们要了解宪法和法律的最高权力性，无条件地服从和遵守国家的宪法和法律。紧接着，就是最重要的，我们要认识到权利和义务是相一致的。在行使我们权利的同时，也要履行相应的义务。在享有个人所拥有的权利时，不忘记尊重和承认他人的合法权益，不忘履行对国家、对社会、对他人的义务。同时，要杜绝一切不劳而获的错误思想，培养“只有付出才有收获”的良好观念，树立正确的价值观。

2. 学会正确行使权利

大学生作为公民享有不受任何差别对待、要求国家同等保护的权利。当受到他人的歧视或者因为某些事受到不等的待遇时，可以使用权利保护自己。在面对不法事情时，我们要勇敢地使用我们的监督权，批评、建议权，控告、检举不法行为，一起创造文明氛围。

同时，我们在行使自己的权利时要慎重考虑自己的言论、行为的社会效果，不得损害国家、集体的利益和其他公民的合法权益。

3. 学会严格履行义务

大学生在行使权利的同时还要履行义务。权利是义务的基础，义务是权利的保证。作为当代大学生，要坚决维护国家统一和各民族团结；从各个方面考虑，不受他人的蛊惑而做伤害国家利益的事；遵守宪法和法律，保守国家秘密，爱护公共财产，遵守劳动纪律，遵守公共秩序，尊重社会公德；维护祖国的

① 参见刘放：《当代大学生权利义务观念现状及教育研究》，吉林大学 2014 年硕士学位论文。

安全、荣誉和利益；保卫祖国，依法服兵役……这些都是大学生应该做的事。大学生要做守法的好公民，履行好自己的义务。

4. 提高个人素养，培养良好心理素质

现实生活中往往还出现这样一种情况，明知故犯，明知却不遵守。长期以来接受的法律教育，起码会让我们懂得一些基本的法律知识，知道该享有什么权利，该履行什么义务。思想是行动的先导，我们要有足够高的修养素质，提醒着自己自觉去履行、去遵守法律。这也离不开个人道德修养的提升，如果大学生具有较强的意志力、稳定的情绪、乐观向上的进取精神，就能抵制各种不良风气的影响。如逃课、作弊，本来就是错误的事情，是违法校规校纪的行为，但身边的同学如果都这么做的话，若没有足够的修养，抵制不了影响和诱惑，就会在不知不觉中也被带动。

【训练实施】

单元一　建立团队

目标：使团队成员相互认识，激发团队成员参与团体的兴趣；增进成员彼此了解，让参与者在游戏中感受集体的力量，初步感知作为团体成员的权利和义务；共同签订团体规范。其具体内容与操作如表 10-1-1 所示。

表 10-1-1　　关于实现建立团队的训练

活动名称	基本设置	操作步骤
1. 破冰游戏：大风吹，小风吹	**目的**：热身，活跃气氛，让所有团队成员放松，并以愉快的心情参与活动，加强成员间的熟悉和了解。 **准备**：椅子。 **时长**：约 15 分钟。	(1)小组成员围成一圈，每个人站定或坐定一个位子，由指导老师开始说“大风吹”，所有成员回应“吹什么”，指导老师说一部分小组成员身上有的物品或特征，比如可以说“吹戴眼镜的人”。指导老师说完后，拥有这些特征的组员需要互换位置，没有被吹到的组员待原地，换位置时不能持续两人互换或坐回原位。 (2)大风吹中还有另一个口令，叫“小风吹”。当指导老师说到“小风吹”时，被小风吹到的人原地不动，没被吹到的人需要互换位置。指导老师说“小风吹”，所有成员回应“吹什么”，指导老师说：“吹穿红衣服的人。”那么所有穿红衣服的人原地不动，穿其他颜色衣服的人需要互换位置，同样，换位置时不能持续两人互换或坐回原位。 (3)如果说：“台风吹。”则所有人都需要离开位子重新寻找。 (4)出错的学生上台进行自我介绍，并给大家表演一个节目。

续表

活动名称	基本设置	操作步骤
2.形成团队：期望盾牌	**目的**：让学员互相认识、熟悉，建立信任，促进团队形成。 **准备**：便利贴、笔、盾牌形状的一幅图。 **时长**：约 20 分钟。	(1)发给成员每人一张便利贴，写上自己在团体活动中希望得到的收获、实现的愿望等并签名。 (2)成员分享各自的期待和愿望。 (3)分享后将便利贴贴在“期望盾牌”上。 (4)指导老师作团体辅导目标的总结。
3.签订团体契约	**目的**：形成每位团体成员对规范的共识，并签订团体契约，保证团队活动的顺利进行。 **准备**：胸卡、大白板、白板笔、水性笔、团体契约。 **时长**：约 25 分钟。	(1)每位成员写胸卡，注明姓名、年级、专业，佩戴胸卡。 (2)形成团队小组。自由分组，请全体成员站成一圈，按照“1、2、3、4”报数，所有报“1”的为第一组，依次为第二、第三、第四组。人数少的时候可以分为两组或者三组，一般 6～8 人为一组。 (3)小组讨论：参加团体辅导过程中应该遵守哪些规则？各组派一个人报告讨论结果。 (4)指导老师将所有讨论结果汇总在大白板上。 (5)将汇总结果反馈给每个成员，最终定稿形成团队的活动契约。 (6)指导老师带领大家学习团体契约。 (7)现场请每位成员在团体契约上签字。 (8)请一名学生将签名后的团体契约贴在活动室墙上。

知识链接——“法律权利与法律义务的关系”①

法律权利与法律义务的关系，就像一枚硬币的两面，密不可分，相互依存，互利共赢。没有权利，义务的设定就失去了目的和根据；没有义务，权利的实现也就成为空话。在社会生活中，每个人既是享受各种法律权利的主体，又是承担各种法律义务的主体。

法律权利与法律义务相互依存。在法律关系中，权利和义务相互依存。义务的存在是权利存在的前提，权利人要享受权利必须履行义务；任何一项权利都必然伴随着一个或几个保证其实现的义务；法律关系中的同一人既是权

① 《思想道德修养与法律基础》编写组：《思想道德修养与法律基础》，高等教育出版社 2018 年版，第 185～186 页。

利主体又是义务主体，权利人在一定条件下要承担义务，义务人在一定条件下要享受权利。在权利和义务的关系上，义务占主导地位，法的根本目的是保护人的权利，但是如果缺乏义务性规范的支持，权利就形同虚设，法律就会成为一纸空文。义务存在的合理性决定了权利存在的合理性。如果原有义务的合理性丧失，或新的合理性义务产生，那么已有的权利必然发生变化。权利的实现取决于义务的履行，一部分以他人履行义务而获得，一部分以自己履行义务而获得，不自觉履行义务就无法获得相应的权利，离开了义务，权利就不复存在。也就是说，在权利和义务这一对矛盾统一体中，义务处于矛盾的主要方面和支配地位，发挥着主导作用，决定着权利的存在和实现。

法律权利和法律义务平等。这个原则是现代法治的基本原则，是社会公平正义的重要方面。首先，法律面前人人平等，不允许一些人只享受权利不承担义务，或者多享受权利少承担义务，另一些人只承担义务不享受权利，或者多承担义务少享受权利。其次，在法律权利和法律义务的具体设定上要平等，比如对于一个具体的民事侵权行为设定法律义务，就必须与权利受到侵害的程度相适应，不能超出公正和平等的限度设定权利。再次，权利与义务的实现要体现平等，即权利人只能按照权利的内容行使权利，不能向义务人提出过分要求。同样，义务人不得逃避应该承担的法律义务。

权利与义务是互利的。权利是目的，义务是保障。实际上，在国家规定的法律权利与法律义务相一致的情况下，在实行法律权利与法律义务人人平等的制度中，一个人无论是行使权利还是履行义务，都是对自己有利的。比如，公民应征入伍，既是履行了义务，也维护了国家安全，保护了自己及其家人的安全权益。再比如一位教师履行教书育人义务，一位医生履行治病救人义务，一位电脑工程师履行软件开发义务，他们都在履行义务的同时实现了各自的利益，同时，他们履行的义务，也是他人享受到的权利。

读一读

如何明晰行使法律权利的界限[①]

依法行使法律权利，要求公民行使权利时应严格依据法律进行，以法律的相关规定为界限，超出这个边界就可能侵犯到他人的权利或者损害到国家、社

① 《思想道德修养与法律基础》编写组：《思想道德修养与法律基础》，高等教育出版社 2018 年版，第 189～191 页。

会的利益。

1. 权利行使的目的

公民在行使法律权利时，不仅要在形式上符合相关法律的规定，也要符合立法意图和精神，不得违反宪法法律确定的基本原则，保障权利行使的正当性。此外，行使权利不得破坏公序良俗，妨碍法律的社会功能和法律价值的实现。如，赋予公民言论自由权的目的在于保障思想自由，不能将该权利作为打击不同意见、限制思想自由的手段；赋予公民宗教信仰自由的目的在于保障精神自由，不能借此宣传邪教和迷信思想。

2. 权利行使的限度

任何权利的行使都不是绝对的，都有其相应的限度，必须依照法律规定的限度来行使权利。我国宪法规定，公民在行使自由和权利的时候，不得损害国家的、社会的、集体的利益和其他公民合法的自由和权利。我国物权法规定，物权的取得和行使应当遵守法律，尊重社会公德，不得损害公共利益和他人合法权益。如果因行使自己权利而损害了国家、集体或他人的利益，超出了国家法律所许可和保障的范围与界限，则不再是行使权利，而是侵权，会受到法律追究。

3. 权利行使的方式

权利行使的方式分为口头方式、书面方式和行为方式，有时口头方式和书面方式可以兼用。如，根据我国民事诉讼法规定，起诉应当向人民法院递交起诉状，但书写起诉状确有困难的，可以口头起诉，由人民法院记入笔录，并告知对方当事人。权利行使还可分为直接行使和间接行使，前者指权利主体直接行使权利，后者则指由其法定代理人或者委托代理人代为行使权利。比如，我国选举法规定，选民如果在选举期间外出，经选举委员会同意，可以书面委托其他选民代为投票。每一选民接受的委托不得超过三人，并应当按照委托人的意愿代为投票。

4. 权利行使的程序

由于一个人行使权利的过程可能就是另一个人履行义务的过程，所以程序正当原则同样适用于权利行使过程。通常情况下，行使权利的程序是法律规定的。如，我国选举法对选举程序作了规定，包括确定选民资格、选民登记、发放选民证、推荐候选人、选举投票、确定当选人等流程；我国专利法对专利的申请、审查和批准程序作了规定，公民应当严格依照法律规定的程序行使相关权利。

单元二　权利和义务观养成

目标：通过主题讨论、社会实践、志愿服务、角色扮演等活动，围绕“权利义务”主题进行深入讨论，通过参与团体活动，使参与者充分体验权利、义务对于个体社会化进程的意义，加深对“权利义务”的理解，增强在日常生活中行使权利、履行义务的意识。其具体内容与操作如表 10-2-1 所示。

表 10-2-1　　关于实现权利和义务观养成的训练

活动名称	基本设置	操作步骤
1. 权利义务面面观	**目的**：引导参与者体会权利与义务之间的辩证关系；让参与者澄清并明确自己近期的目标，懂得分清主次。 **准备**：每人一张白纸、一支笔；活动场地为室内。 **时长**：约 25 分钟。	(1)请同学们在纸上写出你近期要完成的五件重要事情，可以是学习、交友、旅游、练字、买衣服、读完某一本书或参加某方面活动等。 (2)假如你现在有特殊事情，必须在五件事中抹掉两件，体验一下你现在的心情如何？你会抹掉哪两件。 (3)现在又有特殊情况发生，你必须再抹掉一件，你的心情又如何呢？你又会抹掉哪一件呢？现在还要再抹件一项，你又做出怎样的决定呢？ (4)最后只剩下一件事了，这就是近期你最想做的、对你来说最重要的一件大事，这就是你当前的奋斗目标。 (5)和大家谈一谈你行使否决权时心情是怎样的，你的奋斗目标是什么呢？ (6)分享讨论：详见练习 10-2-1。
2. 找寻法律武器	**目的**：让参与者熟悉维护自身权利的途径和措施。 **准备**：每人一张白纸、一支笔、智能手机；活动场地一室外。 **时长**：约 30 分钟。	(1)通过电子地图划定一个直径 5 千米的圆形区域。 (2)准备若干项“维权任务”：超市买到的东西过保质期，市场买东西缺斤少两，家里的汽车被刮花了，对方不予赔付，等等。 (3)根据任务数，分成若干小组，通过抓阄方式得到一项任务。 (4)利用一天的时间，通过走访律师事务所和法律援助中心、查阅资料等方式找到问题的答案或解决问题的线索。 (5)分享讨论：详见练习 10-2-2。
3. 我是普法讲解员	**目的**：参与者通过学法、讲法、宣传法，增强法律思维，提升权利义务意识。 **准备**：《中华人民共和国消防法》手册。 **时长**：8 小时。	(1)每名参与者提前熟悉《中华人民共和国消防法》，并选取其中与社区安全有关的内容，充分准备。 (2)5 人为一个小组，前往选定社区进行普法宣传。 (3)分享讨论：详见练习 10-2-3。

续表

活动名称	基本设置	操作步骤
4. 和你讲规矩	**目的**:让参与者熟悉校规校纪。 **准备**:《学生手册》。 **时长**:60 分钟。	(1)5～8 人组成一个小组。 (2)选取《学生手册》中的一个章节,以情景剧的形式表现出来。 (3)拍摄情景剧并集中展播。 (4)分享讨论:详见练习 10-2-4。
5. 拒绝"校园贷"	**目的**:通过阅读材料、小组讨论、头脑风暴,明确"校园贷"的危害,寻找拒绝"校园贷"的方式方法。 **准备**:活动道具为阅读材料(练习 10-2-5)、纸、笔;活动场地为室内。 **时长**:约 30 分钟。	(1)指导老师进行分组,每组 5 人左右。 (2)确定一个小组长,负责组织阅读材料。 (3)小组长带领小组成员围绕材料展开讨论,记录员记录,最后总结出小组的观点。 (4)注意事项:指导老师在主导讨论时,要让参与者充分讨论和争论,对参与者回答中出现的一些问题进行解答。 (5)材料阅读和分享讨论:详见练习 10-2-5。
6. 向网络暴力说"不"	**目的**:通过阅读材料、小组讨论,理解网络不是法外之地,网民有营造清朗网络生态空间的义务。 **准备**:活动道具为阅读材料(练习 10-2-6)、纸、笔若干;活动场地为室内。 **时长**:约 30 分钟。	(1)指导老师进行分组,每组 5 人左右。 (2)确定一个小组长,负责组织阅读材料。 (3)小组长带领小组成员围绕材料展开讨论,记录员记录,最后总结出小组的观点。 (4)注意事项:指导老师在主导讨论时,要让参与者充分讨论和争论,对参与者回答中出现的一些问题进行解答。 (5)材料阅读和分享讨论:详见练习 10-2-6。
7. 情景剧《一根烟头》	**目的**:通过角色扮演,帮助参与者体会大学生有在大学中接受教育的权利,同时也需要承担美化校园、安全校园的义务。 **准备**:剧本(练习 10-2-7);活动场地为室内。 **时长**:120 分钟。	(1)小组成员认真阅读剧本。 (2)每人获得一个角色并熟悉台词。 (3)主持人作为导演组织协调各个角色完成既定任务。 (4)分享讨论(详见练习 10-2-7)。

权利义务面面观

把你的思考过程和感想写在下面的横线上。

(1)请在纸上写出你近期要完成的五件重要事情，可以是学习、交友、旅游、练字、买衣服、读完某一本书或参加某方面活动等。

(2)假如你现在有特殊事情，必须在五件事中抹掉两件，体验一下你现在的心情如何？你会抹掉哪两件？

(3)现在又有特殊情况发生，你必须再抹掉一件，你的心情又如何呢？你又会抹掉哪一件呢？现在还要再抹掉一件，你又做出怎样的决定呢？

(4)最后只剩下一件事了，这就是近期你最想做的、对你来说最重要的一件大事，这就是你当前的奋斗目标。

(5)把你行使否决权时的心情记录下来，你的奋斗目标是什么呢？

(6)请思考并记录：当行使权利时，是否意味着也要去履行相应的义务？自己想要实现的那个目标，是否已经具备了必要条件？权利、义务和目标间有着怎样的联系？

______

______

______

______

练习 10-2-2

找寻法律武器

把你的想法写在下面的横线上。

(1)在完成任务的过程中，你们小组制订了怎样的计划？

______

______

______

______

(2)你们找寻的“法律问题解决机构或方式”对解决当前问题帮助大么？请详细谈谈。

______

______

______

______

(3)在此过程中，你们小组遇到了哪些困难？

______

______

______

______

(4)在此过程中，你们小组有哪些收获？

______

______

______

______

练习 10-2-3

我是普法讲解员

把你的感受记录在下面的横线上并讨论。

(1)在完成任务的过程中,你遇到了哪些困难?

(2)在完成任务的过程中,你有哪些收获?

练习 10-2-4

和你讲规矩

把你的感受记录在下面的横线上并讨论。

(1)在排演情景剧时,有哪些事情让你记忆犹新?

(2)通过学习、展演情景剧,你对于校规校纪有什么新认识?

练习 10-2-5

拒绝“校园贷”

阅读材料:案例一

小张曾是西安一所科技学院的学生,毕业后在一家网络游戏公司从事销售业务。步入社会就业,对于一个年轻人来说都应该有一种新的感受,但小张却没有心情感受这些新鲜的东西,因为他的身上背着上学期间欠下的一些债务,每天产生大量利息,就连挣下的工资都难以支付这笔利息,小张被这些债务深深困扰,压迫得难以抬头。

“两年多以前,我被人骗了,迷上了网络赌博。”小张介绍,大二期间,有朋友诓骗他说网络上有一种投资,回报相当丰厚,禁不住诱惑的他开始在网上玩“网络重庆时时彩”。最初的时候有输有赢,到后来深深地陷进去了,先后输掉了十来万。在无奈之下,小张将自己的学费以及亲朋好友处借来的几万元凑在一起也不够还输掉的钱。“也就是在这时候,一个社会上的人向我推荐了‘校园贷’。”小张说,对方知道自己急需要钱解决问题,就向他宣称通过一些网络平台贷款,手续简单,利息不高,很快能解决问题。

“我当时一看利息似乎真的不是很高,很着急,就接受了那人的建议贷了款,把网上赌博所欠的钱还了。”小张说。但让他没想到的是,虽然表面上看上去利息不高,但加上一些手续费、管理费,亏空越来越大。他不断地通过一个平台借款弥补之前的欠款,产生手续费、管理费,加上利息,欠债的窟窿不断增大。小张说,他先后在十几个平台上借过钱,如今已经滚成十多万的巨额债务。

“现在每天产生的利息总额就一百多元,一个月下来就得三四千元,我上班的工资才两千多元,连利息都不够支付。”小张称。他无奈之下曾向家人求助,但家里也拿不出那么多钱,只给了三万元,显然是杯水车薪。而在单位,自己的遭遇又不敢向同事和领导诉说,害怕影响工作。

案例二

小王是青岛大学的一名大三学生,2016 年在室友的介绍下,小王认识了同校师哥小郑,并得知一种名叫“做单”的赚钱方式。小王说:“就是从手机软件平台上借款,借出来之后直接转给他,由他来还,他支付 1 000 元的报酬。”

一听不用自己还贷,还有报酬可以拿,小王没考虑多久,便答应了小郑的请求。2016 年 5 月，小王以自己的身份信息在一个名叫“名校贷”的借款平台上借款 2 2000 元。随后，她便把钱打给了小郑，自己也拿到了相应的报酬。在之后时间里，贷款也确实都是由小郑偿还的，直到 2017 年 7 月份，事情发生了变化。

“他说‘名校贷’出现了一些问题，要还全款，所以让我们再注册别的平台。”小王告诉记者，当时小郑的意思是“名校贷”平台剩余款项必须一下还清，但自己手里并没有现钱，所以需要她从别的平台借款，补上这个窟窿。

由于小郑态度很诚恳，而且小王也担心自己的信誉受到影响，无奈便答应了小郑的请求，又从“快贷”借贷平台上借款 3000 元。与此同时，小郑向小王提出了正式的工作邀请。

小王说：“他说让我去他们公司做兼职，还把他的营业执照、身份信息什么的都发给我了。”

有实体公司，还有营业执照，并且从事的工作也和之前的一模一样，每借成一笔，自己便能够得到五六百元的报酬。这对于还是大学生的小王来说诱惑很大，她便答应了下来。

就这样从 2017 年 7 月底开始，小王共在 40 多个借款平台上借款，总额高达 17 多万元，加上利息共 44 万元。而问题就在 2017 年 9 月份，由于所借款项过多，小郑方面无法及时偿还，便让小王去济南清账。

小王说：“清账的意思就是把我现在所有的债务，让那家清账公司出钱还了，只欠清账公司的钱。然后在这个过程中，清账公司告诉我，这是操纵学生挣钱，告诉我被骗了。”

清账公司的一番话让小王彻底起了疑心，她立马打电话给小郑，然而对方的答复却让她大吃一惊。“他承认这个事情，但是他只承认是我借给他钱，并不承认是他操作我从这些平台上借钱，并不承认利息这些问题。”小王说。

面对对方的翻脸不认人，小王彻底慌了神。这个时候的她才意识到自己上了当，而之后想要再联系对方，手机却始终无法打通。

2017 年 11 月 12 日，高利贷的人找到她家门上，找她爸妈要钱，小王这才把事情告诉家人。

案例三

2019 年 5 月，深圳市南山区人民检察院以诈骗罪对被告人张某等 8 人提起公诉，以诈骗罪、寻衅滋事罪对被告人彭某佳、杨某鑫等 3 人提起公诉。

被告人张某、彭某佳曾经分别是“分期乐”和“永旺分期”借贷平台的高校业务员，他们在开展业务过程中接触到一些有借款需求的在校大学生，通过审查个人资料、家庭信息等，掌握了一批以深圳户口、家庭条件优越、有超前消费习惯、自控能力差等为特点的在校大学生资源。

为了谋取非法利益，张某纠集董某铭等人合作开展专门针对在校大学生的无抵押高息短期借款业务，由董某铭等人负责出资，张某负责物色客户（借款人）、出面签订合同和债务催收，所得的利润六四分成，风险共担。他们运营的借款模式以 1 周或 2 周为借款周期，利息 15%～25%不等，每日逾期费为借款金额的 5%～10%不等。彭某佳则联合杨某鑫等人合作开展“校园贷”业务，借款模式以 1 周或 5 日为借款周期，利息 15%～30%不等，逾期费每日收取 500～1 000 元不等。

请思考并回答：

（1）为何“校园贷”会锁定大学生？

（2）容易中招“校园贷”的大学生有哪些特点？请小组讨论后概括、提炼。

（3）遭遇“校园贷”后，应该如何维护自己的权益？

（4）我们可以采取哪些措施，避免大学生被“校园贷”侵权？

向网络暴力说"不"

阅读材料：

小妍(化名)是我市某中学的初一学生，平时性格比较内向，学习成绩一直较好。然而，本学期开学后没多久，她的母亲便发现小妍成绩开始下降，而且脾气变得容易暴躁，甚至出现不想去学校的情况。因此，母亲带着她找到了市心理学协会副会长杨老师咨询，希望得到帮助。

事情发生在本学期开学后没多久的一个周末。那天，小妍做完作业，因无聊，便上网在一个社交平台上看帖子，随后也对几个帖子进行了一番评论。谁知，她的其中一个评论因和别人观点不同，便被有心人"抓住"还跟她吵了起来，争吵中，言语也慢慢从只针对话题就事论事，逐渐演变成侮辱性的语言。小妍吵不过别人，也不敢面对那些污言秽语，便关掉了网页。她并没有把这件事告诉家长，因为父母对她家教很严，不允许她随便上网。小妍觉得，要是把这件事告诉父母，自己肯定会挨骂。小妍虽然有些内向，但她并不会压抑自己，很快这件事就被她抛之脑后。谁知，回到学校上课后没几天，她的噩梦开始了。

小妍发现同学之间在传播一些关于自己的信息，家庭背景、学习情况的内容半真半假。小妍不知道这些信息是从哪来的，她问同学，同学也说不出个所以然，她只能靠自己微小的力量，努力为自己辩解澄清。不过，事情的发展并没有如她所愿，很快，学校里甚至开始流传她一些早恋、第三者、性取向之类的不堪内容。后来有个好朋友告诉小妍，她在网上被人"人肉搜索"了，这些说法都是从网上流传出来的，有的还在同学之间的微信群里传播过，让她回忆一下是不是得罪了什么人。小妍这才想到那天在网上跟人吵架的事情，回家重新打开网页发现私聊里都是谩骂和威胁的留言，她怎么也想不到就这么个事情，居然会让自己陷入这样的困境。

谩骂、威胁和人肉搜索，令饱受舆论压力的小妍情绪十分低沉，她不知所措，但她始终没有把这些事情告诉老师和父母，只是自己默默承受。然而，心智尚未成熟的姑娘根本无力承受这些，渐渐地，她开始不愿意参加集体活动，下课连洗手间都不肯去，且不愿意和同学们交流，学习成绩也下降了不少。

这些传言，别人或许只是当"八卦"新闻和笑话来消遣，很快就会淡化，可对小妍来说，每一个字都像是用刀在她身上划一道口子，在她心里留下了难以愈合的伤疤。一个多月后，父母和老师终于发现了小妍的变化，在妈妈的追问之下，小妍把自己的遭遇说了出来，现在小妍正在积极接受心理干预。

请思考并回答：

(1)在网络上匿名或使用化名是否可以无所顾忌的地“自由”发言？

(2)在网络上发表有悖逻辑事实、带有侮辱性质等违反法纪法规的言论是否需要承担相应的法律责任？

(3)作为普通网民，在网上发表言论，是否需要承担净化网络、抵制谣言等有助于清朗网络空间的“义务”？为什么？

练习 10-2-7

情景剧《一根烟头》

背景设计：桌椅、电吹风、杂乱的电线、烟头。

人物：宿舍成员（老大、老二、老三……）。

地点：宿舍。

剧情：彭泽不顾禁止在宿舍楼内吸烟的校规校纪和其他舍友的反对屡次在宿舍吸烟。在一次宿舍安全抽查中，为了逃避处分，慌乱中将燃着的烟蒂放入了易燃的纸盒里，差点酿成大祸，学校依据校规校纪对其做出了严重警告处分。要突出学生因不自律忽视相关规范要求的违纪行为，因行为不当所引发违纪后果的严重性。

某高校一男生宿舍，彭泽正躲在床角抽烟，惬意地享受着尼古丁冲入脑海中带来的迷醉滋味，宿舍不大的空间内飘满呛人的二手烟味儿。几个室友劝了几次让其出去抽，他丝毫未听进去，仍然自顾自地享受着自己一个人的快乐。受不了二手烟的几个室友无奈只能离开宿舍，远离这个令人难受的空间。

室友王爽黑着脸打开门走了出去，生气地说："这都什么人、什么事啊，学校校规明令禁止在宿舍抽烟，他不偷偷摸摸抽就算了，还光明正大地在宿舍里抽，自己倒是舒服了，可让我们几个怎么待下去？"

另一个室友张良也不满地接道："就是，太过分了，万一宿管阿姨检查宿舍在我们这里找到了烟头，说我们几个抽烟，那才说不清楚。"

舍友张雨说："抽烟本来对身体危害就极大，学校这么禁止也是为了我们的身体着想，更何况在宿舍抽烟影响我们不说，一不小心没灭的烟头把宿舍里什么东西点燃那才不得了，本来宿舍里易燃的物品就多！"

几个室友你一言我一语地抱怨着，而里面的彭泽依然抽得惬意。正在此时，王爽眼尖地看见走廊尽头走过来一群人，愣了一下突然唤起几个室友一起看过去，颤巍巍地说道："那…不会是校学生会的…来检查的…吧？"

几个室友一致地想到，如果彭泽被学生会抓住，那后果真是不堪设想，便急忙转身进宿舍提醒彭泽。正在床上惬意地咂嘴的彭泽一听检查的人来了，顿时也是吓了一跳，赶忙掐了烟头，来不及将烟头丢出去，就全部用卫生纸一裹藏到脚边的鞋盒子里。三下两下地把窗子都打开通风透气，几个人手上的动作还没停下，门边就站了一群人，礼貌性地敲了敲门说："同学，检查宿舍，麻烦配合一下。"学生会生活部的学长还未走进宿舍，就被里面带出来的呛人的尼古丁味道弄得猛一咳嗽，吓得彭泽几人脸都白了，大家都知道，一旦被抓到在宿舍偷偷抽烟，后果是多么的严重啊。

几人一闻这味道，就知道这宿舍肯定有人违反校规在宿舍抽烟了，立马脸色就严肃起来，喝声问道："你们谁在宿舍抽烟？看样子抽得还不少啊！"见几个人谁都不说话，学长也经常遇到这种情况，直接走上前，凑近一闻，立马就被彭泽身上浓厚的烟味呛了一下，知道他就是抽烟的罪魁祸首，立马眼神一变，拿出本子和笔看了看宿舍号问道："名字、学院、班级都报一下。"

彭泽一听，脸都白了，怎么也不承认，咬紧牙关什么也不说，还强词夺理地说道："学长，你可不能因为我们宿舍有味道就胡乱冤枉人啊，我们宿舍连烟头都没有，你凭什么说我抽烟！"学长一行几个人一听，也是有点无奈，走了一圈还真没找到有烟头。正当双方僵持不下的时候，不知道是谁喊了一声："啊呀！那是谁的床位，咋冒烟了？""着火了那是！"彭泽也下意识回头，一看是自己的床位，顿时吓了一跳，赶忙跑了过去。就见脚边的鞋盒子正不断地冒着黑烟，火苗也越来越大，差点点着旁边的被褥。吓得一群人赶紧装了一盆水将其浇灭。好不容易把鞋盒子的火苗灭掉，正当几个人盯着还在冒着白烟的盒子松口气的时候，几个学生会的干事心里也纳闷好好的鞋盒子怎么会起火呢？正当几人疑问的时候，烧掉一半的鞋盒子中被水带出了几个乌黑的烟头，有一个上面还有着未燃尽的青烟！这一下，大家都明白了！原来烟头就是藏在这里啊，还差点引发了宿舍火灾，一旦引火这后果简直是不堪设想！事后，学校依据相关校规校纪对彭泽做出了严重警告处分。因为事实清楚，处罚得当，彭泽没有提起申诉，一想到差点引发火灾他就心有余悸，后来彻底戒了烟。

请思考并回答：

（1）有大学生以“大学是学习的地方，不是打扫卫生的地方”为由，拒绝学校保持宿舍卫生整洁的要求，你作何评价？

（2）有同学认为，宿舍是私人空间，学校无权要求自己不使用大功率用电器或禁止吸烟。这种观点是否正确，为什么？

（3）权利和义务往往是相对应的，请你谈谈，作为大学生，有哪些权利？需要履行哪些义务？

知识链接——法律中“大学生的权利与义务”

一、《中华人民共和国高等教育法》

2018 年修正的《中华人民共和国高等教育法》，在第六章“高等学校的学生”部分中规定了大学生的权利和义务：

第五十三条　高等学校的学生应当遵守法律、法规，遵守学生行为规范和学校的各项管理制度，尊敬师长，刻苦学习，增强体质，树立爱国主义、集体主义和社会主义思想，努力学习马克思列宁主义、毛泽东思想、邓小平理论，具有良好的思想品德，掌握较高的科学文化知识和专业技能。高等学校学生的合法权益，受法律保护。

第五十四条　高等学校的学生应当按照国家规定缴纳学费。家庭经济困难的学生，可以申请补助或者减免学费。

第五十五条　国家设立奖学金，并鼓励高等学校、企业事业组织、社会团体以及其他社会组织和个人按照国家有关规定设立各种形式的奖学金，对品学兼优的学生、国家规定的专业的学生以及到国家规定的地区工作的学生给予奖励。国家设立高等学校学生勤工助学基金和贷学金，并鼓励高等学校、企业事业组织、社会团体以及其他社会组织和个人设立各种形式的助学金，对家庭经济困难的学生提供帮助。获得贷学金及助学金的学生，应当履行相应的义务。

第五十六条　高等学校的学生在课余时间可以参加社会服务和勤工助学活动，但不得影响学业任务的完成。高等学校应当对学生的社会服务和勤工助学活动给予鼓励和支持，并进行引导和管理。

第五十七条　高等学校的学生，可以在校内组织学生团体。学生团体在法律、法规规定的范围内活动，服从学校的领导和管理。

第五十八条　高等学校的学生思想品德合格，在规定的修业年限内学完规定的课程，成绩合格或者修满相应的学分，准予毕业。

第五十九条　高等学校应当为毕业生、结业生提供就业指导和服务。国家鼓励高等学校毕业生到边远、艰苦地区工作。

二、《普通高等学校学生管理规定》

2017 年 9 月 1 日开始实施的《普通高等学校学生管理规定》(中华人民共和国教育部令第 41 号)，在第二章“学生的权利与义务”中规定了大学生的权利和义务。

第六条　学生在校期间依法享有下列权利：

(一)参加学校教育教学计划安排的各项活动，使用学校提供的教育教学资源；

(二)参加社会实践、志愿服务、勤工助学、文娱体育及科技文化创新等活动，获得就业创业指导和服务；

(三)申请奖学金、助学金及助学贷款；

（四）在思想品德、学业成绩等方面获得科学、公正评价，完成学校规定学业后获得相应的学历证书、学位证书；

（五）在校内组织、参加学生团体，以适当方式参与学校管理，对学校与学生权益相关事务享有知情权、参与权、表达权和监督权；

（六）对学校给予的处理或者处分有异议，向学校、教育行政部门提出申诉，对学校、教职员工侵犯其人身权、财产权等合法权益的行为，提出申诉或者依法提起诉讼；

（七）法律、法规及学校章程规定的其他权利。

第七条　学生在校期间依法履行下列义务：

（一）遵守宪法和法律、法规；

（二）遵守学校章程和规章制度；

（三）恪守学术道德，完成规定学业；

（四）按规定缴纳学费及有关费用，履行获得贷学金及助学金的相应义务；

（五）遵守学生行为规范，尊敬师长，养成良好的思想品德和行为习惯；

（六）法律、法规及学校章程规定的其他义务。

测一测

大学生的权利与义务意识调查问卷

1.对于大学生拥有哪些权利与义务，你能做到（　　）

A.了然于胸　　B.知道一些　　C.不太确定　　D.不知道

2.对于加强大学生权利与义务的教育工作，你认为（　　）

A.很有必要　B.可以适当开展　C.无所谓　D.没必要

3.你认为权利与义务的关系为（　　）

A.两者对等　B.无所谓　C.权利应大于义务　D.义务应大于权利

4.搬进新宿舍时，你发现门坏了，你会（　　）

A.向楼管报修　B.向学校投诉　C.自己找人修　D.放任不管

5.大学开设权利与义务课程，你认为（　　）

A.十分必要　B.可以适当开一些　C.随便　D.不需要

6.如果你在学校被人打伤，你第一时间会怎么处理？（　　）

A.向学校反映　B.报警　C.忍一时风平浪静　D.暗中报复

7.构建和谐社会是我们每个人的责任。请问你是否会在公共场所乱丢垃圾？（　　）

A. 没有过　B. 偶尔会　C. 没注意过　D. 经常会

8. 尊老爱幼是大学生应尽的义务，你是否在公交车上为有需要的人让过座？(　　)

A. 没有过　B. 偶尔会　C. 没注意过　D. 经常会

9. 你认为作为大学生，是否应该参加志愿服务活动？(　　)

A. 经常参加　B. 偶尔会　C. 无所谓　D. 没参加过

10. 你觉得法律能维护你的切身利益吗？(　　)

A. 能，我对法律有信心

B. 能，但是只有懂法的人才能维护自身权益

C. 不能，法律受到的影响因素太多

D. 现在不能，但随着社会的发展，法律会逐渐完善

11. 你有想过通过更深入地学习法律来保障自己的权利吗？(　　)

A. 非常想　　B. 比较想　　C. 无所谓　　D. 并不想

12. 如果你发现了父母偷看你的聊天记录，你会怎么做？(　　)

A. 与父母沟通，让其尊重自己的隐私权

B. 知道是隐私权而不说，下次做好保密措施

C. 很生气，和父母吵架

D. 父母是亲人，没什么大不了的

13. 对于大学生应该按时上下课，你的看法是(　　)

A. 按时上下课是学生应该履行的义务

B. 应该遵守校规校纪，按时上下课

C. 上不上课是学生的自由

D. 大学课程可以自学，不必每次都去

14. 对于服兵役，你的看法是(　　)

A. 每个公民的义务　B. 应该积极履行　C. 无所谓　D. 不愿意

15. 当你权利受到侵害时，你第一时间想到的是(　　)

A. 寻求法律帮助　　　　B. 向师长或家长求助

C. 私下解决　　　　　　D. 忍气吞声，息事宁人

16. 购物时，商场保安人员怀疑你盗窃，要求对你进行搜身，你会(　　)

A. 当即报警　　　　　　B. 找商场负责人讨说法

C. 大打出手，武力反抗　D. 自认倒霉，以后不去了

分数解释：A 得 1 分，B 得 2 分，C 得 3 分，D 得 4 分。

(1)分数为 16～32：你具有较强的维护自身权利和履行义务的意识，对一

些社会现象和常见问题能够通过法律手段捍卫自己的权益，能够较好地履行作为大学生的基本义务。

(2)分数为33～64：你的维护权利和履行义务意识有待提高，你经常会根据自己的经验来处理问题，多数情况下，你较少顾及社会要求和他人感受，更多地从个人角度出发思考、处理问题。

读一读

大学生拒服兵役被重罚

“男儿何不带吴钩，收取关山五十州。”从古到今，从军报国都是大好男儿的一大理想，只有极度重文轻武的宋朝才出现了“好铁不打钉，好男不当兵”这样的谬论。如今中国的军事实力日趋强大，200万中国军人为祖国和人民筑起了“新的万里长城”，手握钢枪、保家卫国的军人们都是最值得人们尊敬的人。不同于很多国家实行强制服兵役制度，比如韩国、以色列、新加坡等国，我国实行义务服兵役制度，从来不强迫任何人当兵，但每年到了征兵季，都会有大量热血男儿踊跃报名，成为一个光荣的兵。为了让军队吸纳更多优秀的人才，我国不仅开设大量军校培养军事人才，而且也允许就读大学生当兵，服兵役结束后可以留在部队，也可以回学校继续完成学业，如此一来，又有许多大学生进入军营，为军营输入新的血液。

据媒体报道，近日海南儋州青年张某康就因为拒服兵役被部队除名，此人是一个大学生，本应该在国防和军队现代化建设中起模范带头作用，然而他却表示自己受不了部队高强度的训练，受不了又苦又累的军营生活，于是便提出要离队拒服兵役。

为了让张某康改变想法，部队干部、骨干对他进行了多次思想教育，晓之以理、动之以情，然而张某康仍然固执地坚持己见。无奈之下，征兵办又派人带专武干部和他的家长前来劝说，并且告诉了他拒服兵役后会面临十分严重的惩罚，耐心教育他安心服役。即便如此，张某康依然要离队。

之后，张某康所在部队将其除名。由于他的行为挑战军规军纪，性质极其恶劣，影响十分坏，于是对他做出了一系列惩处：将他纳入履行国防义务严重失信主体名单实施联合惩戒，终身记录在案；终身不得录用为公务员，政府机关及企业不得录用为临时工作人员；户籍信息系统“兵役状况”一栏标明“拒服兵役”；两年内不得升(复)学；罚款28 000元，赔偿相关费用26 000元。张某康的这种行为在战时是构成犯罪的，相当于逃兵，需要依法追究刑事责任。

主要参考文献

1. 林崇德. 发展心理学[M]. 北京:人民教育出版社,1995.

2. 时蓉华. 社会心理学[M]. 杭州:浙江教育出版社,1998.

3. 张厚粲. 大学心理学[M]. 北京:北京师范大学出版社,2001.

4. 樊富珉. 团体心理咨询[M]. 北京:高等教育出版社,2005.

5. 林崇德,申继亮. 大学生心理健康读本[M]. 北京:教育科学出版社,2005.

6. 郑洪利. 大学生心理素质训练教程[M]. 上海:上海交通大学出版社,2005.

7. 区祥江. 生命的轨迹——13个助人自助的成长关键[M]. 香港:突破出版社, 2008.

8. 蔺桂瑞,杨芷英. 大学生心理健康与人生发展——成长,从关爱心灵开始[M]. 北京:高等教育出版社,2010.

9. 申继亮,陈英和. 中国教育心理测评手册[M]. 北京:高等教育出版社,2014.

10. 樊富珉. 结构式团体辅导与咨询应用实例[M]. 北京:高等教育出版社,2015.

11. 潘莉莉. 大学生团体辅导的理论与实践[M]. 合肥:合肥工业大学出版社,2018.

12. 思想道德修养与法律基础编写组. 思想道德修养与法律基础[M]. 北京:高等教育出版社,2018.

13. 吴少怡. 新编大学生心理健康教程[M]. 西安:西安交通大学出版社,2018.

14. 夏莹,梁杰. 大学生心理健康[M]. 北京:北京师范大学出版社,2018.

15. 薛红霞. 大学生思想道德修养[M]. 哈尔滨:东北林业大学出版社,2018.

16. 俞国良. 大学生心理健康[M]. 北京:北京师范大学出版社,2018.

17. 俞国良. 社会心理学[M]. 3 版. 北京:北京师范大学出版社,2018.

18. [德]马克思恩格斯论教育[M]. 北京:人民教育出版社,1958.

19. [瑞士]让·皮亚杰. 儿童的道德判断[M]. 傅统先,陆有铨,译. 济南:山东教育出版社,1984.

20. [美]马斯洛. 自我实现的人[M]. 许金声,刘峰,等译. 北京:生活·读书·新知三联书店,1986.

21. [美]卡尔·R·罗杰斯. 个人形成论:我的心理治疗观[M]. 杨广学,尤娜,潘福勤,译. 北京:中国人民大学出版社,2004.

22. [美]艾普斯坦. 创造力拓展训练——团体培训手册[M]. 周丽清,许晶晶,王立娜,等译. 北京:中国轻工业出版社,2005.

23. [美]戴尔·卡耐基. 人性的弱点全集[M]. 袁玲,译. 北京:中国发展出版社,2008.

24. [美]马丁·赛里格曼. 真实的快乐[M]. 洪兰,译. 台北:远流出版事业股份有限公司,2009.

25. [加]约翰·贝曼. 萨提亚冥想:内在和谐、人际和睦与世界和平[M]. 钟谷兰,译. 北京:中国轻工业出版社,2009.

26. [美]芭芭拉. 金字塔原理[M]. 汪洱,高愉,译. 海口:南海出版公司,2013.

27. [美]理查德·格里格,菲利普·津巴多. 心理学与生活[M]. 王垒,王甦,等译. 北京:人民邮电出版社,2013.

28. [法]克里斯托夫·安德烈,弗朗索瓦·勒洛尔. 恰如其分的自尊[M]. 周行,译. 北京:生活·读书·新知三联书店,2015.

29. [法]弗雷德里克·方热. 医治受伤的自信[M]. 王资,译. 北京:生活·读书·新知三联书店,2016.

30. [法]弗雷德里克·方热. 从自我苛求中解放出来[M]. 周行,译. 北京:生活·读书·新知三联书店,2016.

31. [美]斯蒂芬·盖斯. 微习惯:简单到不可能失败的自我管理法则[M]. 桂君,译. 南昌:江西人民出版社,2016.

32. 罗香群. 大学生责任心问卷的编制与应用研究[D]. 福州:福建师范大学,2007.

33. 刘放. 当代大学生权利义务观念现状及教育研究[D]. 长春:吉林大学,2014.

34. 李鹏，孙爱静，李佳. 坚守诚信、严于自律是大学生通往成功之路的思想基础[J]. 科学大众，2008(4)：143.

35. 蒋小燕. “思想道德修养与法律基础”课中学生法治素养培育探索[J]. 学校党建与思想教育，2019(14)：34-36.

36. 欧阳爽悦，杜苇. 新形势下大学生诚信教育中的自律机制探析[J]. 教书育人(高教论坛)，2019(7)：38-39.

37. 柳丽. 佛系青年的实质、成因和发展趋向[J]. 北京教育，2019，849(3)：19-22.

38. 蒋晨曦. 浅析大学生规则意识的养成[J]. 邯郸职业技术学院学报，2020，33(1)：84-87.

39. 刘建敏. 大学生规则意识存在的问题及解决办法[J]. 科学咨询(科技·管理)，2020(6)：39-40.

40. 李建华. 情感认同与价值观认同[N]. 光明日报，2018-05-28(14).

41. 陈凤莉，宁迪. 托起“生命方舟”的最美逆行者——记火神山、雷神山医院青年维保队[N]. 中国青年报，2020-03-30(01).